国家社科基金项目（批准号：17CFX070）成果

A Study of Business Torts
from the Perspective of
Law and Economics

商事侵权法经济学研究

张瀚　著

法律出版社
LAW PRESS·CHINA

北京

图书在版编目（CIP）数据

商事侵权法经济学研究／张瀚著．－－北京：法律出版社，2025．－－ISBN 978－7－5244－0221－3

Ⅰ．D923.74

中国国家版本馆 CIP 数据核字第 2025AJ4370 号

| 商事侵权法经济学研究
SHANGSHI QINQUANFA JINGJIXUE YANJIU | 张　瀚　著 | 策划编辑　沈小英
责任编辑　常　锋
装帧设计　李　瞻 |

出版发行　法律出版社	开本 A5
编辑统筹　法治与经济出版分社	印张 10.25　　字数 297 千
责任校对　王晓萍　裴　黎	版本 2025 年 7 月第 1 版
责任印制　吕亚莉	印次 2025 年 7 月第 1 次印刷
经　　销　新华书店	印刷　河北虎彩印刷有限公司

地址：北京市丰台区莲花池西里 7 号（100073）
网址：www.lawpress.com.cn　　　　销售电话:010－83938349
投稿邮箱：info@ lawpress.com.cn　　客服电话:010－83938350
举报盗版邮箱：jbwq@ lawpress.com.cn　咨询电话:010－63939796
版权所有·侵权必究

书号：ISBN 978－7－5244－0221－3　　　定价:83.00 元
凡购买本社图书，如有印装错误，我社负责退换。电话:010－83938349

序 一

本书为商事侵权制度的研究提供了一个独特的视角。一般而言,对商事侵权的研究涉及实证分析、规范分析,但从法律经济学的角度出发则提供了内容分析的新视角。法律与经济学的跨学科联合研究,从商事侵权的内容本身出发,可以告诉你什么是侵权、什么是合同,可以得知两者之间的关系,还可以进一步剖析商事侵权的影响。在商事领域中,很难回答法律是什么的问题,这要通过对经济学的了解帮助我们解答该问题,从法律经济学的角度探讨商事侵权的内容则与我们要回答的问题不谋而合。所以,张瀚从法律经济学角度对商事侵权的研究能够帮助我们更好地探寻商事侵权中法律问题的奥秘。

本书的特别之处,就在于其切入角度的独特与新奇。首先,将法律经济学的思想贯穿全书的研究中,用于商事侵权内容的分析,其中部分内容还引用了微观经济学的知识进行论述。其次,使用了类型化的研究方法,尽管在中国并没有判例法,对商事侵权只是适用侵权的一般规定,但本书试图将商事侵权作为一种特殊的侵权类型来研究——本书的商事侵权主要分为三大类进行探讨,目前很少有学者能做到这一点。最后,本书着重谈论了商事侵权的影响,以及其他可替代商事侵权法律的效率影响,还通过供需曲线的影响以及卡拉布雷西的相关理论进行诠释。

本书不仅对商事侵权内容的研究具有重要意义,而且对中国未来的法律经济学研究也有重要贡献。目前,在中国适用法律经济学进行商事侵权的研究很少,由学者进行学术研究的更少,相信本书在中国的法律经济学发展进程中具有不可替代的地位。另外,在商事侵权中一方一般为企业,其更讲求效率,适用同样强调效率的法律经济学分析商事侵权问题将更能说服学者从法律经济学的角度思考法律问题,可以鼓励更多的中国学者不仅在民商法方向,还可以在其他不同的法律部门进行法律经济学研究。希望学者未来在课堂上不仅告诉学生什么是法律、什么是平等,而且教授学生自由地使用经济学机制解释法律现象,可以无意识地把它当作一种法律理论进行应用。这不是一项简单的任务,但我相信张瀚可以在这项任务上做出重大且突出的贡献。

另外,附上之前在我的学生张瀚和黄梦娜女士婚礼上的致辞节选:

> 我的挚友张瀚和黄女士,我在此美好时刻祝福你们。我用了我一生中绝大多数时间研习经济学,其常常被定义为关于稀缺的科学(the science of scarcity)——如果你拥有一定量的资源,在某一事物中用尽,则在它处将无所可用。但是生命中最重要之事物,则无法用经济学解释,也无关于稀缺,这事物便是爱。因为倘你爱人,则收获将大于给予。我已结婚49年,我不仅爱吾妻一如初婚,而且随着时间推移,我爱她更甚于往昔。因为我们相互给对方以爱,我们都获得了更多的爱。希望你们会和我们一样,祝福你们。张瀚,你是一位了不起的学者,我相信你会在中国法律经济学发展中有所作为

(make a difference),我也相信你会把人文主义精神带入法律经济学(bring Humanism into Law and Economics)。你爱古典、爱诗词、爱哲学,我相信你会欣赏和感恩爱。

罗伯特·库特(Robert Cooter)
加州大学伯克利分校法学院
HERMAN F. SELVIN 法学教授
法律经济学项目主任
美国法律经济学会会长、创会理事
罗纳德·科斯奖得主
2025 年春

序 二

再次见到张瀚教授的最新研究成果,备感欣慰。作为张瀚教授在中山大学本科、硕士至博士阶段的导师,亲眼见证了他对民商法与法律经济学研究不断深化之历程。张瀚自博士学位论文选题开始至今10多年对商事侵权法经济学进行了系统与深入的研究,且在相关领域发表了具有国内外影响力的论文,现相关著述亦已完成,我读后感到十分骄傲。

当今世界正面临百年未有之大变局,中国经济的高质量发展、营商环境的优化升级,对中国法律制度的设计与运用提出了新挑战。《左传》云,"……有立言,虽久不废,此之谓不朽",深刻说明了著书立说,可以让人类用点滴的思考与系统的记录,尝试超越自身之局限性。本书对商事侵权的法经济学研究,丰富了中国学界对于商事侵权制度的研究成果,升华了相关法律经济学研究的理论方法。如何在具体法律实践中,既符合传统民法侵权行为之理论，又在法律体系中实现对商事营利性问题的关照，进而实现现代理论对古典制度的映射，具有深刻之学术旨趣。张瀚教授的研究，填补了理论界与实务界的相关空白，为中国商事法与法律经济学的创新研究开辟了新路。

诺贝尔奖得主道格拉斯·诺斯认为，产权和制度变迁决定了国家的兴衰。产权问题，是中国古代社会每隔大约两百年便面临的一个发展周期性、波动性问题，也是解答近代中国社会发展"李约瑟难题"的一把钥匙。商事侵权的法律与经济逻辑，反映了产权制度理论在商业社会生活中包含正式制度与非正式制度的应用，其中的制度演进与创新问题绝非单纯法学研究能够解决，需要结合跨学科之视野——法学与经济学之联姻，也许是对此类制度问题在效率价值上的最优解之一。我相信，这本专著的面世，会为现在乃至将来的商事侵权理论与实践提供一种新的研究范式。这本书也会吸引更多的学者关注民商法的法经济学研究，尤其是吸引青年学者投入相关领域之创新研究中。

是为序。

周林彬

中山大学法学院教授、博士研究生导师

中国法学会商法学研究会副会长

广东省法学会民商法学研究会会长

2025 年 3 月 20 日

目录

第一章 商事侵权的基础理论：共性与个性 /1

一、商事侵权制度对秩序与效率价值的影响 /1

 （一）商事侵权制度对法治经济市场秩序的维护 /1

 （二）商事侵权制度对法治经济市场效率的促进 /2

二、商事侵权的内涵与外延 /3

三、商事侵权认定的特殊性 /7

 （一）当事人的商事主体性 /8

 （二）侵权客体中的营业性权益 /14

 （三）违法性认定中的渊源与特殊规则 /22

 （四）侵权成立与责任范围的因果关系 /30

四、商事侵权的类型化区分与标准 /36

 （一）《民法典》侵权一般条款的不自足 /36

（二）类型化进路：信息型、违反信义义务型与侵害营业型/38

（三）商事侵权法律适用中对《民法典》侵权制度渊源的遵循/43

（四）类型化的法律经济学意蕴/45

第二章 商事侵权的法律经济分析方法举要/49

一、法律经济分析的正当性问题/49

（一）前置性检验：法治经济背景下效率分析的正当性要求/50

（二）商事侵权制度进行效率分析的正当性检测/53

二、信息不对称理论与侵权中的信息/54

（一）信息不对称的制度经济学理论/54

（二）信息不对称理论与商事侵权中的信息披露问题/60

三、委托—代理理论与信义关系/61

（一）制度经济学语境下的"委托—代理"关系/61

（二）风险与激励/62

四、社会成本理论与营业保护/66

（一）社会成本与纯粹经济损失/66

（二）社会成本与私人成本/68

（三）对具有社会成本性质损失救济的效率正当性/69

（四）市场状况与损失救济/70

第三章　信息型商事侵权的法律经济分析/77

一、信息型商事侵权的内涵与外延/77
　　(一) 信息型商事侵权的界定/77
　　(二) 外延类型举要/78

二、信息型商事侵权的认定：作为渊源的《民法典》与商事单行法/82
　　(一) 行为人实施了欺诈或过失不实陈述的行为/82
　　(二) 受害方的合法权益被侵害/105
　　(三) 因信赖陈述遭受损害/112
　　(四) 行为人的主观过错/116

三、信息型商事侵权救济中的财产规则与责任规则/131
　　(一) 财产规则与责任规则的抉择/131
　　(二) 责任规则：赔偿范围的确定/137
　　(三) 责任规则：损害赔偿数额的计算/146
　　(四) 责任规则：欺诈领域中惩罚性赔偿的适用/150

四、损害的性质/152
　　(一) 经济学视角下信息型商事侵权的损害/152
　　(二) 信息型商事侵权归责原则和预防标准的设置/159
　　(三) 法律经济学视角下信息型商事侵权中的经济损失赔偿/173

五、社会成本意义/175
　　(一) 对市场交易成本的降低/175

（二）对实现卡拉布雷西减少事故
　　　成本目标的贡献/176
（三）对市场中信息不对称问题的缓解/178

第四章　违反信义义务型商事侵权的法律经济分析/180

一、违反信义义务型商事侵权的内涵与
　　外延/180
　　（一）违反信义义务型商事侵权的界定/180
　　（二）违反信义义务型商事侵权的典型表现
　　　　形式/183
二、违反信义义务型商事侵权的认定：《民法
　　典》与商事单行法的互动/191
　　（一）违反信义义务型商事侵权的构成要
　　　　件/191
　　（二）违反信义义务型商事侵权的抗辩事
　　　　由/201
三、违反信义义务型商事侵权救济中的财产规
　　则与责任规则/206
　　（一）财产规则：禁令与终结/206
　　（二）责任规则：赔偿与归入/207
四、制度目的与限制/212
　　（一）设置信义义务的目的/212
　　（二）信义义务制度的限制/219
五、不可减损的信义义务/222
　　（一）法律对信义义务方的激励作用促进
　　　　经济效率的提升/222

（二）维护信义义务中的强制性规则促进
经济的规范运行/225

第五章　侵害营业型商事侵权的法律经济分析/229

一、侵害营业型商事侵权的内涵与外延/229
　（一）侵害营业型商事侵权的界定/229
　（二）侵害营业型商事侵权的典型类型/234
二、侵害营业型商事侵权的认定：《民法典》与
　　商事单行法的互动/239
　（一）侵害合同之商事侵权的认定/239
　（二）妨害经营之商事侵权的认定/246
三、侵害营业型商事侵权救济中的财产规则与
　　责任规则/267
　（一）侵害营业型商事侵权中财产规则与
　　　 责任规则的适用/267
　（二）侵害合同中损失的确定/276
　（三）妨害经营中营业利润损失的确定/278
　（四）侵害营业型商事侵权的惩罚性赔偿适
　　　 用分析/281
四、效率法律价值的思考/283
　（一）侵害合同侵权的效率分析/283
　（二）妨害经营侵权中营业利润损失救济的
　　　 效率分析/285
　（三）侵权制度对合作剩余的守望/297

结　语/299

一、商事侵权与侵权的类型化/299

二、法律经济分析对商事侵权研究的启发与
        展望/301

主要参考文献/303

后　记/313

第一章 商事侵权的基础理论：共性与个性

一、商事侵权制度对秩序与效率价值的影响

商事活动的影响范围一般比民事活动的影响范围更大，对社会经济造成的影响更加深刻和广泛，商事侵权行为的负外部性也更强。因此，需要建立健全专门针对商事领域侵权行为进行规范和调整的制度规则，以回应现实需求。在民法典时代继续完善商事侵权相关的理论研究，在规范层面推动确立相关商事侵权制度安排和法律适用规则，有助于发挥商事侵权制度的重要价值和作用、规制商事领域频发的侵害行为、保障市场主体的合法权益、维护市场经济秩序、促进公平竞争，进而推动法治经济的建设。

（一）商事侵权制度对法治经济市场秩序的维护

商事侵权制度规则的建立和完善对法治经济建设的促进作用，体现在其能够有效地维护法治经济所要求的自由、公平竞争的市场秩序，保障市场经济的健康稳定、良性有序运行。推进法治经济建设需要充分保护市场主体的权利,包括市场主体的产权以及公平参与竞争等权利。① 商事侵权制度可以实现对商事实践中侵害他人合法权益的行为的制裁,通过诉讼程序对相关非法侵害行为的违法性和侵权责任进行确认,对相关主体的权利、义务和责任进行分配和调整,以便及时保护被侵害者的合法权益。商事侵权制度在《中华人民共和国民法典》(以下简称《民法典》)和商事单行法的框架下,对市场主体的经济行为特别是对各种侵害他人合法权益、损害他人经营利益的行为进行规范,明确其侵权责任的后果,解决商事活动中侵权行为所产生的负外部性问题,保障市场经济的健康发展。例如,确立和完善商事欺诈、过失不实陈述侵权行为的法律责任,不仅可以促进真实市场交易信息的流通,防止市场信息的扭曲,缓解信息不对称现象以及解决由此产生的道德和法律问题,也可以维护社会的诚实信用,维护交易安全、交易秩序。确立妨害经营侵权、侵害合同侵权行为的法律责任,可以有效保护产权,维护契约,促进公平竞争,维护市场的公平竞争秩序。

(二) 商事侵权制度对法治经济市场效率的促进

"市场经济是以市场配置资源的经济形式,而市场仅是一种交易的场所或连接点,它连接的是买卖双方的需求与供给的自动搜寻和交易,通过这种基于自愿基础上的自动搜寻和交易,能够形成价格发现机制和竞争机制,从而提高资源配置的效率。"②"若仅仅着眼于经济层面,市场经济最重要的功能就是提高资源配置效率。这也是中国建设市场经济的主要旨向。"③法律鼓励和保护自由交易,对产权的界定和保护就是为了明晰产权人的权利内容和边界,明确他人不得实施侵犯产权行为的义

---

① 参见张守文:《法治经济建设的三个重要命题》,载《南海法学》2017 年第 1 期。
② 王金胜:《依法治国与社会主义市场经济体制关系探析》,载《理论学刊》2015 年第 11 期。
③ 谢海定:《中国法治经济建设的逻辑》,载《法学研究》2017 年第 6 期。

务。但市场交易并不总是由当事人通过自愿交易的契约形式达成,商事领域通常会发生侵权行为。侵权行为本质上是一种发生在被侵权人和侵权行为人之间的强制性交易。商事侵权制度可以在被侵权人为法律所保护的权利或者利益被他人侵害,发生被侵权人的强制性交易时,经由法院的司法裁判程序,以侵权损害赔偿等责任形式对被侵权人进行救济。在此过程中,商事侵权责任制度解决了当事人无法在事前就侵权行为达成协商的难题,从而降低了此类强制性交易的成本,也发挥了对产权进行确认和保护的作用。

商事侵权制度亦是有效保障市场自由、公平、有序运行的制度,明确商事侵权行为的法律责任,可以使侵权行为人内部化商事侵权行为带来的社会成本,遏制潜在的侵权行为人在参与市场活动的过程中实施侵害他人合法权益的行为,激励潜在的侵权行为人遵守诚实信用原则。特别是商事欺诈、过失不实陈述侵权制度规则的确立,可以缓解信息不对称现象并降低其带来的侵权风险,促进市场主体的自由交易,推动社会资源的优化配置,提升市场经济发展的效益。总体而言,商事侵权制度规则的确立和完善,可以实现对产权的确认和保护,规制市场经济活动中发生的侵权行为,促进市场经济健康有序发展。

二、商事侵权的内涵与外延

在比较法上,英美法系国家并不注重对商事侵权概念的界定,但商事侵权诉讼请求是一项独立的诉讼请求,遭受侵害的主体可主张并提出商事侵权救济的具体请求。《布莱克法律词典》对商事侵权请求权(commercial tort claim)进行了定义,根据其解释,商事侵权请求权是组织或个人在其商业活动或职业活动中提出的侵权请求权,但该请求权不包括基于人身伤害或死亡的赔偿请求。[①] 其所言的商事侵权行为是发

---

① See Bryan A. Garner (ed.), *Black's Law Dictionary*, Thomson Reuters Press, 2004, p.811.

生在商业领域中的、排除了人身伤害或死亡的侵权行为,是一种经济侵权行为。对于商事领域中的侵权行为,侵权法的裁判规则也在不断发展。英美法系国家的经济侵权(economic torts)在一定程度上是为了规制过度竞争而发展起来的,商业领域中经济侵权行为的方式和类型也在不断增多,司法实践中受害方不断要求扩大法律规制非法手段侵权(the unlawful means tort)和共谋侵权(the conspiracy tort)的功能,如今共谋侵权已从非法手段侵权这种经济侵权行为中独立出来,演变成一种商业侵权行为(commercial tort)类型,从而对故意造成被侵权人经济损害的商业活动中的不当行为进行更广泛的普通法上的规制,弥补了现有侵权责任的空白。① 除了共谋侵权外,欺诈、不实陈述、有害谎言、干涉合同关系、干涉经济活动等行为也是典型的商业侵权行为类型。② 法院确认遭受侵害的主体提出商事侵权救济的权利。

目前,国内学者对商事侵权行为的概念的讨论,主要从行为的发生领域、侵权行为主体、侵害客体等角度进行阐述。有研究认为,"商事侵权是发生在商业领域的一类侵权行为,指行为人在商业活动中违反法定义务损害他人合法权益,依法应当承担损害赔偿责任的行为",③商事侵权行为"是指在商事活动中行为人违反法定的或交易习惯上的注意义务侵害他人权利和法益的行为",④"商事侵权责任是指在商事活动中,一方因违反法律规定的义务侵害他方合法权益而应当承担的法律责任"。⑤ 也有学者从侵权行为主体的角度进行阐述。其中有学者采取了

---

① See Hazel Carty, *The Modern Functions of The Economic Torts: Reviewing the English, Canadian, Australian, and New Zealand Positions*, The Cambridge Law Journal, Vol. 74:261, p. 261,277 (2015).

② 参见徐爱国:《英美侵权行为法学》,北京大学出版社 2004 年版,第 208~225、232~240 页。

③ 宋晓明、高燕竹:《商事侵权法律规制若干问题研究》,载《人民法院报》2011 年 3 月 2 日,第 7 版。

④ 刘言浩:《中国商事侵权责任法的构建》,载《上海商学院学报》2013 年第 1 期。

⑤ 李新天主编:《商法总论》,东北财经大学出版社 2007 年版,第 289 页。

较为宽泛的定义,认为"商事侵权责任是市场主体违反不侵害他人权利的义务应当承担的责任"。① 但更多学者是将侵权主体限制为商事主体,并结合行为发生的领域进行界定,如有学者认为,商事侵权行为是指"商事主体在商业经营活动过程中所为的侵害他人权益的行为",②"商事侵权责任是商事主体在商业经营活动中侵害他人合法权益而应该承担的法律责任",③"商事侵权行为,应当是指商事主体在经营活动中,侵害其他商事主体的人身和财产并造成损害,依法应当承担责任的行为"。④ 也有学者从商事侵权责任的角度出发进行阐释,指出"所谓的商事侵权责任是指商事主体在营业过程中需要承担的损害赔偿责任",商事责任的特殊性在于侵权行为主体为商事主体,以及侵权发生于营业过程中。⑤ 此外,还有学者从侵害的客体角度出发,认为"商事侵权行为就是在商业领域中,以故意或者过失的违法行为妨害他人正常经营活动,造成经营者经营利益损害的商业侵权行为"。⑥

前述学者们阐述的商事侵权内涵,都从某一个或几个方面阐释了商事侵权行为的特征。对于商事侵权,学者都认可其是发生在商业领域也即商事活动领域的侵权行为。但有些学者仅从行为的发生领域进行描述,指出商事侵权行为的外在特征,尚未能进一步揭示商事侵权行为区别于一般民事侵权行为的本质特征。从主体的角度进行界定亦可揭示商事侵权的特点,但是将商事侵权行为的主体限定于商事主体的观点未

---

① 徐学鹿:《商法总论》,人民法院出版社1999年版,第371页。
② 王艳萍:《商事侵权责任之内涵论析》,载《湘潭大学学报(哲学社会科学版)》2011年第3期。
③ 刘道远:《商事侵权责任对侵权责任法的挑战及其对策》,载《法商研究》2010年第1期。
④ 成星:《商事侵权行为》,载李平主编:《商法基本理论问题研究》,四川大学出版社2007年版,第421页。
⑤ 参见夏沁:《民商合一视角下商事侵权责任的法经济学分析路径》,载《湖北社会科学》2018年第8期。
⑥ 杨立新主编:《类型侵权行为法研究》,人民法院出版社2006年版,第340页。

免过于片面,"不仅有使商事主体圈定在一个法律隔离体的嫌疑,而且易生认识混乱"。① 一方面,并不是所有商事主体实施的所有侵害他人民事权益的行为都是商事侵权,还可能是民事侵权。如一家私人经营的美容连锁机构在提供医疗美容服务的过程中造成他人毁容,此种侵害行为显然是一般的民事侵权行为。另一方面,民事主体可能实施商事侵权行为,如某人因私人纠纷到他人经营的店铺干扰他人正常的生产经营活动,其虽然不具有商事主体的身份,但其行为属于商事侵权行为。从侵害客体或者损害结果的角度,认为商事侵权是造成经营者经营利益损害的行为,相较于从发生领域或者行为主体的角度进行限定,更加接近商事侵权行为的本质。然而,也有学者对目前学界关于商事侵权概念的界定持相对消极的态度,认为目前无论是从侵权行为发生在商事领域的角度,还是从侵害行为和损害结果的双重视角界定商事侵权都存在缺陷,商事侵权总体属于内涵宽泛、动态发展的类型。②

商事侵权确实不是指某一种侵权行为,而是一个外延广泛的侵权行为类型的总称。但我们仍可以归纳出此种行为的一些根本性特征。在商事侵权的内涵界定方面,笔者赞同学者杨立新从侵害权益的客体角度进行界定的思路。遭受侵害的客体的差异,是不同的侵权行为类型化为一种相对独立和特殊的侵权行为类型的重要原因,因为立法可以通过制定专门的制度规则对该类侵害行为进行调整,以实现对各类法律利益的精确和差异化保护。将商事侵权行为及其责任区别于传统民事侵权行为加以讨论,目的是保护商事主体的商事权益,此种权益是基于其作为营利性主体从事生产经营活动而产生的经济上的地位和利益,商事侵权制度理论也是基于保护此种经济性的权益而产生,其目的并非分配人们

---

① 荣振华:《分析与权衡:商事侵权制度的未来》,载《西部法学评论》2012年第3期。
② 参见张平华:《商事侵权与民事侵权的"形似神异":以连带责任为中心》,载《法学》2016年第11期。

在日常的生活、消费过程中产生的人身或财产上的风险。商事侵权行为区别于侵害民事主体人身或财产权益的一般民事侵权行为,其核心特征在于对他人营利性或营业的侵害。因此从侵害的权益客体的角度界定商事侵权的内涵和外延,更能够凸显商事侵权行为独立于一般民事侵权行为的本质区别。

故笔者认为,商事侵权可以定义为:在商事交往过程中因故意或过失违反法定义务,侵害营利性主体合法权益的行为。商事侵权的外延是广泛的,其并非单一的侵权行为,而是存在多种不同的侵害形式和行为类型。在市场交易活动中实施欺诈行为、故意干扰他人正常的营业活动、破坏他人商事合同的履行、高级管理人员违反忠实义务损害公司的利益等,都是商事侵权行为的表现形式。凡是在商事交往过程中涉及对他人营利性活动以及相关权益的侵害行为,都有可能构成商事侵权,从而应当受到商事侵权制度的调整。从商事侵权制度的核心来说,其具有明显的营利保护特征,目的在于规范侵害他人与营利性有关的权利和利益的各种不法行为,保护他人在市场经济中基于营利目的合法开展营业所获取的经济活动成果,维护交易安全和正常的市场交易秩序,降低商事活动领域侵权行为对市场交易主体和社会整体福利带来的负外部性。

三、商事侵权认定的特殊性

《民法典》第1165条第1款规定了侵权的过错归责原则——侵权责任的成立必须具备违法行为、损害事实、因果关系和主观过错4个要件,四者缺一不可,否则不构成侵权责任。[①] 在归责原则、构成要件方面,商事侵权制度理论须符合侵权法的基础理论和一般规则。商事侵权的认定应当依据《民法典》第1165条关于过错侵权的一般条款进行认定,即须具备主观过错、违法行为、因果关系和损害事实4个基本要件。但基

---

① 参见最高人民法院民法典贯彻实施工作领导小组主编:《中华人民共和国民法典侵权责任编理解与适用》,人民出版社2020年版,第25页。

于商事侵权与一般民事侵权的差异,商事侵权及其认定具有不同于一般民事侵权的特殊性。无论是商事侵权法律关系的当事人,还是商事侵权的客体,都具有明显的营利性特征,商事侵权行为的损害事实和结果与一般民事侵权特别是与人身相关的侵权损害亦存在巨大的差别。在侵权行为的构成和认定上,无论是商事侵权行为违法性的表现和认定,还是侵害行为与损害结果之间因果关系的判断,均具有不同于一般民事侵权行为的特殊之处。

(一) 当事人的商事主体性

商事侵权区别于传统民事侵权的一个特殊之处就在于,商事侵权中的侵权行为人和被侵权人在主体身份上具有不同于民事主体的特殊性。这种特殊性缘于商事侵权法律关系的当事人主要是从事商行为的商事主体,他们在很大程度上具有明显的营利性特征,在侵权事件涉及的行为中怀有赚取利润的动机。这种营利性的追求在被侵权方身上表现得非常明显。无论是作为经营特定营业、经过商事登记取得营业执照的商事主体,抑或是从事营利性活动但未经过商事登记的商事主体,其在参与商事活动过程中,常常遭受来自他人故意或过失的侵害行为,从而导致自身从商事交易中获取商业利润的目的受挫,遭受经济损失。同时,商事侵权中实施侵权行为的一方也可能是基于营利目的,试图通过破坏他人的商事合同、交易机会或经营活动等方式,夺取相应的经济利益。总之,营利性特征是商事侵权法律关系主体所具有的特殊性,其在认定商事侵权法律关系主体以及商事侵权行为的构成上均是重要的因素。

商事侵权中的当事人往往至少有一方具有营利性,具有营利性的主体包括但不限于商事主体。无论是经过商事登记、公开从事特定领域经营的公司、合伙企业、个体工商户等商事主体,还是没有经过商事登记而开展经营的微商、流动摊贩等商事主体,抑或是参与证券买卖的个人投资者等偶尔从事营利性行为的非商事主体,皆从事商事活动并且在特定的商事交易中具有营利的动机。总之,商事侵权中至少有一方当事人是从事公开、持续经营的主体,或者是在相关的侵权行为中因抱有赚取经济利益的倾向或目的而参与商事交易活动的主体。实施商事侵权行为的主体是不是具备营利性无关紧要,但被侵权方应是参与商事交易活动的营利性主体,而且是否具备营利性是判断当事人是否属于商事侵权案件中适格的被侵权人的关键。

1. 商事侵权中侵权人和被侵权人的认定

商事侵权中侵权人和被侵权人的主体身份,应结合商事侵权行为的概念和商事侵权制度的核心理念予以认定。商事侵权行为是发生在商事交往活动中的侵权行为,因此,原则上参与商事交易活动的主体,都可以因特定事实而成为具体商事侵权行为的侵权行为人或被侵权人。商事法律关系的主体包括商事主体和非商事主体。[1] 商事侵权法律关系既可以发生在商事主体之间,也可以发生在商事主体和非商事主体之间,甚至还可以发生在非商事主体之间。[2] 在商事侵权中,无论是作为当事人的侵权行为人还是被侵权人,都无须限制为商事主体。但商事主体一般是商事侵权法律关系中最重要、最普遍的主体,其作为侵权人和被侵权人的情形往往十分常见。

有学者将商事侵权行为的主体限制为商事主体,认为只有具有商事主体资格的侵权行为人才是商事侵权责任主体。[3] 但笔者倾向于认为,商事侵权中的侵权行为方不以具有商事主体身份为必要条件。一方面,并非只有商事主体实施的侵权行为才属于商事侵权行为。侵权行为人实施的侵权行为发生在商事活动领域,并且损害了具有营利性主体的经济利益,是该行为被认定为商事侵权的关键,而与行为人是否具有商事

---

[1] 参见范健、王建文:《商法学》(第4版),法律出版社2015年版,第25页。
[2] 参见宋晓明、高燕竹:《商事侵权法律规制若干问题研究》,载《人民法院报》2011年3月2日,第7版。
[3] 参见刘道远:《商事侵权责任对侵权责任法的挑战及其对策》,载《法商研究》2010年第1期。

主体的身份没有必然联系。商事侵权中的侵权行为人往往为了追求一定的经济利益,或者仅为了损害具有营利性的主体的利益,而实施提供虚假信息、破坏对方的商事合同或妨害对方的正常经营活动等侵权行为。侵权主体既可以是商事主体,也可以是非商事主体;既可以是个人,也可以是某个单位或者组织。另一方面,商事主体实施的侵权行为并不均是商事侵权。因为商事侵权制度的核心是对营利性和营业利益的保护,所以仅仅是作为商事主体的侵权人实施侵权行为,而案涉的被侵权方不具有营利性的案件,如产品责任领域、消费者保护领域的侵权案件,则不属于我们所研究的商事侵权。

商事侵权中的被侵权方,同样既可以是商事主体,也可以是从事营利性活动的非商事主体。商事主体是参与商事活动、推动经济发展和商业繁荣的主力军,在社会财富的创造方面发挥着巨大的作用,既是商法最主要的调整对象,也是商事侵权制度的主要保护对象。商事主体具有不同于一般民事主体的特殊性。商法学理论上的商事主体是指经过商事登记取得营业资格、以营业形式实施商行为的主体,[1]按照商法学者的观点,并非所有参与商事活动、从事营利性行为的主体都能成为商事主体。例如,进行股票买卖的个人投资者或者是偶尔进行营利性活动的人,并不具有商事主体的法定身份和资格。还有生活中常见的走街串巷从事经营活动的摊贩,对于他们是否属于商事主体在理论界有不同的观点。[2] 笔者认为,无论是否具有商事主体的身份、是否以从事营利性活动作为职业、是否经过商事登记,只要其通过合法途径从事营利性行为以及从中获取的经济利益,都值得法律保护。微商、摊贩等从事营利性

---

[1] 参见王保树主编:《商法》(第2版),北京大学出版社2014年版,第42页。
[2] 有学者指出,摊贩虽是市场经营主体,但就我国而言,其被排除在企业之外,不应被认定为商事主体,参见范健、王建文:《商法学》(第4版),法律出版社2015年版,第27、38页。也有学者认为,摊贩在法理上应以"表见商人"对待,其不同于个体工商户,也不同于个人独资企业,最大的特点是没有固定的经营场所,但应从法律上对其加以保护,参见任先行:《商法原论》(下),知识产权出版社2015年版,第713页。

活动的市场经营者,虽然没有特定的经营场所,也没有经过商事登记程序取得营业执照,但他们在受到商法调整和侵权法保护方面不应与公司、企业等商事主体存在差别,不应被排除在商事侵权法律制度的保护范围之外。

市场主体参与商事交易活动,从事商事行为的目的在于获取经济利益、实现财富增值,不同类型、不同规模的市场主体活跃于各种商事活动中,其在商事交易活动中通常会遭受他人故意或者过失行为的侵害,从而遭受经济损失。这些从事营利性行为的主体的活动和成果遭受商事侵权行为的损害时,均有权得到商事侵权法律制度的救济。这也正是商事侵权制度设计的核心和初衷,即保护参与商事交易主体的营利性和营业利益。因此,在判断是否作为适格的被侵权方时,应关注其是否为具有营利性的主体、该主体的营业利益或营利性目的是否遭受了侵害,而不拘泥于其营利形式、是不是经过商事登记并具有营业资格的商事主体。

2. 商事主体作为商事侵权当事人的特殊性

前文分析了商事侵权中的侵权行为人与被侵权人主体身份的特点,即构成商事侵权法律关系的当事人并不以具备商事主体的身份为必要条件。但商事主体是商事活动中最重要的参与者,也是商事侵权法律关系中最普遍和常见的当事人。作为商事侵权中的重要主体,商事主体的特殊性值得关注。商事主体自身所具有的区别于一般民事主体的特点,影响着商事侵权的相关制度设计,例如商事侵权的构成、救济和责任。

商事主体是以商为业者,[1]即以实施商事行为作为其经常性职业[2]的自然人或企业,区别于偶尔实施商事行为的主体。商事主体实施的商事行为具有明显的营业性特征,其通常长期、持续、反复、有计划地实施

---

[1] 参见王保树主编:《商法》(第2版),北京大学出版社2014年版,第39页。
[2] 参见顾功耘主编:《商法教程》(第2版),上海人民出版社、北京大学出版社2006年版,第34页;施天涛:《商法学》,法律出版社2006年版,第50页。

某种同一性质的营利性活动。① 偶尔实施营利性活动，但不是以从事某种商事行为作为职业的人，并不属于商事主体。例如，偶尔在二手交易平台出售闲置物品的人、在旅途中收取佣金帮人代购物品的人、买卖股票的股民，他们虽然是因营利的动机参与商事交易，但只是偶尔从事商事行为，因此不是商事主体。通常情况下，侵权案件中的当事人是否属于商事主体，对于该案件纠纷的性质判断和法律适用具有重要的影响。若当事人本身具有商事主体的身份，并且是在开展正常的营业活动中受到他人侵害进而遭受经济损失，则该案是商事侵权纠纷，可以适用商事侵权的法律制度对权益遭受侵害的商事主体进行救济。若当事人不是商事主体，则该主体的营利性特征不能直接认定，需要在涉及的具体侵权纠纷中进一步检验该主体是否在参与特定商事交易活动的过程中抱有营利的目的、实施营利性的行为，从而确定侵权纠纷的性质和应当适用的法律。

在商事侵权中，当事人的商事主体身份可能对其注意义务标准和过错认定标准产生影响。总体而言，商事主体的注意义务标准和过错认定标准应当与非商事主体存在差异，其相对于普通人来说往往需要承担更高的注意义务和更严格的法律责任。② 任何人在交易过程中都需要保持合理的谨慎和注意，以免因自己的过失造成他人的利益受损，商事主体在从事商事交易的过程中亦应当尽到相应的告知、协助等注意义务，适当关照交易相对方甚至第三方的利益，以免其在交易过程中遭受损害。商事主体就其所从事经营的特定行业和领域而言，往往是作为一个具有与该特定行业和领域相关的专门知识、经验的专业人士，其比不从

---

① 参见范健、王建文：《商法学》（第4版），法律出版社2015年版，第45、47页；顾功耘主编：《商法教程》（第2版），上海人民出版社、北京大学出版社2006年版，第35页；施天涛：《商法学》，法律出版社2006年版，第87页；赵忠孚主编：《商法总论》，中国人民大学出版社2009年版，第109页。

② 参见范健、王建文：《商法学》（第4版），法律出版社2015年版，第25页。

事该行业和领域经营活动的其他人掌握更多与交易相关的信息。基于自身的技术性和专业性,以及在交易中作为相对具有信息优势的一方,商事主体往往需要承担更高程度的注意义务。因此,在具体案件中认定侵权行为人的过错时,需要考虑商事主体的主体身份和职业特性,将其作为具备相关专门知识的专业人士的因素纳入考虑范围。例如,在侵权人是作为专业人士的商事主体,而被侵权人是不具有相关知识背景的信息劣势方的情形中,笔者倾向于认为应当对该侵权人适用更高的注意义务标准和相对于故意而言更为严格的一般过失或重大过失标准,这意味着仅具有过失的侵权行为人也可能需要承担责任。① 相应地,当具有专业知识和信息优势的商事主体作为被侵权方时,商事主体对其自身利益的关照和注意义务标准也高于普通人士,如果其自身也存在疏忽,促使侵权行为发生或损害结果扩大,法院在商事侵权案件的司法裁判中适用过错相抵规则时,也应当综合商事主体的特殊性和过错情况进行法律适用。

　　商事主体作为商事侵权案件当事人的特殊之处,还体现在其营利性目的和营业行为对是否构成商事侵权以及侵权抗辩规则适用的影响。在商事环境中,有时即使是商事主体正常开展的经营活动,也可能会对市场中的其他商事主体的经营造成客观上的"妨碍"。在相关的侵权纠纷中,商事主体是否仅出于营利目的实施营业行为,还是具有恶意或其他不正当的意图,对于判断该行为是否构成侵害合同或妨害经营等商事侵权行为,具有重要的影响。例如,在存在竞争关系的A、B两家企业中,A企业生产的文具产品物美价廉,而B企业的价格较贵,某零售商本来先与B企业商谈进购文具事宜,在磋商过程中收到了A企业的广告宣传册,最终选择与A企业签订进购合同。在前述情形中,倘若A企业

---

① 当然,此处所说的作为专业人士的商事主体,其专业人士的地位是相对而言的;在注意义务标准和过错认定标准方面的从严,也是相对于假设在相同情形下作出相同侵权行为的、作为非商事主体的侵权人而言的。

不存在破坏B企业交易机会的主观恶意,则不能认为A企业向零售商派发广告宣传册并成功签订合同的行为构成商事侵权,尽管A企业的行为客观上造成B企业交易机会的丧失。商事侵权的审判不同于一般的民事案件的裁判思路,应当充分关照商事因素和当事人的特殊性。特别是在营业型商事侵权中,应注意区分正当合法的市场竞争行为和侵害他人利益的侵权行为的界限,允许作为被告的商事主体在侵权诉讼中援引正当竞争相关规定进行抗辩。如果被告是出于营利目的进行正常的经营活动,其在实施该客观上造成他人营业利益受损的经营行为时,并不具有恶意妨碍他人营利、打压竞争对手等的不正当意图,那么应当认定该行为不构成商事侵权,或者构成可以减轻或免除侵权责任的正当竞争抗辩。

(二)侵权客体中的营业性权益

1. 商事侵权客体之特殊性

商事侵权是发生在商事活动领域的侵权行为,并且当事人具有明显的营利性特征。在商事侵权中,侵害对象是抱有营利性动机而参与商事交易活动的商事主体,侵权行为人侵害的权益客体与商事主体的营利性密切相关。故意或过失传递不实市场交易信息,破坏他人的交易机会,妨碍他人商事合同的履行,干扰他人正常的营业活动……这些不同类型的商事侵权行为的共同点在于对营利性的损害,即会使某个或某类商事主体的特定营利目的落空或受挫,丧失参与商事交易活动的部分或全部预期经济利益。在实践中,参与商事交易、从事营利性活动的商事主体,通过持续不断地开展营业活动实现利润的赚取和财富的增值。正如有学者所言:"营业是营利的实现形式,营利性是商事关系的本质所在,而营业则是它们的外在形式,可以被感知、操作。"[1]无论是商事主体营

---

[1] 童列春:《营业的性质与商法构造》,载《武汉理工大学学报(社会科学版)》2009年第1期。

的客观外在形式和状态,还是基于营业产生的经济利润,都蕴含商事主体在营利上的各种利益,并在现实中常常成为侵权行为侵害的对象。

商事侵权的客体具有广泛性,既包括具有绝对权性质的客体,如物权、知识产权,也包括合同债权、商业秘密、营业利益和信义关系等依传统民法理论被视为具有相对性的权利或利益。但这些权利或利益都是财产性的权益,与人身性相关的权益没有太大关联。在商事侵权案件中,侵权行为既可能侵害被侵权方的财产权,造成其有形财产、固有利益的损害,也可能侵害被侵权方的财产利益,如干扰他人的正常经营活动,使他人遭受营业损失。在有些情形中,商事侵权行为甚至只给被侵权方造成纯粹的经济损失,而不存在任何物质性的损害。被侵权方遭受与营利性有关的、预期的经济利益损失,在商事侵权中多发且常见,而且这种损失与被侵权方的人身或财产没有太大关联,具有纯经济损失的性质,因而较难得到完全的赔偿。

商事环境中发生的侵权行为侵害的是与商事主体的营业有关的权益,但不同类型的商事侵权行为直接侵害的对象和受到损害的具体法益存在差别。在妨害经营的商事侵权中,行为人直接侵害的是经营者的营业财产或者营业活动的正常开展、持续营利的状态,导致被侵权方的营业利益受损。在侵害合同的商事侵权中,行为人干扰、破坏商事主体的合同的正常履行,侵害的是被侵权方通过合同形式固定下来的交易机会和经济利益。对于商事欺诈和过失不实陈述型的商事侵权,该种侵权行为加剧了信息不对称和不实信息在市场上的流通,扭曲了市场交易信息,导致市场主体因信赖不实信息作出错误的商业判断和经济决策,直接或间接地遭受营业和投资等方面的经济损失。违反信义义务型商事侵权,直接遭受侵害的是信义关系中负有信义义务的相对方,此种违反信义义务的行为通常破坏了商业运作中存在的特定关系。总的来说,各种类型的商事侵权行为都会对市场中商事主体的营业产生直接或间接的消极影响。

2.营业相关权益在《民法典》语境下的保护

传统的侵权法主要保护财产权和人身权这种具有绝对权性质的权利,但随着社会实践的发展,许多类型化的法定权利之外的利益随之涌现,并越来越受到法律的关注和保护,侵权法的保护范围逐渐扩张。① 理论上,侵权法的保护范围不应是封闭、僵化的,而应是开放、不断发展的,但问题在于如何确定侵权法所应保护的法律利益,以及不同的法律利益的保护规则。德国著名比较法学者格哈特·瓦格纳(Gerhard Wagner)在探讨侵权法所保护的范围时,就曾提出关于"是否任何利益都值得由侵权法提供保护"的问题。② 在商事侵权领域,商事侵权行为侵害的权益客体具有广泛性,其中包含很多在商事实践中不断涌现的、目前尚未被法律法定化和类型化保护的利益,诸如商事合同、交易机会、营业状态、信义关系中的财产性利益。是否应对这些遭到商事侵权行为侵害的权利特别是利益提供救济,以及如何进行救济,这些都是各国侵权法曾遇到且无法回避的问题。

法国的侵权法立法模式没有区分对权利和利益的保护,对侵权行为均适用侵权法的一般条款,原则上所有因过错造成他人损害的行为都可能引致侵权责任。③ 因此侵权法保护的范围是非常宽泛的,某种法律利益是否应受到法律保护具有很大的解释空间,主要交由法官在具体案件中进行裁量。同是作为大陆法系典型代表的德国,则是将不同的法律利益划分为权利和权利之外的其他利益,并对二者提供不同程度的保护:侵害所有权、生命权等权利的行为适用《德国民法典》第823条第1款的规定,原则上所有因过错侵害他人权利的行为都需要承担侵权责任;权

---

① 参见程啸:《侵权责任法》(第2版),法律出版社2015年版,第37页;于飞:《侵权法中权利与利益的区分方法》,载《法学研究》2011年第4期。

② 参见[德]格哈特·瓦格纳:《当代侵权法比较研究》,高圣平、熊丙万译,载《法学家》2010年第2期。

③ 参见程啸:《侵权责任法》(第2版),法律出版社2015年版,第113页;[德]格哈特·瓦格纳:《当代侵权法比较研究》,高圣平、熊丙万译,载《法学家》2010年第2期。

利之外的其他法律利益,则在侵害行为违反保护他人的法律或者存在故意以及违背善良风俗的情形下,才能够援引《德国民法典》第823条第2款或第826条的规定进行保护。① 这种对权利和利益进行区分保护的立法模式,使得德国法院在解决现实中企业及其纯粹财产利益的保护需求问题时,采取了创设营业权并将其纳入第823条第1款中"其他权利"的范畴的方式对企业进行保护。② 不同于成文法国家对侵权行为和侵权法保护范围进行统一规范的立法,作为普通法系代表的美国,则是在判例中根据实践的需求不断确立并完善包括不实陈述、侵害经济关系、干涉合同等经济侵权行为的责任规则。

对于侵权法的调整范围和保护客体,我国《民法典》第120条规定:"民事权益受到侵害的,被侵权人有权请求侵权人承担侵权责任。"第1164条规定:"本编调整因侵害民事权益产生的民事关系。"侵权制度的保护对象是民事权益。民事权益是民事权利和民事利益的统称,其内容和类型多样,但都是私法上的权利和利益。《民法典》第1164条确定了侵权责任编的调整对象范围,在法律适用上具有一般条款的功能。③ 作为对民事权利和民事利益保护的基本依据,该条以"民事权益"统称民事权利和民事利益,没有进一步规定民事权益的具体类型和范畴,在为法律适应现实中的新型民事权益保护需求留出充足空间的同时,也带来如

---

① 参见于飞:《侵权法中权利与利益的区分方法》,载《法学研究》2011年第4期;[德]格哈特·瓦格纳:《当代侵权法比较研究》,高圣平、熊丙万译,载《法学家》2010年第2期。

② 德国法上的营业权虽然被解释为"其他权利",但因其内容不确定、边界不清晰,也不具备类似所有权这种典型的权利所具备的归属效能、排除效能和社会典型公开性,侵害营业权行为的违法性不能通过行为侵害权利这一客观事实进行表征,而是需要法官在个案中进行利益衡量,且侵害营业权所造成的损失大多为纯经济损失,因此对营业权的保护实际上远不如所有权等权利。参见于飞:《侵权法中权利与利益的区分方法》,载《法学研究》2011年第4期。

③ 参见最高人民法院民法典贯彻实施工作领导小组主编:《中华人民共和国民法典侵权责任编理解与适用》,人民出版社2020年版,第21页。

何判断侵权法所保护的民事权益的范畴,尤其是那些尚未被法律认可为民事权利的私法上的利益是否应当受到侵权法保护的现实问题。最高人民法院对民事权益的理解,实际上也结合了其他包含主观方面的构成要件因素,其在学理上已在一定程度上超出了单纯客体之范畴。①

在我国民商合一、没有专门对商事领域的侵权行为进行特别规范的背景下,如何确定商事侵权的保护客体,对遭受商事侵权行为侵害的特定权利和利益进行保护,具有现实意义和理论价值。侵权法保护的民事权益是私法上的权利和利益,而商事侵权的客体也是特定的商事主体的私益,天然地属于民事权益的范畴。有学者认为,侵权法保护的利益应当具有确定性,即受保护的利益须具有一定程度的可识别性,该利益是稳定的、持续的、值得信赖的。② 作为商事侵权的客体的权益也应具有确定性,即具有一定程度的可识别性。商事合同、营业状态、信义关系等依社会大众的观念都是商业实践中常见的、确定存在的利益载体,并且在现实中常常会作为被侵害的对象遭受损害。而且某些商事主体在参与商事活动过程中产生的经济利益,其实已经得到了商事单行法的确认和保护。《中华人民共和国证券法》(以下简称《证券法》)第五章关于信息披露和第六章关于投资者保护的规定,都是对投资者与投资相关的经济利益受到法律保护的确认;《中华人民共和国公司法》(以下简称《公司法》)第181条违反对公司忠实义务的行为,根据该法第186条的规定"收入应当归公司所有",明确了对收入进行归入的请求权基础;《中华人民共和国反不正当竞争法》(以下简称《反不正当竞争法》)规定了经营者在生产经营活动中不得实施不正当竞争行为的义务及其法律责任,保护经营者的经营利益。

在我国《民法典》保护民事权益的立法模式下,商事侵权中某些权益

---

① 参见最高人民法院民法典贯彻实施工作领导小组主编:《中华人民共和国民法典侵权责任编理解与适用》,人民出版社2020年版,第19~20页。

② 参见程啸:《侵权责任法》(第2版),法律出版社2015年版,第12页。

客体难以受到侵权法的保护或者高标准保护的理论障碍可能在于,一方面,这些具有相对性的权利和尚未被法律明确承认的利益不具备明显的归属效能、排除效能和社会典型公开性,①行为人难以观测权益的存在从而难以确定自己行为的边界,如果对其进行保护将会过分限制行为自由;另一方面,商事侵权行为给商事主体造成的大多是纯经济损失,如果都进行赔偿会加重行为人的赔偿责任,使侵权责任泛化。

但这不能成为拒绝对相关权益提供法律保护的理由。德国民法学上通过归属效能、排除效能和社会典型公开性区分权利和利益的法教义学标准已经在理论和实践中暴露其缺陷。② 并非所有商事侵权中具有相对性的权益都不具有社会公开性,如营业权益即具有一定程度的公开性。商事主体的营业一般是在特定时间和空间范围内公开进行的,营业状态和营业利益本身就存在一定的对外公示性,能够为特定范围的人所感知和观测。这也正是德国侵权法将营业权纳入侵权法保护的原因之一。德国帝国最高法院曾在侵害营业权案件的裁判中指出:"一个已经建立的营业或企业构成一种权利,这一权利本身可能受到侵犯……因为一个已经建立的独立的企业并不意味着商人们可以随心所欲地实现其自由意思,但其自由意思确实已经在实际上得以体现,所以可以安全地推定(商人)对企业有一种权利。"③

即使商事侵权法律制度所保护的部分权益客体从整体上来看在很大程度上没有社会典型公开性,也不排除某些类型的权益在具体的情形

---

① 归属效能、排除效能和社会典型公开性是德国民法学对侵权法所保护的权益进行区分的三个教义学标准,同时具备归属效能、排除效能和社会典型公开性的法律利益属于权利,侵权法原则上予以保护,而不符合该三个特征的法律利益则不属于权利,仅作为利益受到侵权法的例外保护。参见于飞:《侵权法中权利与利益的区分方法》,载《法学研究》2011 年第 4 期。

② 参见于飞:《侵权法中权利与利益的区分方法》,载《法学研究》2011 年第 4 期。

③ 德意志帝国最高法院 1904 年 2 月 27 日的判决,载 RGZ 58,第 24、29~30 页。转引自[德]克雷斯蒂安·冯·巴尔:《欧洲比较侵权行为法》(下卷),焦美华译、张新宝审校,法律出版社 2001 年版,第 67 页脚注 254~255。

中处于为人所知的状态。一方面，债权虽然没有一般意义上的社会公开性，一般也不为合同当事人之外的人所知，但是如果合同之外的第三人恰好知晓该合同的存在及其内容，行为人实施破坏该合同履行的行为时显然可以预见其行为将损害该合同当事人的利益。如果此时仍着眼于债权不具有社会典型公开性的整体特性，认为行为人一概不具有预见的能力，从而否认被侵害方因债权被侵害而遭受的利益损失的救济可能性，实在有失偏颇。另一方面，商事领域的侵权行为一般是以故意侵权为主要形式，侵权行为人对侵权客体的存在不可谓不知晓，并在很多情形下是出于破坏他人营利或获取不正当利益的目的实施侵害行为，此时侵权客体是否具有社会典型公开性不应对侵权行为的成立和归责产生影响。要求在故意或者对损害具有预见和避免可能性的情形下，仍实施侵害他人营业权益给他人造成损失的行为人承担侵权责任，并不会过分保护商事主体的营业权益从而限制行为人的行为自由。相反，这能够充分发挥商事侵权法律制度的预防功能，激励潜在的侵权行为人采取措施预防侵权事故的发生，进而减少侵权产生的社会成本。

我国《民法典》侵权责任编并未限制受到法律保护的民事权益的范围，仅是明确民事权益受到侵害的被侵权人均可以请求侵权人承担侵权责任，因此也赋予法官在司法审判中衡量民事权益是否应受到侵权法保护的裁量空间。我国采用民商合一立法体例，没有制定专门的商法典和商事侵权制度，对商事领域的侵权行为均应统一适用《民法典》侵权制度的规定。正是在民商合一的背景下，我们在理解侵权法保护的民事权益的范畴时，不应仅从传统民法的角度进行理解，而应充分关照商事实践的发展和商事主体经济利益保护需求的现实，将商事主体的营业性的相关权益纳入保护范畴。商事侵权的被侵害方多为以从事某种营利性活动为业的商事主体，他们的营业行为或持续营利的状态常常会受到他人故意或过失的侵害。商事侵权制度理论强调对商事主体的营利性和营业的保护，这构成商事侵权与一般民事侵权的重要区别。保护商事主体的营利性,就是保护其营业和基于营业所获得的经济成果。保护商事主体的营业,意味着商事主体基于营利动机进行的营业活动受到法律的保护,其他人不得非法干扰、妨碍其正常经营;基于营业所获得的经济成果,是商事主体从其开展的营利性活动中所获得和预期可获得的利润和财富,这种商业上的经济利益需要法律的承认和保护。

不同类型权益的公开性、内容、价值位阶存在差异,与其他利益的冲突形态也可能存在差异。① 出于各种利益的性质以及利益保护和行为自由之间权衡取舍的考虑,侵权法不可能对所有权益加以同等程度的保护,区分不同权益的保护程度是必要的。商事侵权的规则制定和法律适用中,尤其涉及侵权法对权益的保障和行为自由价值之间的平衡问题。为了避免对营业有关的权益的保护扩大、限制公众的行为自由和侵权责任泛化的危险,商事侵权法律制度可以通过侵权构成要件、侵权责任承担等方面的规则设计,实现营业权益保护和公众行为自由维护之间的平衡。如各种商事侵权中侵害他人营业权益的行为,原则上须以故意为要件,而且并不是所有客观上侵害他人营业权益的行为都符合侵权的构成要件,不同类型的商事侵权均有其构成要件的要求,权益遭受侵害只是前提,尚需结合行为的违法性、主观过错、因果关系等要件认定行为是否构成侵权以及是否需要承担商事侵权责任。此外,商事侵权的客体类型多样,其中诸如商事主体的营业权益等具有广泛性和内容不确定的特点,而且商业模式日新月异,相关主体的营利方式和利益载体也不断发展变化,商事侵权制度无法穷尽列举其所保护的权益。因此在商事侵权的审判实践中应赋予法官一定的自由裁量空间,在个案中具体判断对某种权益是否应当进行保护。为了避免法官自由裁量权被滥用,应当完善商事侵权制度理论和司法裁判规则,为法官的裁判提供指引。

---

① 参见张家勇:《权益保护与规范指引》,载《四川大学学报(哲学社会科学版)》2017年第1期。

(三)违法性认定中的渊源与特殊规则

1.违法性的渊源

构成商事侵权,不仅需要客观存在侵害行为,也需要侵害行为具备违法性的要素,即对他人权益造成侵害的行为同时应当具有违法属性。根据最高人民法院对《民法典》侵权责任编第1165条的解释,"行为违法"是构成过错侵权责任的必备要件之一,对于行为违法的具体内涵,最高人民法院指出:"行为违法就是指行为人实施的行为在客观上违反法律规定,主要表现为违反法律规定的义务、违反保护他人的法律和故意实施违背善良风俗而造成他人损害的行为。"[1]《民法典》保护民事权益,侵害民事权益的行为要承担侵权责任,意味着《民法典》给所有民事主体设定了不得侵害他人民事权益的一般性义务。这为商事侵权所侵害的权利或利益客体的保护,以及认定商事侵权行为的违法性提供了依据。

商事侵权的违法性渊源主要来自现行法律的规定。《民法典》以及各商事单行法规范中有许多关于民商事主体从事商事交易活动应当遵守的强制性规范和义务,相关法律规定是认定商事侵权行为违法的重要依据。作为补充,公序良俗、诚实信用等法律原则也可以作为认定具体商事侵权行为构成违法的法律依据。

(1)法律明文规定之义务

既然违反法律规定的义务是行为违法的表现形式,那么在认定商事侵权行为是否具备违法性时,必然先要明确何为"法律规定的义务",才能进一步明确违反法律规定的义务的行为是否具备违法性的要素。"法学上的义务范畴是指法律规定的对法律关系主体必须作出一定行为或不得作出一定行为的约束,与权利相对应。"[2]法律对主体的义务有消极

---

[1] 最高人民法院民法典贯彻实施工作领导小组主编:《中华人民共和国民法典侵权责任编理解与适用》,人民出版社2020年版,第25、28页。
[2] 陈镇河:《义务性法律规范的逻辑分析及立法建议》,载《理论导刊》2015年第2期。

义务和积极义务之分,消极义务的内容是不作为,积极义务的内容是作为,违反法律规定的消极义务或积极义务的行为均可构成侵权行为。对于认定行为违法性的义务来源的法律规定,不应将其限定为狭义上的法律,而应包括全国人大及其常委会制定的法律,行政法规、部门规章以及行政机关为执行法律而制定的其他规范性文件等在内。除了《民法典》中规定的各项一般性的合同或侵权方面的义务,在认定商事侵权行为的违法性时还应充分关注各商事单行法规范中规定的义务。例如,在信息型商事侵权领域,在认定欺诈和过失不实陈述行为的违法性时,应当结合合同法和相关领域的商事法律规范中对当事人法律义务的规定进行判断。

(2)保护他人的法律:以目的解释为中心

以保护他人为目的的法律是德国侵权法上的概念,若行为人的行为违反了某项以保护他人为目的的法律而给被侵权方的法益造成损害,被侵权方可以援引《德国民法典》第823条第2款的规定,请求行为人承担损害赔偿责任。在德国侵权法上,违反以保护他人为目的的法律即显示出行为的违法性。一项保护他人的法律,在保护范围上显然是针对某特定的个人或者人群,而且在规范目的上也具有保护该特定个人或者人群的某种特定利益的特点。"保护他人的法律"显然是一个概括性的描述,只要某项法律规范具有保护个人或某一类人的利益目的,即属于一项保护他人的法律,尽管该项法律旨在保护公众时附带保护个人或某一类人。[①] 当然,对于此处"法律"的范围,应当作广义的解释,即不仅将违反保护他人的法律仅限于全国人大及其常委会制定的法律,法规、规章甚

---

① 参见[德]马克西米利安·福克斯:《侵权行为法》,齐晓琨译,法律出版社2006年版,第144页。

至是行政部门为执行法律所制定的规范性文件亦应涵盖在内。① 某项法律规范的内容意在对特定群体的某种利益进行保护,即为公众或特定主体设定了不得违背该项规定从而损害该规定所保护的特定群体的法律义务,他人若违背了这一法律义务,其所实施的违反该法律规定的行为无疑具有违法性。

在侵害行为的违法性的判断上,行为违反保护他人的法律从而具备违法性的标准,涉及一种规范性指引的构成要件,②也就是说,认定行为违法的渊源来自侵权法之外、内容涉及特定群体的某种利益保护的某项法律。在商业领域,目的在于保护参与商事活动的特定商事主体的利益的法律,可以作为商事侵权行为的违法性渊源。还有许多对商事主体在营利上的经济利益进行保护的法律规范,这些规范散见于各商事单行法中。在竞争法领域,《反不正当竞争法》对混淆、商业贿赂、虚假宣传、侵犯商业秘密等各种不正当竞争行为的认定和法律责任进行专门的规定,虽然其规范的目的在于鼓励和保护公平竞争、保护经营者和消费者的合法权益,并不是专门为保护经营者的营业权益而制定的法律,但其规范目的和在制止不正当竞争行为的过程中也涉及对经营者的合法生产经营活动和营业利益的保护。在针对会计师、律师等提供专业服务的主体的执业规范的法律和司法解释中,如《中华人民共和国注册会计师法》(以下简称《注册会计师法》)、《中华人民共和国律师法》(以下简称《律师法》)、《律师事务所从事证券法律业务管理办法》等,有许多涉及对接

---

① 《德国民法典》第823条第2款所谓的保护性法律的范围也是十分广泛的,系指任何一种法律规范,只要在实体法意义上是一部法规,不管它是宪法、联邦法、州法,抑或是一个立法授权的行政法令,甚至习惯法也可以作为法规。参见[德]埃尔温·多伊奇、[德]汉斯-于尔根·阿伦斯:《德国侵权法——侵权行为、损害赔偿及痛苦抚慰金》(第5版),叶名怡、温大军译,中国人民大学出版社2016年版,第102页。

② 参见[德]埃尔温·多伊奇、[德]汉斯-于尔根·阿伦斯:《德国侵权法——侵权行为、损害赔偿及痛苦抚慰金》(第5版),叶名怡、温大军译,中国人民大学出版社2016年版,第102页。

受会计师、律师专业服务的对象和相关利害关系人利益保护的规定。会计师、律师在提供服务的过程中违反相关规定,比如作出故意或疏忽提供不实信息等行为,使商事主体在商事活动中遭受经济利益损失,其行为可能涉嫌构成商事侵权行为。以上这些法律规范,都包含对特定的商事主体的某种利益进行保护的目的,因此都属于保护他人的法律,也是认定商事侵权行为违法性的渊源。

(3)商事单行法中的违法性来源

我国作为民商合一立法体例的国家,没有制定统一的"商法典",但制定并发布了许多商事单行法。这些商事单行法是专门调整商事法律关系的法律规范,其中不乏对商事法律关系主体参与商事活动过程中的义务要求,以及对主体在商事活动过程中遭受侵害的保护性规定。法律规定的义务、保护他人的法律具有一定的概括性和抽象性,需要在个案中对侵害行为进行具体的考察,确定行为是否违反了法律规定的某项特定义务或者某项保护他人的法律规定,从而确定行为的违法性。在追溯商业领域发生的侵害商事主体权益的行为的违法性渊源时,可以发现大多法律来自商事单行法规范,其中既包括各种商事组织法也包括各种商事行为法。

商事组织法,例如《公司法》、《中华人民共和国合伙企业法》(以下简称《合伙企业法》)、《证券法》、《注册会计师法》、《律师法》等,是分别对各类参与商事活动的主体进行专门规范的法律。若某类主体实施商事侵权行为,对其违法性的判断、侵权的构成和法律责任的承担,除了依据《民法典》侵权责任编的一般规定外,还应当查找是否存在相关的组织法对该特定主体的法律义务和责任进行了特殊的规定。商事行为法,如对经营者在市场活动中的生产经营行为进行规范的《反不正当竞争法》。经营者倘若违反《反不正当竞争法》的规定,实施了不正当竞争行为,给其他经营者的营业权益造成损害,则可以认定其妨害经营的行为具有侵权违法性。

商事单行法规范是认定各类商事侵权行为违法性的主要渊源。在商事侵权行为构成的判断中,法院可以依据商事单行法规范中关于商事主体参与商事交往活动的各种行为规范,认定违反相关规范的侵害商事主体权益的行为具备违法性要件。

(4) 对民法原则与商法原则的谦抑适用

违反法律规定的义务或者违反保护他人的法律的行为,构成形式违法。如果行为人故意违背公序良俗或者诚实信用原则,侵害他人的民事利益并给他人造成损害,该种行为本身因违背道德原则而具有不正当性,构成实质违法。商事领域中各种商事主体所享有的、尚未类型化为法定权利的利益被侵害,又没有直接的保护该种利益的法律规定时,很多时候要借助法律原则以确定侵害民事利益的行为是否具备违法性。商业实践中越来越多的商业模式和营利方式出现,经营者们营利的方式层出不穷,行业竞争的表现形式也五花八门,然而《反不正当竞争法》不可能对所有的不正当竞争行为进行列举式的规定。在司法实务中,判断某种新出现的行为是否属于不正当竞争行为,很多时候要借助于商业道德,即诚实信用原则在竞争领域的具体应用和要求。在商事活动领域,若行为人违背了诚实信用原则和公认的商业道德,通过不正当的手段攫取竞争对手所有或预期可得的经济利益,该行为通常容易被认定为不正当竞争行为,该种遭受不当侵害的经济利益从而也可以受到《反不正当竞争法》的保护。[1] 若该不正当竞争行为同时损害了经营者的营业权益,也构成妨害经营侵权。

---

[1] 正如我国最高人民法院在海带配额案的再审裁判中所阐述的,在正常情况下能够合理预期获得的商业机会,可以成为法律特别是《反不正当竞争法》所保护的法益;但基于商业机会的开放性和不确定性,只有当竞争对手不遵循诚实信用原则和违反公认的商业道德,通过不正当手段攫取他人可以合理预期获得的商业机会时,才为《反不正当竞争法》所禁止。参见山东省食品进出口公司、山东山孚集团有限公司、山东山孚日水有限公司与马某某、青岛圣克达诚贸易有限公司不正当竞争纠纷案,最高人民法院(2009)民申字第1065号民事裁定书。

2.违法性认定之特殊性

(1)《民法典》侵权一般条款与商事侵权中违法性的认定

《民法典》第1164条关于"本编调整因侵害民事权益产生的民事关系"的规定具有一般条款的功能,为民事权利特别是民事利益的保护提供了基本法律依据;第1165条第1款"行为人因过错侵害他人民事权益造成损害的,应当承担侵权责任"之规定,是过错责任的一般性规定。前述《民法典》侵权法律适用的一般条款,将民事权益作为保护对象,意味着给所有民事主体设定了不得侵害他人民事权益的义务。根据最高人民法院的相关解释,违法行为是指在客观上违反法律规定的行为,侵害他人民事权益的行为显然是违法行为。但是其中涉及一个问题,即通过行为侵害民事权益的外观即可认定该行为的违法性的做法,是否适用于所有的民事权益?换言之,这其实是不同的民事权益类型是否应当受到法律同等保护的问题。具体到商事侵权领域,商事侵权的客体是广泛的,是否所有类型的权益都可以受到同等保护、侵害商事权益的行为都自动满足违法性的要件?

在德国的学理上,违法性的判断标准存在行为不法和结果不法的立场。由侵害结果而认定行为的不法性,是结果不法的立场;就侵害行为本身而认定行为的违法性,则是行为不法的立场。[①]《德国民法典》对侵权行为的违法性的认定标准同时采用了结果不法和行为不法的立场:对侵害他人权利的行为,该行为本身就具有违法性,即适用结果不法的立场;而侵害人格权、营业权等其他权利以及侵害权利之外的利益的行为,不能通过行为直接认定违法性,需要考察该行为是否具备违反保护他人的法律或者存在故意以背俗的方式侵害他人的情形,存在这两种情形的行为即具备违法性要件,即适用行为不法的立场。[②] 通过《德国民法典》

---

① 参见王泽鉴:《侵权行为》(第3版),北京大学出版社2016年版,第271页。
② 参见王泽鉴:《侵权行为》(第3版),北京大学出版社2016年版,第271页。

第823条第1款、第2款和第826条这三个条款,德国侵权法明确了对不同侵害行为的违法性认定标准,也实现了对法律所保护的权利和利益的区分保护。

我国《民法典》并未采取德国侵权法的模式,没有对侵害权利和利益的行为适用不同的侵权行为条款,而是统一适用以民事权益统称民事权利和民事权益、高度概括化的侵权行为的一般条款。《民法典》所保护的民事权益的范畴是宽广的,其并没有对受到保护的权益类型进行概括或者穷尽列举式的规定,商事侵权制度保护的主要是商事主体与营业有关的营利性权益,如前所述,这种权益客体自然也是《民法典》的保护对象。但笔者认为,需区分不同的权益类型对侵害民事权益的行为的违法性进行判定,在商事领域的侵权行为亦是如此。

仅依据侵害权益的行为外观就认定行为的违法性的不法标准过于宽泛,存在导致侵权责任泛化,限制个人行为自由之风险。[①] 社会活动中侵害他人权益的情形时常发生,商业领域权益遭受侵害的现象也较为常见,若是所有侵害他人权益的行为都具备违法性,进而落入侵权行为的制裁范围,这无疑是难以想象的。一方面,侵权法的保护范围和保护标准应当有一定的界限,不能对所有民事权益遭受侵害的行为都课以侵权责任。另一方面,不同权益类型基于公开性、内容、价值位阶等的不同,在与其他受保护之利益、社会公共利益之间的冲突的强度、性质方面存在不同。[②] 区分不同权益的保护程度具有必要性。侵害权利被认定为不法性,系权利的内容具有明确的范围,而权利的内容过于不确定时,违法性的判断就成了利益衡量和价值判断。[③] 在商事侵权的规则制定和法律适用中,尤其涉及侵权法对权益的保障和行为自由价值之间的平衡

---

① 参见李承亮:《侵权行为违法性的判断标准》,载《法学评论》2011年第2期。
② 参见张家勇:《权益保护与规范指引》,载《四川大学学报(哲学社会科学版)》2017年第1期。
③ 参见王泽鉴:《侵权行为》(第3版),北京大学出版社2016年版,第274页。

问题。在商事侵权中,诸如商事合同、交易机会、营业状态、信义关系中的利益均不具备明显的归属效能、排除效能和社会典型公开性,也常常出现与其他权益内容发生冲突的情形,因此要进行利益权衡。

(2)违法性认定中的非类型化权益

如前所述,不能仅依据商事主体的权益遭受侵害就判断该侵害行为具备违法性。在很多时候,对侵害这些商事领域新类型的权益的行为,其违法性应当在个案中经过利益权衡后进行确定。

商事侵权的客体具有广泛性,其中既包括所有权、知识产权等具有明确的保护范围、为法律所类型化和保护的权利,也包括债权、营业权益、信义关系等一系列具有相对性或者边界不明确的权利和利益。后者作为权益客体虽然也属于《民法典》规定的民事权益范畴,应当受到侵权法的保护,但其并不是类型化的法定权益类型,目前在我国相关立法和理论上也没有专门的规范和研究。侵害其中的权利的行为,侵害行为本身即可表明行为的违法性,但是对其中不具有绝对性质的权利和权利之外的利益,又不存在违反保护他人的法律或者违背公序良俗的情形,则需要在个案中进行利益衡量。如在妨害经营侵权案中,经常会出现利益冲突,特别是不同主体的营业权益相冲突的情形,不能仅凭一方的营业权益遭受侵害的事实就断定加害一方的侵害行为存在违法性。典型如正常的市场竞争行为,其在客观上必然会导致侵害他人经营,使竞争对手的营业利润受损的结果,行为人实施竞争行为时也确实存在故意争夺经济利益的心理,但是通过正当手段进行市场竞争的经营者的行为显然不应纳入具有违法性之考量。

(3)商法原则对违法性认定的影响

针对商业实践中新出现的尚未被法律所明确类型化的民事利益的侵害行为,由于通常缺乏法律的明确规定,在认定行为的违法性时往往需要借助法律原则,尤其是公序良俗和诚实信用原则作为价值评判标准。但关注所谓的善良风俗或者说公序良俗在商事侵权行为违法性认定方面的作用的同时,也要警惕其在商业领域的泛化。

商事侵权是发生在商业活动过程中的侵权行为,当事人同为参与市场活动的商事主体的情形尤为常见,在商业领域,法律对商事主体的道德要求更多地体现为其在经济活动中应遵守商业道德,如我国《反不正当竞争法》即要求经营者在生产经营活动中应当遵守商业道德,不得实施不正当竞争行为。公序良俗原则对主体的道德要求一般是世俗道德,而商业领域的道德规范与之不同,"商业道德是经济与伦理的结合体"。[1] 正如最高人民法院在"海带配额"不正当竞争案中指出:"商业道德要按照特定商业领域中市场交易参与者即经济人的伦理标准来加以评判,它既不同于个人品德,也不能等同于一般的社会公德,所体现的是一种商业伦理。"[2]相关主体追逐利益的行为可能符合商业道德的基本要求,但不一定能够达到个人品德的高尚标准或一般的社会公德要求。在不正当竞争领域,不能将一般的社会道德要求即世俗道德作为竞争行为是否正当的判断标准。

同样地,在商事侵权的具体个案中认定妨害行为的违法性时,也不应仅将日常的朴素的正义观和道德观作为唯一准绳,而应考虑涉案当事人作为商事主体的特殊性。在商业市场环境和商事侵权的语境下,公序良俗原则的适用要考虑当事人的营利性特征,结合其主观状态和妨害行为的外在表现、社会和商业领域公认的道德标准进行权衡。

(四)侵权成立与责任范围的因果关系

1. 商事侵权因果关系的基础理论:两个层次的因果关系及因果关系认定规则

因果关系是损害归责的必要条件。侵权法上确立的因果关系概念

---

[1] 王艳芳:《商业道德在反不正当竞争法中的价值与标准二重构造》,载《知识产权》2020年第6期。

[2] 山东省食品进出口公司、山东山孚集团有限公司、山东山孚日水有限公司与马某某、青岛圣克达诚贸易有限公司不正当竞争纠纷案,最高人民法院(2009)民申字第1065号民事裁定书。

和标准,具有分配损害、激励人们减少事故的发生、降低损害的功能。① 因果关系作为侵权构成要件,实际上发挥着过滤器的作用,将应当归因于行为人的事实性结果和不应当归因于该行为人的事实性结果加以区分。②

在现代侵权法的因果关系理论中,存在两个层次的因果关系。在大陆法系背景下,责任成立和责任范围的因果关系系不同之概念。③ 德国侵权法在因果关系的判断上主要采用相当因果关系说和法规目的说,以实现合理限制侵权责任的规范目的,④法院在一般侵权案件的司法审判中判断因果关系是否成立时,首先适用"必不可少的条件规则"判断侵害行为与损害结果之间在事实上是否具有因果关系,然后进一步分析因果关系的充分性(或者相当性),在必要的情形下,则需要结合具体被违反的规范的保护目的进行政策考量,当损害属于被违反的规范所旨在保护的范围时,法院才会认定责任范围的因果关系成立。⑤ 对于相当因果关系说,对被侵权人的权利是否受侵害,以及被害人因权益被侵害所受损害是否需要赔偿,以"侵害行为"与"损害"之间是否具有相当因果关系

---

① 参见[德]汉斯-贝恩德·舍费尔、[德]克劳斯·奥特:《民法的经济分析》(第 4 版),江清云、杜涛译,法律出版社 2009 年版,第 245~246 页。
② 参见[德]乌尔里希·马格努斯:《德国侵权法中的因果关系》,周琼译,载[荷] J. 施皮尔主编:《侵权法的统一:因果关系》,易继明等译,法律出版社 2009 年版,第 86 页。
③ 参见[德]乌尔里希·马格努斯:《德国侵权法中的因果关系》,周琼译,载[荷] J. 施皮尔主编:《侵权法的统一:因果关系》,易继明等译,法律出版社 2009 年版,第 86 页;王泽鉴:《侵权行为》(第 3 版),北京大学出版社 2016 年版,第 231~232 页。
④ 参见陈聪富:《因果关系与损害赔偿》,北京大学出版社 2006 年版,第 12~13 页;王泽鉴:《侵权行为》(第 3 版),北京大学出版社 2016 年版,第 262 页。
⑤ 参见[德]乌尔里希·马格努斯:《德国侵权法中的因果关系》,周琼译,载[荷] J. 施皮尔主编:《侵权法的统一:因果关系》,易继明等译,法律出版社 2009 年版,第 87~89 页。

作为标准。① 这在学理上可以看作先检测因果关系之排除,再根据经验法则进行直接判定。

在判例法国家,侵权责任成立的前提是侵权行为和损害结果之间存在事实上以及法律上的因果关系。② 在具备事实因果关系的基础上,进一步判断侵害行为是不是某损害结果的法律上的原因,从而确定行为人是否需要对该损失承担侵权损害赔偿责任。对于法律上的因果关系的判断标准,主要是近因(proximate cause)理论和可预见性(foreseeable)标准。③

总之,无论是大陆法系还是英美法系的国家和地区,在判断因果关系要件从而将被侵权人的损失分配给侵权人承担的过程中,一般需要两个步骤。首先,运用"若非"规则等进行检验,判断权利是否确实是因某加害行为而遭受侵害,进而确认是否存在责任成立的因果关系,或者行为人实施的侵害行为是否属于被侵权人所受损害的事实原因。其次,在确认责任成立的因果关系或者事实因果关系具备的基础上,进一步判断该损害结果与侵害行为之间是否成立责任范围的因果关系或者法律上的因果关系,从而对侵害行为造成的损害结果在行为人和受害者之间进行分配。换句话说,行为人实施的行为是导致损害发生的原因,并不能确定责任的存在。第一层次的因果关系是很容易具备的,如果所有与损害的发生具备事实因果关系的行为都要行为人进行赔偿,未免产生侵权责任无限扩大的风险。因此需要进行第二层次因果关系的认定,对侵权

---

① 参见王泽鉴:《侵权行为》(第3版),北京大学出版社2016年版,第231页。相当因果关系理论,在判断责任成立因果关系与责任范围因果关系是否成立时,从"条件关系"和"相当性"两个层次进行思考,即首先应判断行为与结果之间是否具有不可欠缺的条件关系,在具备条件关系的基础上判断该条件关系是否具备相当性。参见王泽鉴:《侵权行为》(第3版),北京大学出版社2016年版,第234~261页。

② 参见王泽鉴:《侵权行为》(第3版),北京大学出版社2016年版,第236页;陈聪富:《因果关系与损害赔偿》,北京大学出版社2006年版,第25页。

③ 参见吕彦:《美国侵权行为法判断因果关系的规则与实践》,载《现代法学》1998年第6期;王泽鉴:《侵权行为》(第3版),北京大学出版社2016年版,第236页。

责任的范围进行合理的限制。

通过两个层次的因果关系及其判断规则,可以理解侵权法中因果关系的特质,以及其作为一项法律要件在侵权认定和归责过程中所发挥的特殊功能。侵权法中的因果关系不仅涉及客观事实的判断问题,而且是"在事实性基础之上的法律判断",[1]是一个融入了价值判断的分配损害的工具。通过因果关系要件,可以"合理截取因果关系链条,控制责任范围,避免人们为过于遥远的后果负责,维护合理的行为自由"。[2]

2. 商事侵权中因果关系的判断规则及其特殊性

因果关系在商事侵权行为的构成和责任确定方面发挥着重要作用。商事侵权中的因果关系可分为责任成立的因果关系和责任范围的因果关系,在两个层次的因果关系的具体判断上存在区别于传统民事侵权因果关系认定的特殊性。目前在商事侵权案件的司法裁判中,法院对于侵害行为与损害后果之间是否具有因果关系的判断说理大多较为简单,很多是径直作出被告实施的侵害行为与原告的损害结果之间具有或者不具有因果关系的结论,缺少进一步的分析说理。是否具有因果关系的认定是商事侵权案件司法裁判过程中的重要一环,不仅影响商事侵权责任成立与否,还影响行为人应当承担的责任范围。在司法实务中应当重视商事侵权因果关系的判断的重要性。

(1) 商事侵权中责任成立的因果关系判断的特殊性

商事侵权发生的环境特殊,许多市场因素、经济因素掺杂其中,被侵权方遭受的损害可能是侵权人的侵害行为结合市场经济环境中多种因素共同发挥作用的结果。因此,商事侵权行为和损害结果之间的因果关系有时比较难观测,比如侵害合同、妨害经营、提供不实信息的场合,因果关系的证明与传统的一般民事侵权的因果关系证明存在差别。在判

---

[1] 叶金强:《相当因果关系理论的展开》,载《中国法学》2008年第1期。
[2] 程啸:《侵权责任法》(第2版),法律出版社2015年版,第221页。

断商事侵权是否成立时,一方面,应当运用"若非"规则检验侵害行为是否是导致损害发生的必要条件。在个案的判断中,应当分析行为人的侵害行为是否确实对损害的发生具有原因力,确认损害是否确实因侵害行为的存在而发生。在判断是否符合"若非"规则时,应当考虑是否存在其他市场因素、商业因素对损害的发生产生了实质性的影响,是否其他非行为人的因素就足以导致同样的损害结果。另一方面,在判断责任成立的因果关系过程中,有时不应仅依靠法官的朴素认知和经验,而应借助专业人士的知识判断,如邀请相关领域的专家学者出具专家意见或申请权威的第三方鉴定机构进行鉴定。

(2)可预见性规则在商事侵权责任范围的因果关系判断中的运用

通过"若非"规则检验责任成立的因果关系具备后,尚需进一步认定侵权人的侵害行为与被侵权人所遭受的各种损害后果之间是否存在责任范围的因果关系。在商事侵权中,侵害行为具有涉及范围广,且常导致纯经济损失的特点,因此确定法律上的因果关系或者责任范围的因果关系判断规则非常重要。其意义在于通过辨析是否存在责任范围的因果关系,将商事侵权赔偿责任限制在合理范围内。商事侵权中发生纯经济损失的情形十分常见,在运用"若无,则不"规则进行检验时,可以发现侵害行为和纯经济损失的发生之间无疑是存在条件关系的。但基于政策考量,大多数国家和地区原则上对该种损失的救济持保守态度,认为行为人对该种损失无须承担赔偿责任。此时,因果关系即发挥了限制侵权责任的过滤器作用。在对此类导致纯经济损失的侵权案件进行损害归责和确定损害赔偿范围的过程中,立法者通过否认损害结果和行为之间具有责任范围的因果关系或者法律层面的因果关系,从而否认赔偿责任的成立,将这种纯经济损失排除在损害赔偿范围之外。① 其中,可预

---

① 参见刘海安:《法律上因果关系的反思与重构》,载《华东政法大学学报》2010年第4期。

见性理论在商事侵权制度理论中也发挥了重要的作用,其作用不仅体现在侵权过失的认定方面,也体现在因果关系的判断与责任范围的确定层面。

可预见性(foreseeability)是英美法系判断是否具有法律上因果关系的理论通说。依照可预见性说,损害只有在侵权行为的可预见的损害结果范围内才能获得救济。[1] 行为人对特定的损害结果是否可以预见,是衡量侵害行为与该特定损害结果之间是否具有法律上的因果关系的重要因素。若行为人对损害结果根本无法预见,则不具备法律上的因果关系,行为人不需为其根本没有预见可能的损害结果承担责任。例如,针对欺诈行为的损害赔偿责任,美国《侵权法重述(二)》第548A节即规定,只有当欺诈行为是导致经济损失的法律原因时,才能引致赔偿责任,然而,并非所有事实上因信赖欺诈性虚假陈述为或不为一定行为所造成的损失都能归因于行为人的欺诈行为。一般而言,只有那些在可预见的损害范围内的经济损失,欺诈行为才是导致该损失的法律上的原因,不能合理预期欺诈行为所造成的经济损失,与行为人的欺诈行为不具备法律上的因果关系,自然也不在行为人的责任范围内。[2]

可预见性规则在确定商事侵权中的因果关系和损害赔偿范围上的运用是合理且有效的。基于商事侵权客体的营利性特质,商事侵权行为的损害结果也具有更广泛和不特定的特点,商事侵权行为所带来的不利影响的波及范围可能非常广泛,行为人可能完全无法预料其侵害行为会给多少潜在的第三方主体带来纯经济损失以及造成多大范围的损失。因此可预见性规则的作用在此得以凸显,立法者和司法者借助可预见性理论,可以对侵权行为人的责任范围进行合理限制,从而平衡被侵权人

---

[1] 参见刘海安:《法律上因果关系的反思与重构》,载《华东政法大学学报》2010年第4期。

[2] See The American Law Institute, Restatement 2d of Torts § 548A, Comment a, Comment b.

的法益保护和侵权行为人的行为自由。

在因果关系环节判断损害是否为行为人可以预见,与过失认定中判断行为人是否可以预见其行为将给他人的合法权益造成侵害类似,一般采用所谓的"理性人"标准。适用理性人标准判断当事人是否可以预见,原则上并不考虑当事人的个体情况。但适用"理性人"标准并非意味着所有侵权案件的行为人需遵守的注意义务一致,而是需要"结合社会身份、职业乃至年龄和典型的健康状况等,尤其是依社会成员的职业和社会身份而定其应有的注意",[①]考察当事人在其涉及的特定社会活动领域中是否达到了一个理性人的标准。因此在商事侵权的语境中,判断行为人对损害结果是否可以预见以及预见的程度,仍需要考虑侵权行为主体和被侵权主体的身份特点。在侵权行为主体方面,行为人是否具有商事主体的身份或是否从事某特定行业、具备专门知识,以及行为人在专业性和相关知识、信息掌握能力上的差异,会影响不同商事侵权案件中司法机关判断行为人是否系可预见的"理性人"的具体标准。在被侵权主体方面,其属于商事主体还是非商事主体,以及被侵权方作为商事主体的经营领域、营业状态、经营规模、市场影响力等不同,在遭受侵害时可能产生的损害结果的种类和严重性也会存在差异,并对行为人的注意义务要求和实际预见可能性均会产生影响。因此,在商事侵权案件的裁判中,仍需要结合具体个案中当事人的职业、身份特点和基于此造成的预见能力差异,判断行为人对损害结果是否具有预见可能性以及预见的程度。

四、商事侵权的类型化区分与标准

(一)《民法典》侵权一般条款的不自足

《民法典》正式确立了我国民商合一的立法体例,从《民法典》以及

---

① 刘文杰:《论侵权法上过失认定中的"可预见性"》,载《环球法律评论》2013年第3期。

侵权责任编的形式和内容来看,我国立法上并没有区分民事侵权和商事侵权——这在一个民商合一作为立法体例的国家系自然而然之事。这导致商事领域的侵权行为在很大程度上需要兼顾传统民法理论中的侵权行为理论,适用《民法典》侵权责任编的规则,尤其是其中侵权一般条款的规则,作为法律适用的法律渊源。《民法典》设置侵权责任编作为第七编,对侵权行为及其法律责任进行调整,对诸如调整范围、侵权行为的构成、损害赔偿责任等进行一般性之规定,其规定具有高度概括化和抽象化的特质。这显然是一种通过理论和简化模型描述复杂真实世界的一种折中方法,毕竟和真实世界一样大的"地图"可以认为没有什么实际使用价值,任何具有应用性的理论框架,理应在适用效率和对世界真实反映中寻求一个平衡点。[1] 对于经常基于构成要件的法律理论框架也是如此,所谓一般条款和构成要件,不过是对真实世界投射在法律适用中的一种"必要"的简化,但又要防止其在法律适用中因"失真"造成消极影响,因此需要法学方法论在适用规则上进行一定的限定,并充分考虑裁判结果的政策性目标。

《民法典》第1164条规定的民事权益包含私法上的权利和利益,其范畴是非常广泛的。在我国民商合一的立法背景下,从事营利性活动的商事主体,例如个体工商户、合伙企业、营利性法人等均是《民法典》所规范的民事主体,其在生产经营活动中主动与被动产生的各种权利和利益,属于民事权益的范畴。由于《民法典》并未明确民事权益的具体类型和范畴,此种立法安排在为法律适应现实中的新型民事权益保护的客体需求留出充足空间的同时,也带来如何判断和认定侵权法所保护的民事权益的内涵与外延之问题——尤其是在商事实践中不断涌现出、目前尚未被法律法定化和类型化保护的利益,是否可以被解释为属于侵权法所

---

[1] See Ronald H. Coase, *The Nature of the Firm*, Economica, Vol. 4:386, p. 386 – 405 (1937).

保护的民事权益范畴的裁判问题。

在侵权行为的构成和类型方面,《民法典》第1165条第1款规定:"行为人因过错侵害他人民事权益造成损害的,应当承担侵权责任。"侵权责任编将实践中的侵权行为进行类型化处理。由于《民法典》并未专门区分民事侵权行为和商事侵权行为,也并未将商事侵权行为作为独立的侵权行为类型进行特别的规定,因此实践中对商事侵权行为的认定和侵权责任的法律适用,应当按照《民法典》侵权责任编关于侵权行为的一般规定进行处理,但在具体的法律适用中,需要充分考虑其中的商事审判特质。例如,对《民法典》第1165条中"民事权益"的解释,需要充分考虑是否包含营业性权益之内容。又如,在医疗损害责任案中,如果医疗机构具有一定的营利性,其注意义务是否存在不同的裁量标准,法官是否应当酌定适用不同于纯粹非营利性医疗机构之过错标准,在承担侵权责任时,其责任防范是否因医疗机构具有营利性而发生变化,都需要在法律适用中予以充分考虑。

虽然商事侵权并没有在立法中被作为特别的侵权行为类型得到体现,但这并不意味着商事侵权行为不存在,也不意味着对商事侵权进行理论研究和裁判规则实务探索没有意义。现代商业实践中,不仅出现商事主体泛化的现象,而且商事主体的经营模式也在不断创新和发展,各种类型的商业利益涌现并对法律适用提出了具有商法特质的权益保护诉求。商事侵权与一般的单纯传统民事侵权行为存在一定的区别,不能单从《民法典》的立法体例上,否定对商业实践在法律上进行关照之必要性。民商合一的立法体例以及《民法典》侵权一般条款高度概括化的特点,使《民法典》在法律适用的过程中对规范商事侵权行为和相关主体的权益保护存在一定的不确定性。我们更需要在《民法典》以及民商合一的立法背景下,完善商事侵权的相关理论,为商事审判实践提供指引。

(二)类型化进路:信息型、违反信义义务型与侵害营业型

大陆法系国家采用一般化的侵权立法模式,倾向于在侵权法中归纳

和概括侵权行为的一般条款,同时对特殊侵权行为类型在侵权法或者在相关领域的特别法中进行专门规定;而具有判例法传统的英美法系国家则采取不同的进路,在侵权责任立法上沿着侵权行为类型化的方向发展,不具有关于侵权责任的一般化规定。① 例如,在美国侵权法的传统中,倾向于对欺诈侵权、干涉合同侵权、干涉经济关系侵权等商业侵权行为进行类型化,对各自的侵权构成要件、抗辩事由、赔偿责任等进行细致的规则设计。②

我国《民法典》侵权责任编并未区分民事侵权行为和商事侵权行为,也未对商事侵权行为进行类型化规定。对现代市场经济环境中大量出现的各种商事侵权行为进行理论研究,具有现实意义,可以为商事侵权案件的法律适用和将来完善商事侵权方面的特别法或制定相关司法解释提供一定的理论借鉴。商事侵权的外延较为广泛,随着商业实践的发展不断拓展,我们在进行商事侵权理论的研究中,可以批判性地思考判例法国家关于商事侵权的类型化规范模式带来的启示,借助类型化的思维和工具,从侵权法的角度对实践中频繁出现的、具有典型性的商事侵权行为进行类型化研究。进行类型化研究是科学研究中常见之范式,也将在包括法学在内的社会科学研究中大放异彩,其思路有助于商事侵权理论的完善和实践中各种商事侵权行为的法律适用。

商事侵权行为包含了一种特质,即该行为系侵害营业性相关权益或相关营商环境的行为,当事人中往往至少有一方系具有营利性的主体。因此商事侵权理论也具有营利保护的色彩,其试图规范侵害他人与营利性有关的权利和利益的不法行为,保护商事主体与营业有关的权益。虽然为商事侵权制度所保护的权益客体具有广泛性和多样性,但我们仍然可以总结和归纳出实践中较为普遍遭受侵权行为直接侵害的对象和遭

---

① 参见刘道远:《商事侵权责任对侵权责任法的挑战及其对策》,载《法商研究》2010年第1期。

② See The American Law Institute, Restatement 2d of Torts.

受侵害的权益客体,进而对相关商事侵权行为进行分类研究。在此,本书将典型的商事侵权行为分为信息型商事侵权、违反信义义务型商事侵权以及侵害营业型商事侵权三大类别。这些商事侵权行为直接侵害的对象和受到损害的具体权利、法益存在的差别,都会对市场中商事主体的营业造成直接或间接的消极影响。

1. 信息型商事侵权

信息型商事侵权是与信息有关的商事领域之侵权行为,信息型商事侵权也可认为包括但未必限于商事欺诈和过失不实陈述侵权的具体行为类型。商事欺诈,即在商事交往过程中发生的行为人故意告知相对方不实信息,恶意隐瞒与交易有关的重要信息而导致他人遭受经济损失的行为。典型的实施欺诈行为的侵权人一般系在故意的主观状态下,积极主动地传播与交易有关的不实信息,试图达到损害他人利益、为自己谋取不正当利益的目的。接受欺诈行为人传递的不实信息或者因行为人有意隐瞒、不披露重要交易信息的交易相对方,往往会基于对行为人及其所提供信息乃至行为人造成的关键信息缺失决策状态的信赖,进行可能造成损失的决策。由于信息的不实或重要交易信息的缺乏,交易中往往会作出存在瑕疵的意思表示,甚至遭受相应的经济损失。

过失不实陈述侵权,则是行为人基于过失作出不实陈述,并导致他人因信赖该不实陈述而遭受经济损失的行为。与商事欺诈行为不同,过失不实陈述的侵权行为人的主观状态为过失,不实信息传播并由此导致侵害结果发生的原因在于行为人未尽到相应的注意义务,未核实信息的真实性、完整性即作出相关陈述。行为人未核实信息真实性导致不实信息在特定市场范围内或当事人之间传播。让行为人承担过失侵权责任,需要充分考虑被侵权人因信赖不实信息所遭受的实际损失。

商事欺诈和过失不实陈述侵权行为的共性在于,行为人事实上作出了不实陈述,导致不实信息在市场中流动,使市场主体因信赖不实信息作出错误的商业判断和经济决策,直接或间接地遭受营业损失。从社会整体角度来看,商事欺诈和过失不实陈述行为会进一步加剧相关市场交易主体之间的信息不对称,扭曲市场交易信息,增加市场主体的交易成本,最终影响市场资源的配置效率。

2. 违反信义义务型商事侵权

违反信义义务型商事侵权,是指负有信义义务的一方,因对该义务的违反而给信义权益享有方造成损害的侵权行为。在违反信义义务型商事侵权中,直接遭受侵害的是信义关系中负有信义义务的权益享有方,违反信义义务的行为通常破坏了商业运作中存在的特定信义关系。典型的侵权行为表现包括但不限于:股东、董事、监事和高级管理人员违反对公司的信义义务,给公司权益造成损害的行为;合伙人违反对其他合伙人的信义义务,给其他合伙人和合伙企业造成经济损失的行为;律师、会计师等专业人士,由于法定或约定原因对他人负有信义义务,因违反信义义务而侵权损害享有信义权益方权益之行为。

违反信义义务的侵权行为主要表现为违反忠实义务的行为和违反勤勉义务的行为两大类,违反忠实义务的主观状态是故意,但违反勤勉义务则可以存在过失之主观状态。违反忠实义务的行为典型表现为实施了与信义利益享有方的利益相冲突的行为,典型的如通过故意损害信义利益享有方的权益,获取利益之行为。违反勤勉义务的行为则可能表现为不作为或作为不足之状态,但是对其认定又不能仅考虑受害方是否存在损失。典型的如董事在公司经营决策中造成了亏损,但仅有亏损不等于存在违反勤勉义务之侵权。信义义务方对信义义务的违反,造成的信义利益享有方的损害经常体现为纯粹经济损失之形态。例如,信义义务方利用其管理信义利益享有方财产的便利为自己谋利,剥夺原属于信义权益享有方的商业机会,给信义权益享有方造成的损失就可能表现为纯粹经济损失。违反信义义务型商事侵权在抗辩规则上也具有一定的特殊性,信义义务方可以运用商业判断规则举证证明自己行为的正当性,但是根据信义义务的类型,商业判断作为抗辩之强度和效力应存在差异。合伙企业普通合伙人、公司董事和律师的商业判断认定标准,显然需要结合特定信义关系中之情形进行考虑。

3. 侵害营业型商事侵权

侵害营业型商事侵权主要包括妨害经营侵权和侵害合同侵权两种类型。其中,妨害经营侵权,是指行为人妨害他人的合法经营活动,致使他人的营业利益遭受损失的行为。《民法典》中关于营利性主体之规定,显然需要考虑这些主体在经营中进行营业保护之可能性,这种营业保护的分析不能排除对未来营业权立法之讨论,也存在于第三人侵害合同之债的具有传统民法特质的妨害合同制度思考中。侵害合同侵权是通过劝说、引诱甚至行动干扰等方式破坏他人之间合同的正常履行,造成他人以合同为载体的经济利益受损的行为,这种概念也可以理解为广义的第三人侵害合同之债的下位概念。

相较于前述信息型商事侵权和违反信义义务型商事侵权,我们这里讨论的与影响营业相关的商事侵权的特点,在于侵权行为较为直接地对商事主体的营业相关的权益造成侵害。这种被侵害的客体可以是需要在未来立法中讨论是否可以作为营业权、经营权等需要立法类型化研究的权益,也可以是在司法实务中存在争议的侵害他人商事合同之行为。

从侵权类型之内部来思考,妨害经营侵权和侵害合同侵权在具体的侵害对象、行为方式和损害结果上存在事实上和理论上的差异。在妨害经营侵权中,行为人直接侵害的是经营者的营业财产、营业活动等,对这些要素的影响是对一种具有公开性质营业状态的侵害,对正常开展、持续营利的状态产生了直接或间接的影响,导致被侵权方的营业利益受损,进而需要分析其中基于侵权理论的法律上的因果连接。而侵害合同商事侵权的行为人,则主要是以干扰、破坏商业合同的正常履行,侵害被侵权人的营业权益——其直接侵害的对象,更多地体现为被侵权方通过合同形式固定下来的交易机会和经济利益。妨害经营侵权和侵害合同侵权行为的不同之处在于,妨害经营侵权侵害的对象是他人持续存在的具有一定公开性的营业状态,存在造成他人基于营业的预期经营利润较以往下降之法律上的盖然性。侵害合同侵权侵害的对象则是他人特定的商业契约,主要造成他人原本基于该合同的预期利益丧失,这种预期中的合同利益和可得利益损失的概念具有一定的交集,但也需要同时注意违约方造成的可得利益损失和第三人侵害合同造成的可得利益损失之间,存在损害范围预期问题之差异,即作为违约方之被告和第三人妨害行为之被告,其在造成损害时,对于损害范围的预见存在角度和性质上的差异。这些预见性的差异,既会影响责任成立的认定,也会影响责任范围的认定。

(三) 商事侵权法律适用中对《民法典》侵权制度渊源的遵循

我们的出发点和目的在于,在民商合一的立法体例和《民法典》的框架下,以类型化的思维方法对商事侵权的相关理论和法律适用规则进行研究。我国是以《民法典》规定的侵权制度作为基本渊源,这种历史传统部分渊源于大陆法系的理论传统,部分渊源于我国自原《民法通则》以来归责原则的历史传统。因此,我们的研究不是脱离传统的侵权法基础理论凭空创设新的商事侵权理论体系,更不是脱离我国目前立法体系和侵权法律制度去"发明"商事侵权法律适用的请求权基础和规则。我们要分析和讨论的问题,其实质是如何在民法侵权制度框架和现有侵权行为理论叙事框架下,分析如何结合商事审判理念、商业领域侵权的客体特质和相关的法律适用造成的社会经济影响,进行法律适用上的裁判规则研讨。

对商事侵权进行类型化研究,不仅是为了完善其相关理论,更重要的目的在于,立足于民法理论的基础"阐释各种侵权行为的法律适用规则"。[①] 虽然商事侵权具有特殊性,但是其仍具有侵权行为的共性,进行

---

① 参见杨立新主编:《类型侵权行为法研究》,人民法院出版社2006年版,第3页。

商事侵权研究不能抛开传统侵权法的基本理论和现行的侵权制度规则。我们在商事侵权研究中所采用的类型化的进路,更多的是从法解释学的角度,结合商事特质对《民法典》侵权责任编的一般条款在商事领域的适用进行分析和阐释,试图进一步明确商业领域中一些常见的侵权行为类型的法律适用规则。

《民法典》规定的侵权制度在商事领域的法律解释和司法适用,需要基于《民法典》侵权行为一般条款的规定。相关的请求权基础,往往是以《民法典》第1165条第1款的过错侵权责任一般条款作为当事人寻求侵权法律救济的法律渊源。该条规定的过错责任的一般原则,在实践中被理解为成立侵权责任,需包括侵害行为、因果关系、损害结果和过错等方面的要件,对商事侵权之讨论显然应避免脱离这一法律共同体已然建立的构成要件之共识。

商事领域的侵权行为正是本书重点研究的对象,本书将以类型化的方式对典型的商事侵权行为类型进行研究,尝试归纳出信息型、违反信义义务型和侵害营业型商事侵权行为的违法性渊源、表现形式和行为特点。若原告因侵害行为遭受损失意图寻求侵权法的救济,应以《民法典》第1165条第1款作为其请求权基础提出诉讼。在侵权客体方面,《民法典》侵权一般条款规定受到侵权责任编保护的客体系"民事权益",其是一个开放且存在解释空间的概念,其具体范畴和内容存在不确定性。因此,无论是在进行商事侵权的理论研究中还是在实务中对特定商事侵权行为进行法律适用,均需要对其进行法律解释。无论是信息型、违反信义义务型还是侵害营业型的商事侵权行为,其所侵害的客体都存在被解释为属于《民法典》第1165条第1款所保护的"民事权益"之可能性,存在受到侵权法保护的盖然性。行为人的主观状态既可以是故意也可以是过失,无论是欺诈他人还是过失地进行不实陈述,在符合其他侵权构成要件的前提下,都可能要为作为或不作为引发的不实信息导致他人因信赖该信息而遭受的损失承担相应的侵权责任。对于损害结果,商事领域发生的侵权行为给相关主体带来的损害主要是经济损失,特别是具有纯粹经济性质的营业利润损失。因此,商事侵权的侵权责任承担方式多为损害赔偿,但其在赔偿的范围和数额的认定上,与传统侵权中的物质损失救济具有一定的区别,应当考虑到商事侵权行为带来的社会成本和损失的性质(包括但不限于营业损失、纯粹经济损失),同时充分考虑行为人在特定营业领域中专业程度和预见能力等方面的差异(如是否为商事主体或具有专门领域知识的专家)。

商事领域发生的损害也存在通过《反不正当竞争法》《民法典》合同编进行救济的可能性,其既可能是法官理解中的法律上的竞合,也可能单纯是基于当事人诉讼策略的选择。例如,市场中妨害他人经营的侵权行为也可能构成不正当竞争,因该行为遭受损失的经营者可以依据《反不正当竞争法》的规定诉至法院维护自己的权益。又如,合同的一方当事人违反了合同条款中关于信义义务的特别约定,给相对方造成了经济损失,相对方亦可以依据《民法典》合同编的相关规定请求对方承担违约责任。商事侵权和其他法律制度存在竞合之处,此时应当承认和赋予当事人选择诉权的自由。遭受某些具体商事侵权行为侵害的主体,除可以依据《民法典》侵权责任编的条款主张侵权法救济外,也可以寻求其他法律制度的救济。

(四)类型化的法律经济学意蕴

我们对商事侵权的研究,主要探讨的是从侵权法的角度,将符合侵权法传统理论的商事领域的侵害行为进行类型化研究。在类型化研究中,研究类型主要划分为信息型商事侵权、违反信义义务型商事侵权和侵害营业型商事侵权这三大类型。这些商事侵权类型虽然无法涵盖全部的商事侵权行为,但它们都是商业活动领域较为典型的侵权行为类型。我们所采用的侵权行为类型化的区分标准,包含了根据侵害行为及其所侵害的权益客体的区别而进行的类型化划分。根据这一标准,可以将众多的商事侵权行为按其各自的共性和特性加以区分,并进行分类研究——进而分析不同类型的商事侵权行为在侵权行为成立的构成要件、责任承担、抗辩事由等方面的不同法律适用规则。

欺诈、过失不实陈述导致他人遭受经济损失的行为,违反自身根据法律或约定所负有的信义义务而导致委托人损失的行为,妨害他人的经营活动或合同的顺利履行而导致他人遭受营业损失的行为,它们在侵害的行为方式和表现、侵害的对象和权益客体方面均存在不同之处,但其对商事主体和市场主体的营业状态、营业决策和交易行为均存在消极之影响。信息型商事侵权、违反信义义务型商事侵权和侵害营业型商事侵权这三大类典型的商事侵权行为作为研究对象的分类,不仅是从侵权法理论的角度,按照各类侵权行为所具有的特点进行的划分,而且存在一定程度上从法律经济学角度进行分析便利性之考虑。

商事活动领域常见的各种侵权行为类型在发生的经济原因和导致的负外部性等方面存在共性与个性。从经济学的角度进行阐释,可以发现三大侵权类型所密切相关的制度经济学原理各有侧重,我们可以在研究中运用不同的经济学理论进行分析和解读。信息型商事侵权与制度经济学中的信息不对称理论紧密相关,违反信义义务型商事侵权的背后则与制度经济学中的委托代理理论具有天然的适应性,而侵害营业型商事侵权的损失和救济与社会成本理论存在较为密切之联系。经济学理论可以帮助我们更深入地了解各种商事侵权行为产生的内在经济逻辑和裁判带来的社会经济影响,进而分析从法律制度设计上解决该类侵害行为和侵权纠纷的制度规则及其基于效率法律价值的制度改进,进而对实务中各种类型的商事侵权行为的法律适用进行指导。

具体而言,信息型商事侵权本质上是市场中的信息不对称所导致的。信息不对称,其本质在于信息作为一种营业中的要素,其在当事人之间存在非均匀性质的分布,但部分关键性的信息影响着人们的经济决策和行为选择。信息不对称理论是制度经济学研究的重要内容,其目的在于减少信息不对称的发生以及解决严重的信息不对称带来的逆向选择和道德风险,保障竞争市场的正常运转。如果由于信息领域侵权行为造成逆向选择,则意味着市场本身无法避免"劣币驱逐良币"的现象,合法的经营主体可能被非市场之信息手段降低了市场占有率;道德风险,意味着在商事侵权中,存在主体非正当地利用信息优势,通过非市场化之行为获得超额利润或其他优势的现象。

然而市场活动的参与者出于逐利、破坏等目的,有可能会利用信息不对称之优势,甚至故意传播不实信息制造更大的信息不对称。部分未尽注意义务的行为也会加剧市场信息在交易主体间的不对称分布,使不实信息得以流传。对于特定主体而言,不实的信息将使信赖特定信息的市场主体作出错误的决策,遭受经济损失;对于社会整体而言,不实信息的存在进一步加剧了信息不对称,扭曲了市场信息的分布,增加了市场的交易成本,降低了基于信息的社会资源利用效率。不实信息在市场中泛滥,会使市场信息扭曲,给市场主体带来基于信息的负外部性。从欺诈、不实陈述等行为自身的特点和影响来看,我们可以适度结合信息不对称的制度经济学理论,研究信息型商事侵权行为的发生动因、特点和影响,以完善相关的裁判规则。

经济生活中违反法定或约定的信义义务的行为,本质是行为人作为经济学意义上的代理人背离其委托人的利益实施的代理行为。信义关系中的当事人同时也处于制度经济学的"委托—代理"关系中,违反信义义务的侵权行为使处于"委托—代理"关系中的委托人(信义权益享有方)与代理人(信义承担义务方)存在"所有"与"控制"相对分离的状态。同时,基于"所有"与"控制"的分离,代理人在基于信义关系控制资源的同时处于信息优势,而委托人则往往处于信息劣势。由于制度经济学"委托—代理"关系中的代理人拥有一定的自由裁量空间,享有处理与委托人信义相关权益的权限,但考虑到立法成本和合同的不完备性,立法机关和当事人都无法彻底对该"委托—代理"关系存续期间所有可能发生的情形进行预测并作出相应的法律规定或约定,委托人也无法实现对代理人行为的完全监督(存在边际监督成本高于边际收益之问题)。代理人从事机会主义行为是"委托—代理"关系低效率运行的重要原因,这需要对信义义务法律制度进行必要的重新审视。我们可以将制度经济学上的"委托—代理"理论与对信义义务法律制度的分析进行结合,研究违反信义义务型商事侵权的特征。

通过侵害他人经营活动、妨碍商业合同履行等方式实施的侵害营业型商事侵权行为,是以较为直接的方式对商事主体的营业活动进行干扰或妨害,同时会对市场供给产生影响。《民法典》规定的侵权制度和单行法的法律规则适用,对市场供给和投资激励具有风向标的作用。对营利性主体的商业利益实施的侵害行为,通常会导致受侵害方遭受营业利润损失等纯经济损失。从社会成本的角度来看,侵害行为可能导致本应由受侵害方获得的商业利益转移到侵害行为人或其他市场主体手中,也可能直接导致相关当事人原本创造的合作剩余消灭。从救济的角度来看,纯经济损失的救济规则不同于传统的物质损失的救济规则,需要从社会成本的整体视角出发进行有效率的救济,以避免侵权救济对社会供给提供不良的非市场信号,进而产生无效投资的激励。[①] 侵害营业型的商事侵权责任规则,一方面固然是在探讨对开展营业活动、从事商事交易往来的主体之保护;另一方面要注重侵权救济的社会成本与收益影响。

---

① 参见张瀚:《纯粹经济损失的法经济学分析》,载《政法论坛》2020年第3期。

第二章　商事侵权的法律经济分析方法举要

一、法律经济分析的正当性问题

商事侵权制度具有浓厚的商法基础和营利性保护特征,天然地蕴含对效率的法律价值追求。对于发生在社会日常生活领域的一般人身或财产侵权行为,传统的民事侵权制度更加注重公平的法律价值,在裁判中也更侧重贯彻和维护公平正义的价值理念。而商事侵权行为是发生在商事活动过程中的侵权行为,商事侵权法律关系的主体至少有一方是从事营利性活动的主体,且侵权行为通常给主体带来营业上的损失。行为的发生领域、损害后果和主体的营利性色彩,决定了调整该行为的商事侵权制度必然与调整一般民事侵权行为的侵权制度规则存在差异。商事侵权的制度设计应当考虑商事交易的特殊性和主体的营利性特征,以及对营业利益的保护需求。在制度设计和相关商事侵权纠纷案件的司法裁判中,除了坚持公平正义的理念,保障交易安全和交易秩序外,通常也需要更加关注商事侵权制度法律适用结果对社会经济的影响——在公平等其他价值和效率价值之间实现平衡,这是立法和司法实践不可忽视的重要组成部分。

商事侵权制度的设计和效率改进,可以借助法律经济学的研究方法——法律经济学是融合了法学和经济学的理论和研究方法的交叉学科,其更加关注对效率的价值追求,认为法律制度的安排应当能够降低交易成本、优化社会资源配置,并努力实现社会效益的最大化。本书对商事侵权制度安排的研究和讨论将结合法律经济学的视角进行,尝试借助法律经济学的分析方法对商事侵权的基础理论和类型化具体法律制度进行效率改进,以期实现通过法律制度促进市场经济发展、提升市场经济发展效益之目标。笔者将先对在商事侵权理论研究和制度安排中运用法律经济分析方法的正当性问题进行阐述。

(一)前置性检验:法治经济背景下效率分析的正当性要求

将经济学的分析方法运用于法律,进行成本—收益分析并追求法律规则(尤其是其在现实中适用后)的效率,是法律经济学的重要目标。我们也承认经济分析和效率原则在法律中存在局限性,因此法律经济分析在现实中应当综合不同法律价值目标之立场,而非单一化效率目标之立场,来解决现实问题。仅从经济理性的角度追求法律规则制定或者裁判结果的效益,其结果常与传统法学所尊崇的公平正义的价值理念相冲突,给特定群体造成不公平的结果。这也是法律经济学追求效率的立场遭到法学家批判和反对的主要原因,盖因效率的追求存在与公平等法律价值冲突之情形。立法者在制定法律规则时也绝不仅是从经济理性的角度出发,而是融合了伦理道德、公平正义、历史文化传统以及各种政策考量因素在内。

判例法国家的法院在司法裁判中,通常是以争议的"衡平"为基础而

"向后回顾"(backward looking)来解决争议,①其围绕的是公平的法律价值,关注在案件中受到损害的一方并对其进行补偿,即采取事后视角(ex post perspective);而法律经济学注重效率和成本—收益分析方法的运用,更多采用的是一种前瞻性的事前视角(ex ante perspective)。② 事前视角更多地考虑法律规则的确定和选择对将来产生的影响,而不仅是法律适用结果的公平性,即使法律作为一种提供多种价值的特殊"正义产品",提供这种特殊产品也需要考虑成本——需要投入巨大成本才能实现的公平等价值追求,其成本都将由社会承担,成为社会成本的一部分。理查德·波斯纳提出了一种关于"推定"当事人将会对在争议中适用事前视角和有效率的规则表示默示同意的理论立场,从而将公平和将来的效用相结合,论证事前视角和追求效率的正当性。③ 波斯纳的此种理论观点固然遭到了许多学者批判和反对,反对者的主要理由在于推定的同意并不等同于实际的同意,波斯纳也未就推定同意进行合理的解释,难以证明一项规则在事前会得到当事人的同意,以及这种看似更有效率的规则在实际中是否真的有效率。④ 基于前述理论争议,美国学者丹尼尔·A.法贝尔(Daniel A. Faber)在《经济效率和事前视角》一文中,重新检视了波斯纳对运用事前视角和经济效率原则的论证及批判该观点的

---

① 参见[美]丹尼尔·A.法贝尔:《经济效率和事前视角》,载[美]乔迪·S.克劳斯、史蒂文·D.沃特主编:《公司法和商法的法理基础》,金海军译,北京大学出版社2005年版,第71页。
② 参见[美]丹尼尔·A.法贝尔:《经济效率和事前视角》,载[美]乔迪·S.克劳斯、史蒂文·D.沃特主编:《公司法和商法的法理基础》,金海军译,北京大学出版社2005年版,第72页。
③ 参见[美]丹尼尔·A.法贝尔:《经济效率和事前视角》,载[美]乔迪·S.克劳斯、史蒂文·D.沃特主编:《公司法和商法的法理基础》,金海军译,北京大学出版社2005年版,第73、77~79页。
④ 盖多·卡拉布雷西、朱尔斯·科尔曼、罗纳德·德沃金等人对波斯纳所提出的适用事前视角的正当性基础的批判及理由,具体请参见[美]丹尼尔·A.法贝尔:《经济效率和事前视角》,载[美]乔迪·S.克劳斯、史蒂文·D.沃特主编:《公司法和商法的法理基础》,金海军译,北京大学出版社2005年版,第73、80~82页。

反对理由,在此基础上,结合约翰·罗尔斯的正义论框架对波斯纳的主张进行重建,认为对适用事前视角的效率规则的假设性同意,可以在罗尔斯提出的无知之幕的背后得到论证,并揭示了在符合正义原则约束下适用经济效率原则的有效性。①

罗尔斯假定各方处在一种无知之幕的背后,他们不知道能够对决定产生影响的一些特殊事实,比如不知道自身在社会中的地位、阶级出身、资质能力、性格,不知道所身处的社会的经济、政治状况和文明程度等,然后作出关于社会制度的安排的选择,以最大限度地保证制度对参与规则制定并且自身利益将受到这些规则影响的所有人的公平——身处无知之幕的原初状态下的各方将会选择的两个原则:第一个原则是指"每个人对与其他人所拥有的最广泛的基本自由体系相容的类似自由体系都应有一种平等的权利";第二个原则是指"社会的和经济的不平等应该这样安排,使它们被合理地期望适合于每个人的利益;并且依系于地位和职务向所有人开放"。② 其中,第一个原则从权利的视角试图进行底线性的保护,第二个原则主要适用于收入和财富的分配。

根据罗尔斯的基本正义原则,丹尼尔认为,效率规则可以在原初状态中被接受为一项位于与基本人权和平等有关的核心原则之后的次要规则而适用于某些情形,特别是在财富分配、风险回避与偏好转换无关紧要并且基本权利也不成问题等情况下,就这些范围而言,经济效率算

---

① 丹尼尔还指出,波斯纳及其反对者似乎都认同以下主张:经济效率不可能成为唯一的正义原则;只有不存在风险回避时的事前视角才能产生一种经济效率标准;在立法机关制定面向将来的法律时,事前视角是正当合理的;经济效率要求就资源的初始配置做出一个先行的决定。丹尼尔亦将这些大家的共识作为讨论的基础。参见[美]丹尼尔·A.法贝尔:《经济效率和事前视角》,载[美]乔迪·S.克劳斯、史蒂文·D.沃特主编:《公司法和商法的法理基础》,金海军译,北京大学出版社2005年版,第71~112页。

② [美]约翰·罗尔斯:《正义论》,何怀宏、何包钢、廖申白译,中国社会科学出版社1988年版,第56页。

得上是正义社会的一个有效目标。① 这也是丹尼尔结合罗尔斯的正义论框架对波斯纳的推定当事人默示同意适用事前视角的效率主张进行改进,而提出的修正的效率原则。根据其主张,对效率原则的适用是有限制的。只有当不涉及人的基本权利和对弱者的基本保障问题,适用事前视角和经济效率原则不会侵害行为人的基本权利或者带来不公平的财富分配结果,大幅减损个人财富或者使人陷入穷困时,效率原则才可以适用。

(二)商事侵权制度进行效率分析的正当性检测

前述丹尼尔的研究将经济分析和效率目标的运用建立在一个更为牢固的、与正义原则相符的基础之上。丹尼尔也指出效率原则的适用范围是有限制的,一般局限于不涉及基本权利或对弱者的保护的场合,而且也需要考虑当事人的风险回避和风险偏好。② 考虑到商业交易通常并不存在涉及基本权利保护、弱者保障、财富的再分配等问题,商业交易中的风险回避和偏好转换与非商业领域相比并不明显,因此商法领域是比较适合并且可以有效运用效率原则的领域。

商事交易更多考虑的是经济效益,商事侵权的损害也大多是造成诸如经济利润、营业和社会效益等方面的经济损失,而非人身性的损害,在绝大多数情形下并不涉及基本权利保障等问题。在仅仅涉及经济上的问题的情况下,则可考虑适用经济效率原则,因为此时并不会违背正义的要求。商事侵权制度正是规范商业交易领域发生的侵权行为的制度规则,在商事侵权制度中适用法律经济分析,考虑效率的目标并不损害公平正义的原则要求,而且有利于降低交易成本和侵权事故带来的社会

---

① 参见[美]丹尼尔·A.法贝尔:《经济效率和事前视角》,载[美]乔迪·S.克劳斯、史蒂文·D.沃特主编:《公司法和商法的法理基础》,金海军译,北京大学出版社2005年版,第88、91~96页。

② 参见[美]丹尼尔·A.法贝尔:《经济效率和事前视角》,载[美]乔迪·S.克劳斯、史蒂文·D.沃特主编:《公司法和商法的法理基础》,金海军译,北京大学出版社2005年版,第104~106页。

成本。正如波斯纳所说,商事侵权理论中涉及和讨论的主要是商事关系,而不是人身伤害或其他深刻的道德问题,故在商事侵权的法律经济分析中,运用经济学的理论提供规范性的指导相对没有争议。[1] 因此本书后文对商事侵权制度安排的研究和讨论,将结合法律经济学的视角进行,以帮助实现法律适用和法律制度的效率改进。当然,也并不是说在所有商事侵权的制度规则制定或商事侵权案件的法律适用中,都需要或者都可以进行经济分析,将追求效率的目标置于首位。商事侵权行为不排除造成被侵权方人身伤害的可能,或者依据效率原则进行法律适用会在当事人之间产生非常不公正的结果。在这些情形下,要慎重考虑效率原则的应用,毕竟效率并不是法律追求的唯一价值。

笔者认为,商事侵权的多数制度类型的经济改进逻辑,较为可能通过罗尔斯的检验,例如在不涉及人身权侵权客体、不涉及机会平等的侵权情境中,通过效率法律价值把"蛋糕"做大,会比边沁的单纯功利主义立场更有说服力,虽然功利主义为最大化的经济数学模型提供了强有力的哲学原型和算法逻辑基础。

二、信息不对称理论与侵权中的信息

(一)信息不对称的制度经济学理论

1. 信息不对称的存在及其影响

信息对称是不对称的逻辑起点和类似于物理学假设上的真空状态,一如交易成本为零的理性状态——"对称信息是指在某种相互对应的市场参与者双方中,对应的双方都掌握有对方所具备的信息,也就是说双方都了解对方所具有的知识和所处的经济环境。"[2] 非对称信息(asymmetric information)系与对称信息相对的概念,指特定参与人拥有,

---

[1] See Richard A. Posner, *Common-Law Economic Torts: An Economic and Legal Analysis*, Arizona Law Review, Vol. 48:735, p. 747 (2006).

[2] 靖继鹏、张向先、李北光编著:《信息经济学》(第2版),科学出版社2007年版,第3页。

但另一些参与人不拥有的信息,①这种差异本质上也可以被解释为知识上的差异——"人们在获得与相互影响相关的知识上的差别被称为信息不对称。"②信息不对称说明信息在市场交易主体双方之间的分布不是完全一样,而是有所差别的——这种差别不仅在于信息的密度,而且在于信息的性质。

信息不对称是社会经济生活的真实状态。一方面,由于社会劳动分工和专业化,行业与行业之间的知识壁垒越来越明显,人们之间的知识、信息差距也越来越大,专家(请留意"专家"一词是有领域范围的,与全知状态是相悖的,其中文的"专"和英文的"specialist"都存在局部之意蕴)和非专家在对某一领域知识的掌握程度上存在巨大差别,即使在某一领域具有丰富知识的专家,其对另一领域的知识也可能不甚了解。另一方面,私人信息的存在也使得经济关系中的当事人不可能处于信息完全对等的状态,情感好恶、消费偏好、身心状况等个人信息是非常隐蔽和具有私人性的,除非个人主动披露,否则他人往往难以知晓(或了解的成本很高)。人们在获取、查证信息方面的能力也存在差别,因此造就不同主体间的信息掌握程度的差异,这其中可能还不仅是量的差别,可能存在质的差异(注意力本质上不分高下),如有的董事可以敏锐地察觉到竞争对手的行为选择,而有的董事能迅速观察到财务数据的细节问题。

信息不对称现象的普遍存在还与交易结构中的身份有关,参与市场交易的主体在某些信息的掌握上总是存在优势方和劣势方。例如,投保人比保险公司更加清楚自己的身体、财务状况以及发生保险事故的风险大小;卖方比买方更加了解产品的生产过程、性能、质量等方面的情况,买方则比卖方更加清楚自己的消费偏好、购买意愿和能力;投资者最清楚自己的收入状况、风险偏好和风险承受能力,投资顾问则掌握更多投

---

① 参见张维迎:《博弈论与信息经济学》,上海人民出版社2004年版,第235页。
② [美]曼昆:《经济学原理·微观经济学分册》(第7版),梁小民、梁砾译,北京大学出版社2015年版,第490页。

资者所不知道的投资知识、市场风险。①

信息不对称的普遍性和不可避免性,使其存在于社会经济生活的方方面面,并能够影响人们在市场经济活动中的决策选择,影响社会经济和市场交易。从信息不对称发生的时间来看,不对称信息可能发生在当事人签订契约之前,即事前的不对称,通常会产生逆向选择问题;不对称信息发生在当事人签订契约之后,则是事后的不对称,通常会引发道德风险问题。② 市场交易和经济社会中的信息不对称可能引发的问题,以及如何解决由信息不对称所带来的不利影响,如何促进信息不对称情形下的交易和效率的提升,这些都是信息不对称理论研究的核心内容。信息不对称理论涉及的逆向选择、道德风险、委托—代理关系和激励机制等相关的理论和问题,也都是信息经济学的重要内容。

美国经济学家乔治·阿克洛夫(George A. Akerlof)曾以二手车交易市场为例,开创性地分析了二手车卖方和买方之间信息不对称带来的逆向选择问题。③ 阿克洛夫假设二手车市场上的买方和卖方之间对汽车的质量存在信息不对称,买方在购买二手车时并不知晓汽车的质量高低,二手车的真实质量只有卖方才清楚——卖方比买方掌握更多关于二手车质量的信息。对于买方来说,由于无法事先知晓每一辆二手车的真实质量,买方只愿意根据汽车的平均质量出价,而出售高质量二手车的卖方显然不会愿意以低于自己汽车价值的平均价格出售,于是出售较高质量二手车的卖方将会相继退出市场,只有较低质量的二手车卖方会进入市场,买方亦会进一步压低购买价格,二手车交易市场将充斥低质量的汽车,如同劣币驱逐良币一样,低质量的二手车将高质量的二手车驱

---

① 这在保险法上有着深刻的表现,参见朱晓婷、张瀚:《大数据背景下保险人合同解除权的制度重构》,载《财经理论与实践》2020年第5期。

② 参见张维迎:《博弈论与信息经济学》,上海人民出版社2004年版,第235页。

③ See George A. Akerlof, *The Market for "Lemons": Quality Uncertainty and the Market Mechanism*, Quarterly Journal of Economics, Vol. 84:488, p. 488 – 500 (1970).

逐出市场。

我们还可以运用博弈论理解信息不对称的理论。卖方存在两种策略——提供高质量标的和提供低质量标的,买方存在两种策略——出低价和出高价。卖方对高质量标的内心认定的价值为50万元,对低质量标的内心认定的价值为30万元。买方对高质量标的内心认定的价值为60万元,对低质量标的内心认定的价值为32万元。理论上来说,在不存在信息不对称的情形下,高质量的标的以高价格成交可以为社会带来合作剩余10万元(假设双方的谈判能力势均力敌,双方平分合作剩余的受益,各得5万元),低质量的标的以低价格成交可以为社会带来合作剩余2万元(假设双方的谈判能力势均力敌,双方平分合作剩余的受益,各得1万元),都会为社会带来福利。但考虑到二手市场的信息不对称,可能导致卖方的机会主义行为——把低质量标的存在瑕疵之情形隐瞒,混入高质量标的的市场。于是卖方和买方的博弈除了前述两种结果外,还会增加两种策略互动的情形——买方以低价购买高质量之标的和买方以高价购买低质量之标的。买方以低价购买高质量之标的时,其出价为低价购买低价值标的平分合作剩余的31万元,因此买方的收益为60万元减31万元,即29万元,而卖方的收益为31万元减50万元,即-19万元。买方以高价购买低质量之标的时,其出价为高价购买高价值标的的平分合作剩余的55万元,因此买方的收益为32万元减55万元,即-23万元,而卖方的收益为55万元减30万元,即25万元。见表2-1。

表2-1 博弈论视角下的逆向选择

单位:万元

收益		卖方	
		高质量标的	低质量标的
买方	低价	29,-19	1,1
	高价	5,5	-23,25

上述博弈的理解是买方出低价,卖方提供低质量的标的,双方各勉强挣得1万元,合作剩余为2万元。同时,具有较高合作剩余价值的高质量标的因"劣币驱逐良币",被逐出了市场。从具体动机上,我们也可以分析出来,卖方在没有法律强制要求的前提下,很可能机会主义地利用信息不对称之优势,把具有瑕疵之标的混入二手市场进行交易。买方可以合理地预见到,如果要实质核实标的是否存在瑕疵,需要付出高昂的交易成本,因此倾向于给出低价。双方由于信息不对称这一过程,又进一步地加剧了商业市场中的"劣币驱逐良币",导致二手市场上出现的标的物质量趋向于低于一般水平,而买方则进一步趋向于给出低价。如果没有有效的法律调整,将导致高价格购买高质量标的的博弈在市场上越来越少,而这往往是一种合作剩余更大的交易,具有帕累托效率和更高的社会总收益。

阿克洛夫关于二手车交易市场中买卖双方在信息不对称情形下的行为选择,揭示了逆向选择的一般原理,高质量的二手车卖方选择退出交易市场的行为就是逆向选择理论的解释对象。所谓逆向选择,就是指在买卖双方信息非对称的情况下差的商品总是将好的商品驱逐出市场。[①] 在信息对称的完全竞争市场的条件下,市场选择的结果应当是优胜劣汰(如基于产品的价格、质量和品牌等的优势),然而在存在信息不对称的二手车交易市场中,市场选择的结果可能正好相反,低质量的二手车驱逐高质量的二手车,市场竞争的结果是劣胜优汰。阿克洛夫的研究指出信息不对称会带来逆向选择问题,从而使市场交易的效率无法实现帕累托最优,在极端的情形下,市场交易甚至有可能不存在。[②] 逆向选择问题产生于事前的信息不对称,由于市场交易双方在信息上的不对称,导致市场参与者无法作出具有效率的交易选择。因此,解决该问题

[①] 参见马费成编著:《信息经济学》,武汉大学出版社2012年版,第48页。
[②] 参见张维迎:《博弈论与信息经济学》,上海人民出版社2004年版,第339页。

的思路就是要通过建立一种机制使信息在交易主体之间进行流动。经济学家提出的方法之一,是信息优势方主动向信息劣势方传递其所掌握的私人信息,如卖方给买方出具产品检测合格证、三包凭证等,将自己的产品或服务打造成知名品牌,以此向买方显示其产品的品质信息;方法之二,是信息劣势方采取某种策略积极获取信息优势方的私人信息,如保险公司提供不同保险费率和赔偿标准的合同,依据投保人选择的保险合同区分该投保人属于高风险还是低风险的类型。前者对应信号传递(signalling)机制,后者则对应信息甄别(screening)理论。① 商事侵权的信息披露相关制度,就是要激励信号传递,同时降低信息甄别的成本。

2. 信息不对称理论对信息型商事侵权研究的意义

在信息经济学中,经济学家们发现了信息不对称的现象以及可能引发的逆向选择、道德风险,并进一步研究如何通过设计一种机制来解决信息不对称导致的市场失灵、交易无效率的问题。例如,针对信息不对称引发逆向选择问题,如果拥有私人信息的一方愿意将其所拥有的对方所不掌握的私人信息传递给不知晓该信息的另一方,或者后者有办法激励前者披露信息抑或调查获知该私人信息,那么便可以在交易中实现帕累托改进,②为此学者提出了信号传递和信息甄别理论。又如,信息不对称引发代理人的道德风险,使市场主体难以合作共赢,创造合作剩余,学者们提出了激励机制理论,研究如何设计最优的激励合同解决委托代理关系的问题。前文所述经济学家关于信息不对称理论的研究和结论,对于法律解决信息不对称所引发的信息型商事侵权问题大有裨益。在关于信息型商事侵权的论述中,笔者将结合信息经济学,特别是信息不对称的相关理论,分析和探讨信息型商事侵权领域的具体法律问题和制度理论,比如欺诈、市场主体的信息披露义务、信息型商事侵权的法律责任等,

---

① 参见张维迎:《博弈论与信息经济学》,上海人民出版社2004年版,第323~354页。
② 参见张维迎:《博弈论与信息经济学》,上海人民出版社2004年版,第339页。

试图通过适当的制度安排,解决信息不对称引发的商事侵权纠纷,也期望能够通过法律经济学分析方法的引入实现法律制度的效率改进——未来这个领域的研究,也应该围绕信息披露和信息甄别进行制度改进。

(二)信息不对称理论与商事侵权中的信息披露问题

信息的不对称现象本身并不会造成社会经济秩序的混乱。不同身份和职业的市场主体正是在市场信息的流动和交换过程中获取各自的利益,创造合作剩余。法律似乎也并不应该禁止具有信息优势的主体利用其信息优势正当获取经济利益(至少在初始状态下不应存在预设立场)。但由于人的理性与自利之假设,市场中信息不对称现象的存在会诱发市场主体在商事往来、交易过程中利用信息优势实施信息型商事侵权行为——虽然所谓的侵权也只是一种法律上的拟制,或者被解释为一种科斯意义上的产权界定。这主要表现为市场主体利用自身掌握的私人信息和所处的信息优势地位,实施欺诈等违背诚实信用的行为,或者违反披露义务,不披露与交易有关的重要信息(虽然何谓重要信息,不同的法律体系存在差异化之理解)。在特定场合,行为人并不具有故意利用信息优势实施欺诈等不诚信行为的不正当意图,但也可能会出于疏忽大意等原因作出不实陈述,误导他人的交易选择,使他人遭受经济损失——这是否需要进行司法救济,可以检测特定法律,乃至特定法官对产权初始配置和对侵权"强制交易"之不同立场。①

信息不对称现象系信息型商事侵权行为的事实基础,外观上阻碍了真实信息在市场主体之间的流通,加剧了信息不对称现象,扭曲了市场交易信息的分布——这些问题的出现产生了相应的立法需求,需要通过立法上的制度安排予以妥善解决。如对商事领域的欺诈行为,应当确立商事欺诈侵权行为的法律责任,明确交易当事人的披露义务和过失不实

---

① 其中关于不确定性的法律经济分析数学原型,参见张瀚:《侵权不确定性与贝叶斯法则——一种法经济学的视角》,载《法学评论》2012年第5期。

陈述的法律责任。规范商事领域信息型商事侵权行为的法律制度安排和信息产权界定,能够激励市场主体适当披露相关交易信息,以缓解所谓信息不对称的副作用,促进真实市场信息的流通——法律明确信息披露的界限,确定合理的信息披露范围、披露要求和不披露的法律责任,以避免过高的披露义务带来的成本高于减少信息不对称带来的收益。

三、委托—代理理论与信义关系

(一)制度经济学语境下的"委托—代理"关系

"委托—代理关系是一种契约关系,通过这一契约,处于信息劣势的一个人或一些人(委托人)授权给处于信息优势的另一个人或另一些人(代理人),为委托人的利益从事某些活动。"[1]法律意义上的委托代理合同或者其他合同的存在,并不是制度经济学上"委托—代理"关系成立的必备要件。制度经济学上的"委托—代理"关系注重的是关系双方追求的经济利益之间的联系,委托人依赖代理人根据其信息优势作出的行为或决策以获取更大的经济利益,代理人通过为委托人行事以获取相应的报酬。因此,利益相关的委托人和代理人之间形成了具有经济学意义的"委托—代理"关系,在该关系中,代理人拥有一定的自由裁量的权限,由委托人将某一部分事务的处理决定的权限转移给代理人,代理人由此而能够处理一部分与委托人有关的事务,并以自身的行为影响委托人的利益,同时也影响代理人自己最终的报酬收益。

经济学上的"委托—代理"关系同时也属于一种广义的契约关系,这种契约关系既可能是隐性的也可能是显性的,关系双方之间有可能存在明确的合同或协议约定等,也有可能双方并未签订与该授权委托有关的协议书,但双方之间的权利义务关系使其实际上也归属于上述经济学上的"委托—代理"关系。根据"委托—代理"关系所具有的特征——代理人拥有一定的自由裁量委托人事务的权限,且代理人与委托人都无法提

---

[1] 蔡岩兵主编:《新编信息经济学》,中国经济出版社2014年版,第107页。

前对该"委托—代理"关系存续期间所有可能发生的事件进行预测并作出相应的约定,因此这种契约关系具体而言应当属于"关系型契约关系",关系型契约关系是由一方承担一定的任务并据此从另一方处获取报酬而形成的契约关系,"这种关系含有贯穿始终的相互义务,但无法控制所有可能出现的不测事件。这样的契约被称为关系型契约"。[①] 关系型契约关系在经济生活中大量存在,特别是在公司或与之类似的其他组织中,隐含的关系型契约关系也十分普遍。

从制度经济学上的"委托—代理"关系以及关系型契约关系的视角看待法律关系,能够发现许多法律关系可以用"委托—代理"关系以及关系型契约关系进行分析,诸如传统的委托—代理法律关系、信托法律关系中的关系、高级管理人员与公司之间的关系等都是制度经济学上的"委托—代理"关系在法律上的表征(体现为一定程度的所有权与控制权相分离)。

(二) 风险与激励

在"委托—代理"关系中,由于委托人与代理人处于信息不对称的状态,代理人处于信息优势,而委托人处于信息劣势,委托人即使在该"委托—代理"关系中享有监督代理人行为的权利,但也因信息不对称而无法实现对代理人行为的完全监督;同时委托人又因为监督代理人的成本的高昂,不会花费过高成本做出全程监督代理人的不经济的行为,这也导致"委托—代理"关系中问题的产生。

"委托—代理"问题主要是指代理人未能利用自身的信息优势为委托人的利益行事,导致委托人在"委托—代理"关系中并未实现其所追求的利益最大化的目的,因而使关系双方的利益失衡。"委托—代理"问题按照产生的时间可以分为两大类——在"委托—代理"关系建立之前就

---

① [德]柯武刚、史漫飞:《制度经济学:社会秩序与公共政策》,韩朝华译,商务印书馆2000年版,第232页。

已经存在的逆向选择问题,又被称作事前的信息不对称问题或隐藏信息问题(科斯意义上契约确立之前的成本);在"委托—代理"关系建立之后产生的道德风险问题,又被称作事后的信息不对称问题或隐蔽行为问题(科斯意义上契约确立之后的监督成本)。

代理人的信息优势可能会使委托人在选择代理人时作出不利于委托人的决定,因为委托人无法准确了解代理人的真实状况或博弈策略;代理人在进入"委托—代理"关系之后也可能会利用委托人没有能力监督或者无法花费过高成本进行监督的状态,侵害委托人的利益。这两类"委托—代理"问题都与代理人的机会主义行为相关——机会主义行为的存在将会导致"委托—代理"关系的无效率运行(尤其是在事前视角意义上)。委托人与代理人在"委托—代理"关系中虽然彼此追求的利益有一定的联系,但利益目标在多数情况下并不一致,而委托人无法完全监督代理人,代理人很有可能会利用该优势追求自身利益的最大化,做出侵害委托人利益的行为。

解决"委托—代理"问题需要运用制度性的激励机制,委托—代理理论研究的重心之一就是寻找应对道德风险和逆向选择的"委托—代理"问题的可行办法以及最优的激励机制。该激励机制主要是激励代理人愿意为了委托人的利益而努力,并且尽可能减少代理人在委托代理关系中利用自身的信息优势地位做出侵害委托人利益的行为,使"委托—代理"关系的效用最大化。对此,经济学领域对该激励机制的研究主要是在委托人与代理人之间设计出某种契约(包括不限于意思表示的合同)约定,但该种契约约定想要完全发挥其作用,仍然需要以必要信息披露为前提(因此信息披露与信义义务制度存在配套和竞合之问题),在委托人掌握较完全信息时,代理人的行为无论是在"委托—代理"关系成立之前还是成立之后都是可以被委托人观察的,委托人可以根据充足信息选择代理人,也能够在关系成立之后通过代理人的行为信息判断其是否将为委托人的利益而努力实现有效监督。例如,最常见的激励机制是约定代理人的报酬根据其努力程度而定,委托人的最终收益将决定代理人的报酬,且该报酬的约定要能使代理人明白遵循契约的安排比违背契约所能获得的利益更多,由此激励代理人,降低代理人做出机会主义行为的可能性,因为在掌握较完全信息的情况下,委托人可以直接观察代理人的行动。[1] 但这种类型的激励机制只能在信息对称的理想状态下才能发挥其全部功能,任何不考虑配套信息披露的法律制度,空谈基于代理关系的信义法律规制,都是一种空想。

在信息不对称的情况下,由于委托人无法掌握全部信息,代理人可以借由无法预测的事项推脱自己的责任(如类似于情势变更的理由),而委托人则难以确定未能实现自身利益最大化的最终结果是否可归因于代理人——上述关于代理人所获报酬的激励机制的效果会被减损(事前由于双方对预期利益的不确定,导致信义关系没有建立)。运用契约约定激励代理人为委托人的利益努力、降低代理人行为的侵害可能性,在现实的信息不对称的情况下会使委托人无法对代理方的努力进行事前估价;通过契约约定的方式激励代理人也不能起到完全阻止代理人的侵害行为的作用,因为任何契约约定都不能改变代理人与委托人本质上的利益目标不一致的情况,也不能完全排除由此可能产生的代理人优先追求自己利益最大化而将原本属于委托人的利益据为己有的结果。[2] 因此,除却事前对激励的判断和决策外,还需要在信义关系中探讨类似于违反忠实义务的行为的后果。

法律制度能够弥补商业管理中一般激励机制的缺陷,并具有一种国家立法的制度性规模经济效果。法律制度试图建立一种社会秩序,影响人们的行为,进而影响行为的效率。法律制度作为激励机制的优势在于,可以采用强制性规定为处于信息优势的代理人施加一定的法定义

---

[1] 参见蔡岩兵主编:《信息经济学》,中国经济出版社2014年版,第116~119页。
[2] 参见[美]安德鲁·S.戈尔德、[美]保罗·B.米勒编著:《信义法的法理基础》,林少伟、赵吟译,法律出版社2020年版,第226页。

务。例如,为其施加"委托—代理"关系中的核心义务,即须为委托人的利益行事(履行忠实义务),以缓解委托人的信息劣势困境,并借此平衡委托人和代理人之间的利益,通过强制性规则要求违反义务的代理人承担法律责任(包括没收所得的归入权、惩罚性赔偿等),该法律责任也会成为代理人违反义务的行为的成本,进而激励代理人积极地承担信义义务,减少其侵权的可能性。

"委托—代理"理论是制度经济学上的经典理论,揭示了"委托—代理"关系的信息与资源错位问题。"委托—代理"理论的首要关注点就是在信息不对称假设下作出最优的契约设计。① 这里的契约是一种广义的契约,包括社会契约、狭义的合同约定,以及任何类似于广义约定的长期和短期经济契约。契约设计主要是以经济利益激励代理人为委托人服务,减少代理人违背委托人利益的行为并降低其侵害委托人利益的可能性,试图运用经济学理论来补强"委托—代理"关系的脆弱性,但这不能代替信义义务等法律规则对广义信义关系的调整功能。

在分析信义义务型的商事侵权行为时,因"委托—代理"关系同样也是信义关系的制度经济学特征,"委托—代理"问题的存在也会引发信义关系中的信义义务方利用双方的信息不对称故意实施的不作为的行为,或是故意实施的诸如与信义利益享有方的利益相冲突、不披露信息或是欺诈信义利益享有方等侵害信义利益享有方利益的行为——这些都属于信义义务型的侵权行为的范畴。运用"委托—代理"理论分析信义义务型商事侵权行为的经济本质,将信义关系中双方的利益衡平作为审视信义义务制度安排的视角,将经济学中的激励机制与信义义务的法律制度设计相结合,为进一步研究分析信义关系存续期间的双方利益平衡问

---

① 参见[德]斯蒂芬·沃依格特:《制度经济学》,史世伟等译,中国社会科学出版社2016年版,第51页。

题提供了新的思路——信义关系的诚实信用价值和经济激励的效率价值一致的思路。

四、社会成本理论与营业保护

(一) 社会成本与纯粹经济损失①

从社会整体福利出发分析和思考问题,而不是只关注某个个体的利益得失,是法律经济分析的特色之一,这在法律经济学家针对法律制度尤其是侵权法制度的经济分析中尤为常见。相较于注重理论传统、逻辑自洽和公平正义的法学研究,包括社会成本分析方法在内的法律经济分析,在尊重法学逻辑的同时兼顾效率,且注重考虑法律制度在实际适用中的社会经济效果。作为法律经济学的开创者和奠基者,美国学者罗纳德·科斯的许多观点和理论对法律经济学研究的产生和发展的影响十分深远。其中,科斯于《社会成本问题》②一文中,阐释了作为法律经济学基本概念的"社会成本",并对相关问题进行研究。对于侵权行为,一般大家只关注行为人给他人造成损害的事实,为保护受到损害的人的权益,认为要制止行为人的侵害行为。但科斯开启了看待问题的另一个视角,指出大家忽略了问题的交互性,即制止侵害他人的行为也会使侵害人遭受损害,并认为问题的关键在于避免较严重的损害,要从总体和边际的角度来看待问题。③

毕肖普(Bishop)在其论文《侵权中的经济损失》中,对侵权中的经济损失的分析引入了成本—收益理论,④提出在关于造成经济损失侵权行

---

① 本部分分析方法参见张瀚:《纯粹经济损失的法经济学分析》,载《政法论坛》2020年第3期。

② See Ronald H. Coase, *The Problem of Social Cost*, The Journal of Law and Economics, Vol.3:1, p.1 – 44 (1960).

③ 参见[美]罗纳德·H.科斯:《企业、市场与法律》,盛洪、陈郁译校,格致出版社、上海三联书店、上海人民出版社2014年版,第79页。

④ See W. Bishop, *Economic Loss in Tort*, Oxford Journal of Legal Studies, Vol. 2:1, p.1 – 29 (1982).

为的责任的确定方面应关注效率的价值目标,区分损失是社会成本还是私人成本,进而决定是否应当对该损失进行救济的观点。毕肖普在该文中阐述的观点和运用的分析方法,对于侵权法的经济分析具有启发性意义。波斯纳在一定程度上沿用毕肖普的法律经济分析思路,进一步阐释了经济损失理论,对经济侵权行为和经济损失的赔偿进行经济分析。①

对于未对他人的人身或财产造成损害,仅造成纯粹的金钱损失的情形,普通法传统上对此种损失一般不予赔偿。毕肖普从经济学的角度认识经济损失,指出许多因侵权行为导致的经济损失,从社会净福利的角度来看,根本不能算是损失,将这部分损失排除在侵权人承担的损害赔偿范围之外是有效率的。② 波斯纳在论述其"经济损失理论"(economic-loss doctrine)中也重申了这一思路,认为"经济侵权"(economic torts)最佳法律规则就是最有效率的规则,应当从社会整体利益得失的效率角度,区分作为私人间的财富转移的经济损失以及作为真实的社会成本的经济损失,进而决定侵权行为导致的经济损失是否应当赔偿。③ 笔者认为,这种逻辑的出发点在于经济领域的侵权不讨论人身性质的权益,如果是商事主体之间的行为,也不涉及对弱势群体的再分配问题。

---

① See Richard A. Posner, *Common-Law Economic Torts: An Economic and Legal Analysis*, Arizona Law Review, Vol. 48:735, p. 747 (2006).

② See W. Bishop, *Economic Loss in Tort*, Oxford Journal of Legal Studies, Vol. 2:1, p. 4 (1982).

③ 波斯纳在论文《普通法经济侵权的法律经济分析》中将"经济侵权"定义为"不声称与受害者或其财产发生物理接触或对诸如商业声誉和个人隐私之类的非经济性或至少非商业性商品造成损害的索赔",并阐述了经济损失理论,从社会成本的效率视角出发分析纯粹的经济损失的救济规则。See Richard A. Posner, *Common-Law Economic Torts: An Economic and Legal Analysis*, Arizona Law Review, Vol. 48:735, p. 735 – 747 (2006).

(二)社会成本与私人成本①

从社会整体视角看待经济损失,可以发现侵权中不同损失的经济性质。我们可以从社会成本和私人成本的概念入手。社会成本,是指社会经济总价值的减少,即整个社会财富的总量减少。私人成本则指某个个体所负担的成本,并且在该个体遭受损失的同时他人可获得同等的利益,相当于财富从社会上的某个个体转移给另一个个体。也就是说,私人成本仅导致财富转移,不会减少财富的总量。对于因侵权行为遭受损失的被侵权方来说,无论其遭受的是物质损失还是经济损失,对其个人而言都是损失。但从整个社会的角度来说,有些被侵权方遭受的损失是社会成本,而有些仅是被侵权方个人的私人成本。

在侵权行为所导致的损失中,物质损失往往是真实的社会成本。财产遭受事故损害而毁损甚至灭失所失去的价值,对整个社会而言相当于该财产的效用完全丧失;为复原身体健康状况、恢复财产效用而不得不支出的费用,对于整个社会而言相当于增加了本不必要占用或投入的社会资源。这些因侵权行为产生的物质损失,都是真正的社会成本,不仅是人身或财产遭受侵害的个体所面临的损失,而且对整个社会来说也是切实的损失。

相对于物质损失,因侵权行为所导致的寄生经济损失、纯经济损失等却并不一定都是真实的社会成本,其既有可能是社会成本,也有可能仅是私人成本,具体需要结合案发时的市场因素等条件进行判断。通过妨害他人经营进而造成利润损失的例子,可以更好地阐述这一结论。例如,在妨害他人的生产经营导致他人遭受营业利润损失的妨害经营商事侵权中,因营业中断而丧失部分或全部预期利益的经营者确实遭受了损

---

① 相关理论和应用参见 W. Bishop, *Economic Loss in Tort*, Oxford Journal of Legal Studies, Vol. 2:1, p. 1 – 29 (1982); Richard A. Posner, *Common-Law Economic Torts: An Economic and Legal Analysis*, Arizona Law Review, Vol. 48:735, p. 735 – 747 (2006);张瀚:《纯粹经济损失的法经济学分析》,载《政法论坛》2020 年第 3 期。

失,但由于该种利润作为从事商品交易或服务中获得的预期经济利益,经营者能否获得、能够获得多少利润均具有不确定性,很大程度上受到市场状况和消费需求的影响。在淡季时,由于市场的产能处于闲置状态,其他经营者会接替该营业中断的经营者,本来会在被妨害的经营者处消费的顾客会转向其他经营者,相当于被妨害的经营者预期可得的营业利润由市场中的其他经营者获得,对于整个社会而言,该部分基于消费需求产生的利润并没有丧失,因此被妨害的经营者遭受的营业利润损失其实只是其自身的私人成本。而在旺季时,由于市场的产能处于最大化,被妨害的经营者由于营业中断无法提供相应的供给以满足消费者的需求,在不增加产能投入的情况下消费者将得不到满足,经营者本来可以获得的该部分利润也无从获得,而增加产能投入,追加原材料的供给、临时雇用更多的工人立刻组织恢复生产以满足消费者的需求,自然会消耗多余的社会资源。这部分社会资源的成本,可能由经营者承担,也可能最终体现在商品价格上进而由消费者买单——此种情形下侵权行为给被妨害的经营者造成的利润损失,都是真实的社会成本。

(三)对具有社会成本性质损失救济的效率正当性

对侵权行为给被侵权人造成的经济损失的救济,与人身或财产等的有形损害具有紧密联系的物质损失和寄生经济损失,一般属于可赔偿的范畴。例如,在故意纵火的侵权事故中,酒店中遭受焚毁的生产资料本身是物质损害,这些损失当然属于赔偿范畴——用于赚取利润的动产或不动产等财产受到毁损,由此丧失的预期利润是纯粹经济损失,其可以合理预见部分,显然也是一种真实的损失(真实与有形是两个不同的概念)。

立法者和法官们试图通过经济损失的类型区分,确定对不同损失的法律救济,以实现将侵权行为人的责任限制在合理范畴等目的——一种基于法律上的因果关系、可预见性理论和构成要件的裁判政策工具,有效地为责任的扩张提供一种近似于构成要件叙事的限制。这种实质借助有无人身或财产直接损害作为侵权损失救济的筛查和判断工具的做法,在司法实践中具有便于损失的确定和赔偿、减少纠纷处理的管理成本等优点,但也不可避免地会产生预防激励不当、扭曲市场投资等的消极影响——一种基于三段论叙事的司法裁判逃避之旅。因此,对于侵权中的经济损失,有哪些损失应当赔偿,哪些损失不应当赔偿,似乎不应简单地将损失的有形与无形作为逻辑起点。

从法律经济学视角来看,不区分损失的实质,对作为私人成本或社会成本的损失一律支持赔偿或不支持赔偿的做法,尤其是一律不支持纯经济损失赔偿的做法,会削弱侵权行为人采取谨慎措施预防侵权事故发生的激励作用,难以实现降低事故导致的社会总成本的要求。例如,对任何可能造成合理可预见范围内的经营损失,司法的消极救济,会导致行为人一律不予预防甚至故意侵害以牟利。在毕肖普和波斯纳等法律经济学者看来,只有对属于社会成本的经济损失进行救济,才是更加有效率的选择,一方面,对作为社会成本的经济损失进行救济,才能产生正确的预防激励,作为社会成本的经济损失是整个社会丧失的财富,这部分损失理应由造成该损失的侵权行为人承担责任,通过侵权责任使行为人承担其行为带来的社会成本,可以充分激励潜在的侵权行为人避免损害的发生,进而降低侵权发生的概率;另一方面,对作为社会成本而不是私人成本的经济损失进行救济,可以避免法律适用的结果扭曲投资,造成资源浪费的现象。

(四)市场状况与损失救济[①]

前文分析了对于作为社会成本的侵权损失进行救济具有效率上的正当性,接下来将进一步讨论如何判断商事侵权中的经济损失,主要讨

---

① 理论原理参见 W. Bishop, *Economic Loss in Tort*, Oxford Journal of Legal Studies, Vol. 2:1, p. 14 – 17 (1982); Richard A. Posner, *Common-Law Economic Torts: An Economic and Legal Analysis*, Arizona Law Review, Vol. 48:735, p. 736 – 737 (2006);张瀚:《纯粹经济损失的法经济学分析》,载《政法论坛》2020 年第 3 期。

论纯粹经济损失的性质是社会成本还是私人成本,以及赔偿该损失是否具有效率上的正当性。利润损失是商事侵权中纯经济损失的最主要的类型,侵权行为导致的纯经济损失是否作为社会成本,需要结合案发时的市场产能状况进行分析。毕肖普在其理论分析中结合市场需求的周期性特点,从行业产能和社会整体福利的角度分析发生在淡季和旺季的侵害行为的社会经济影响,为我们提供了一个宏观的经济分析思路,有助于我们理解侵权行为导致的利润损失的经济实质。对市场状况的分析,应当进一步局限于侵权案件发生时当地特定范围的区域市场。市场的供给和需求不仅具有时效性,也具有地域性,因此我们对影响纯经济损失是否应当赔偿的市场产能和供求状况的分析,具体来说不是针对社会的整个行业而言,而是结合侵权行为发生当地的、在侵权行为影响范围内的特定"区域市场"的状况,这样评估可能会更加准确。

1. 区域市场产能最大化的情形

市场需求具有周期性,存在淡季和旺季之分。在旺季时(如春运期间的客运),区域市场的产能一般处于最大化的状态,即企业都满负荷生产(进行供给),经营者的产能达到最大化。此时倘若该地发生商事侵权行为,使得某个或某些企业的生产经营被迫中断,无法继续生产商品或提供相关服务,该企业无法继续向市场贡献供给,供给曲线向左移动。由于市场已达到产能最大化的状态,短期内无论是遭受侵害的经营者还是其他同类的经营者,都不存在闲置的产能以满足消费者需求,区域市场的总供给数量减少,因此商品的价格将会上升,市场达到新的均衡状态(如图2-1所示,市场均衡点从 A 点转移到 B 点)。此种情形下,侵权行为造成了真实的社会成本,因为社会福利较侵权行为发生前有所减少。

具体而言,在区域市场处于产能最大化的状态下,由于商事侵权行为造成企业的生产经营中断,企业的产能减少,因此区域市场的供给减少,体现在图2-1中即该区域市场的供给曲线会向左移动。在区域市场需求不变的情形下,供给减少,区域市场的商品或服务的价格将会有所上升,使得市场的均衡点从 A 处移动至 B 处。也就是说,侵害行为将导致区域市场上商品或服务的供给数量由 Q_1 减少至 Q_2,使商品或服务的价格从 P_1 上升至 P_2。从图 2-1 中可以看出,侵害行为导致区域市场均衡点从 A 到 B 移动的同时,也反映了商品和服务的供给方和需求方通过市场交易所产生的社会剩余(community surplus)随之减少。在图 2-1 中即表示为需求曲线下方和原供给曲线 S_1 上方所组成共同的区域($C_1 + C_2$ 的面积)减小至需求曲线下方和新供给曲线 S_2 上方所组成共同的区域(仅剩 C_2 的面积)——侵害行为的发生导致该特定区域市场的社会福利减少,带来了社会成本。

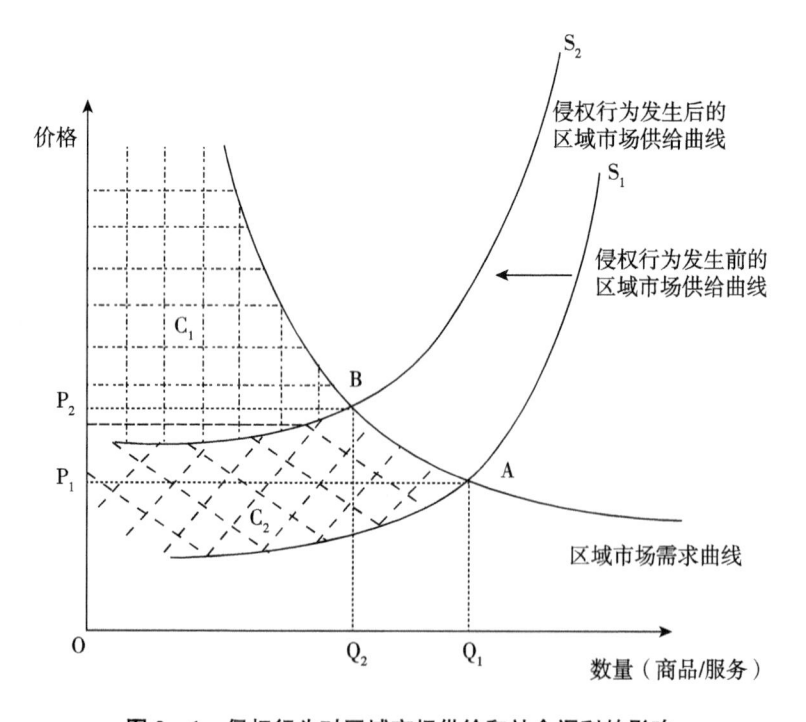

图 2-1 侵权行为对区域市场供给和社会福利的影响

资料来源:张瀚:《纯粹经济损失的法经济学分析》,载《政法论坛》2020 年第 3 期。

从短期来看,商事侵权行为妨害了市场中某个或某些企业的生产经营,直接导致短时间内该区域市场的供给减少,损耗一部分真正的社会资源。在区域市场已达到产能最大化、并无闲置产能的情形下,如要满足因侵害行为减少市场供给而导致的消费者空缺的需求,在区域市场中的企业(已满负荷的生产者)不得不购进更多的原材料、增加员工的工作时间或雇用更多的人手以提供更多的产品供给。要扩大产能需要投入相应的社会资源,但需求可能具有时效性,侵权行为发生后,即使后来追加投资、扩大产能使市场供给恢复,也来不及弥补因侵权行为发生所导致的社会合作剩余的减少。如受特定节日文化影响下的市场需求具有明显的时效性,延迟的未被满足的需求对于消费者和生产者来说将没有什么实质的市场意义。例如中秋节过后新生产的月饼、情人节后增加供应的巧克力、春运过后才修好的客运出租车、圣诞节后的圣诞树——这些在特殊时期经过后才恢复正常供给的商品或服务,已不可能实质满足之前的社会需求。从长期来看,由于价格上涨,将吸引其他企业进入该行业,更多的社会资源被投入以提高产能。然而,这些新增加产能本身会耗费一定的社会资源,并可能出现产能过剩的现象;另外,如果没有侵权行为,这些为弥补消费者需求而增加投资以提高产能的资源,本可以用于其他用途并带来相应的增值,但侵权行为带来的影响使这部分增值无从实现,某种程度上也可以理解为社会的损失,是企业选择追加投资所面临的机会成本(opportunity cost)。[①]

消费者延迟的、未被在特定时间内满足的需求,新增加产能所耗费的资源相关的机会成本,都与区域市场产能最大化的旺季时发生侵权行为所带来的真实的社会成本密切相关。在此种情形下,应当允许对此种纯经济损失进行赔偿,以维持对有效投资的激励(通过法律规则让事前

[①] See N. Gregory Mankiw, *Principles of Economics*, South-Western Cengage Learning Press, 2011. p. 54.

的投资者确信这种有效的营业保护)。但是不能对遭受纯经济损失的被侵权人进行过度救济(如对明显产能闲置的产业进行救济、滥用惩罚性赔偿和信义关系中的归入权等),防止生产经营者在不存在真实市场需求的情形下盲目(基于法律预期)追加投资,耗费不必要的社会资本(也是投资者的个人资本和整个社会的机会成本)扩大经营和产能。因此,在商事侵权行为导致经营利润等纯经济损失案件的司法裁判中,宜考虑并通过调查举证程序证明侵权行为发生的区域市场是否存在过剩的产能,在侵权行为导致真实的社会成本的情形下,对作为社会成本的纯经济损失部分进行赔偿,使法律适用的结果对经济社会产生最佳的效果。

2. 区域市场产能闲置化的情形

在区域市场存在产能闲置的情形下,发生侵害他人生产经营并导致纯经济损失的商事侵权行为,未必会产生真实的社会成本,而可能仅导致财富的转移。淡季时的市场供给大于市场需求,区域市场的产能处于闲置状态,短期内可以在不增加额外的投资、劳动力、社会资源等成本的情形下扩大生产。因此,即使发生侵害他人经营的商事侵权行为,导致某个或某些企业的供给减少,但由于该企业或者该区域市场的其他同类企业存在闲置的产能,此时调动商品库存或者充分利用闲置的产能,能够及时满足消费者的需求,而且也不会产生额外的成本。不同于旺季时的部分消费需求因供给的减少而无法被满足的情形,在行业不景气的淡季,消费需求能够简单、快速地被区域市场中的其他同类经营者吸纳,相当于遭受侵害的企业所丧失的经营利润被其他同类经营者赚取。这部分经营利润,对于遭受侵权行为侵害的企业来说是实际的损失,但是对于整个社会来说,仅是财富的转移,是遭受侵权行为侵害的企业的私人成本。

在区域市场产能未达最大化的淡季,对于非社会成本的营利性纯粹经济损失进行赔偿,似乎缺乏效率上的正当性,也会产生不良的制度激励。法院对这种情形的经济损失进行救济,其作用类似于一种特殊的经济补贴,会给潜在的投资者传递增加投资、扩大生产的信号,带来资源配置不当的风险。[1] 因为从长期来看,损失可以得到救济的规则将会刺激更多的企业进入市场,而其在进入市场增加产能的过程中,会消耗相应的社会资源,并将生产成本以商品价格的形式转移给消费者承担。但由于区域市场本来就存在闲置的产能,追加投资只会进一步增加市场供给,并使其远远超过真实的消费需求,造成社会资源的浪费。对非社会成本的纯经济损失进行赔偿,可能带来被侵权人的道德风险。作为本就处于产能闲置状态的经营者,其有可能会在发现自身的生产经营将会遭受侵害导致停产停业的风险时,扩大生产,以便在侵权诉讼中主张更多的经营利润损失的赔偿。对非社会成本的纯经济损失予以救济的规则,除了对被侵权人和其区域市场中的同类经营者产生不良的制度激励外,也可能会带来对潜在的侵权行为人过度预防的激励。潜在的侵权行为人出于自身承担过重的经营利润损失赔偿责任的考虑,可能投入过多的预防成本以避免其行为侵害他人经营的风险。然而这些过度的预防投入,也将导致社会资源的浪费。

本书中所讨论的商事侵权一般是不涉及人身权益侵害而仅涉及财产权益侵害的案件,基于商事侵权案件的这一特点,我们从社会成本的角度考虑侵权对整个社会造成的经济影响,并体现在商事侵权的制度安排和政策考量中,具有一定的合理性和正当性,也可以提升商事侵权制度安排的效率。

在商事侵权中,侵权行为经常会给作为市场主体的被侵权方带来经济利润损失等纯经济损失。例如,在商事欺诈侵权中,被侵权方因侵权方的欺诈行为作出错误决定,从而遭受纯经济损失;在侵害合同商事侵权中,合同因被他人故意干涉无法正常履行,原本通过合同可以获得的

---

[1] See W. Bishop, *Economic Loss in Tort*, Oxford Journal of Legal Studies, Vol. 2:1, p. 16 (1982).

预期经济利益丧失;在妨害经营侵权中,经营者的营业活动因妨害行为被迫中断,产生利润损失。在这些典型的商事侵权案件中,如何确定被侵权人的纯经济损失数额以及侵权行为人的赔偿责任,是颇具挑战性的问题。毕肖普和波斯纳等学者的法律经济分析范式,可以为该问题提供良好的解决思路,在后文关于具体商事侵权类型中的纯经济损失救济问题,笔者也将结合社会成本的效率视角进行分析。

第三章　信息型商事侵权的法律经济分析

一、信息型商事侵权的内涵与外延[①]

(一) 信息型商事侵权的界定

信息型商事侵权,是指在商业活动中,基于故意或过失导致信息失真之侵权行为,其往往会造成市场中交易成本之增加。信息与物质基于一定的逻辑结合,具有市场经济价值,能够影响市场主体作出经济决策。一方面,市场主体可能会面临信息过载之问题,过多的信息会导致信息疲劳、信息焦虑和信息过剩等一系列问题;[②] 另一方面,对于市场主体存在合理期待的信息披露,往往会存在难以披露、无法披露等情形。立法者应在何种程度上通过

[①] 关于商事侵权主要类型之一的信息型商事侵权行为,构成要件角度的分析具体参见张瀚:《商事侵权构成要件研究》,法律出版社2020年版,第43、46~99页。

[②] 参见[美]詹姆斯·格雷克:《信息简史》,高博译,人民邮电出版社2013年版,第8页。

法律制度,尤其是单行法与侵权制度之结合,对商业活动中的信息披露及合适的披露程度进行法律上的规制——这意味着哪些信息是法律允许隐瞒的,哪些信息是法律要求被主动问及时才需要做出真实答复的,这些问题的解决都需要通过信息侵权制度对信息披露行为的合法界限进行必要的界定。

市场主体对交易信息的掌握程度,影响其在合同谈判中的地位以及从谈判中所能够获得的经济利益大小。既然信息主体对信息的掌握程度影响着市场主体的经济决策和经济收益,因不知晓与交易有关的必要信息,或者知晓与真实情况不符的错误信息,将引导接收该信息的主体作出偏离正常水准的商业决策,进而遭受经济损失。信息型商事侵权即是在探讨因市场主体间信息传递和披露活动而造成的基于信息问题之侵权行为。因行为人故意或过失导致的错误、不实信息在市场主体间的传递,导致部分本应在交易双方间传递的真实有效信息没有及时传递,可能加剧市场主体间信息的不对称——通过提升市场主体交易成本之方式扭曲了正常的商业市场交易。侵权行为不仅损害了直接参与交易的市场主体的经济利益,也会降低市场作为资源配置基础方式的效率。如果《民法典》侵权制度和相关商事单行法的强行性规范,不对这种信息扭曲之情形进行调整,则可能意味着信息层面上的市场失灵。

(二)外延类型举要

1. 故意侵权:商业活动中的欺诈侵权

与一般侵权行为相同,信息型商事侵权行为也有故意侵权和过失侵权之分。行为人故意实施的信息型商事侵权行为,类似于我国民法上规定的欺诈行为,只不过对于发生在商事领域的信息型商事侵权行为而言,符合该侵权构成要件的侵权行为与民法上一般的欺诈行为,在构成要件、损害结果和责任承担等方面存在一定的区别。

从比较法的视角出发,美国侵权法中的"不实陈述"(misrepresentation)概念不能等同于大陆法系语境下的欺诈,作为侵权行为的不实陈述,源于普通法系中的欺骗行为,美国侵权法将不实陈述行为归纳为一种特殊类型的侵权行为,并具体区分了不实陈述的几种行为类型。对于行为人故意进行的不实陈述,美国《侵权法重述(二)》中规定了"欺诈性不实陈述"(fraudulent misrepresentation)、"隐瞒"(concealment)以及"不披露"(nondisclosure)三种典型的行为,并明确了相应的侵权构成要件和侵权责任。根据美国《侵权法重述(二)》的相关规定,欺诈性不实陈述,是指行为人欺骗性地对事实、意见、意图或法律作出不实陈述,诱使他人因信赖该事实、意见、意图等进行相应行为。① 隐瞒行为,又称"欺诈性隐瞒"(fraudulent concealment),是指交易的一方通过隐瞒或其他行动故意阻止另一方获得重要信息。② 欺诈性隐瞒行为通常表现为以下两种方式,但不仅限于这两种情形:一是行为人故意隐瞒(concealment)与交易有关的重要信息(material information),③导致交易的对方当事人遭受经济损失;二是行为人通过声明某些事实不存在或者采取阻碍交易相对人获得与交易有关信息的方式,使得与交易有关的重要信息没有被披露(disclose),④进而导致交易相对人遭受经济损失。不披露,则是指负有披露义务的行为人未以合理谨慎的态度向交易相对人披露相关重要信息的行为,为此行为人应当根据法律规定承担相应的未履行披露义务的责任。⑤ 显然,主观状态、信息的重要程度、对信息的影响手段,都会影响这类侵权的类型化研究。

我国民商合一的立法结构,没有将欺诈作为一种独立类型化的侵权行为,但是法律也没有排除通过侵权制度进行救济的思路——甚至从案由的角度来看,违反法定信息披露义务的行为,都可以归属于广义之侵

---

① See The American Law Institute, Restatement 2d of Torts §525.
② See The American Law Institute, Restatement 2d of Torts §550.
③ See The American Law Institute, Restatement 2d of Torts §550 Comment a.
④ See The American Law Institute, Restatement 2d of Torts §550 Comment b.
⑤ See The American Law Institute, Restatement 2d of Torts §551.

权。我国《民法典》侵权责任编未明确将欺诈行为作为一种分则中独立的侵权行为类型,法律和相关司法解释仅规定一些特殊领域的欺诈行为的侵权损害赔偿责任,如证券虚假陈述的侵权责任,又如,消费者权益保护领域的经营者欺诈的侵权损害赔偿责任。然而,我国亦有学者认为欺诈行为本身亦可独立构成侵权行为,从而产生侵权责任。① 我国《民法典》在总则编第 148 条和第 149 条对欺诈行为的法律后果进行了规定,赋予受欺诈方基于形成权原理的撤销权,但并未直接规定欺诈方因欺诈行为给受欺诈方造成损失的民事赔偿责任。从解释论出发,除了欺诈行为本身可能会导致意思表示缺陷和法律行为效力瑕疵外,倘若行为也带来了损失,研究当然应当探讨损害赔偿,甚至未来法定化惩罚性赔偿之适用空间——这显然都需要在很大程度上基于侵权行为和侵权责任理论进行探讨。

笔者认为,基于信息失真的欺诈行为显然需要讨论相应之侵权责任,特别是发生在商事领域的欺诈行为,可以类型化为商事欺诈侵权这一具体侵权类型。此种发生在商事活动中的欺诈行为,通常是出于一方故意告知与事实不符的交易信息,或者未披露实质影响交易选择的重要信息,使得另一方在信息不对称的情形下作出了不利的行为选择。我们从侵权行为理论的角度讨论的欺诈,是广义上的具有违法特质的欺诈,而不局限于意思表示瑕疵这类效力问题。比如,故意欺骗相对方,告知对方虚假的信息,或者故意隐瞒关键性的真实信息等,其属于侵权行为及相关损害之范畴。由于故意不披露某些本应披露或披露时应具有真实性和准确性的信息的行为,在客观上会造成与欺诈相同或类似的效

---

① 参见张民安:《过错侵权责任制度研究》,中国政法大学出版社 2002 年版,第 543~544 页;徐志军、张传伟:《欺诈的界分》,载《政法论坛》2006 年第 4 期;杨巍:《略论欺诈的侵权责任——以合同法、侵权法对欺诈的不同规制为角度》,载《暨南学报(哲学社会科学版)》2010 年第 3 期;刘勇:《"欺诈"的要件重构与立法课题——以民法典的编纂为背景》,载《东南大学学报(哲学社会科学版)》2016 年第 5 期。

果,因此对在商事交易中负有披露义务却故意不披露相关信息的行为,与故意欺骗和故意隐瞒的行为,都可以置于商事欺诈行为之范畴进行探讨。究其本源是因为故意乃至放任故意之主观状态,同样可以承载于作为与不作为的行为外观之中。

对于商事领域的欺诈侵权这一侵权行为类型的规范目的、构成要件和损害赔偿,在我国并无明确之单行法进行规定,在《民法典》侵权责任编的适用中通过解释论的路径确立和完善与该侵权行为类型相关的裁判规则,回应商事实践和司法审判的现实需求,似乎也是一种具有价值的思路。

2. 过失侵权:过失不实陈述侵权

行为人在商事交易中进行不实陈述,向他人提供不实信息,可能存在故意欺骗对方以牟取不正当利益的意图;也有可能是由于不知情或者疏忽导致作出了不实陈述的客观行为。对于行为人非因欺诈作出的不实陈述,美国《侵权法重述(二)》主要规定了过失不实陈述(negligent misrepresentation)①和无恶意不实陈述(innocent misrepresentation)②两种类型,如给他人造成经济损失,进行不实陈述的行为人也应当进行赔偿。从比较法的角度考虑,不同国家有不同的侵权细分类型,但是如果能够结合主观与客观方面的具体类型,进行类型化的立法和裁判规则构建,则是一种较为稳健的法律适用思路。

在信息型商事侵权中,行为人基于过失作出不实陈述或者提供不实信息,也属于信息型商事侵权之范畴。此种类型的侵权行为,多是由于行为人的疏忽大意导致没有尽到应尽的信息披露义务,或者太过相信信息的准确性和真实性,由于过于自信对关键信息作了不实陈述。过失的认定很大程度在于和信息披露相关的注意义务标准,这种注意义务的标

---

① See The American Law Institute, Restatement 2d of Torts §552.
② See The American Law Institute, Restatement 2d of Torts §552C.

准会因为对过错认定的影响进而影响侵权的成立,同时又会影响责任范围的大小。

相较于以欺诈的故意进行的不实陈述,基于过失的主观状态进行不实陈述的行为人的主观恶意较轻,因此若要行为人承担过失不实陈述之侵权责任,对过失不实陈述侵权行为的构成要件和损害赔偿的范围之把握要相对严于故意侵权之情形,以免过分加重行为人的损害赔偿责任,产生过度预防的不良激励。过失不实陈述造成的损害所对应的赔偿范围,不应超过作出过失不实陈述之行为人在作出陈述行为时可以合理预见的损害范围。

二、信息型商事侵权的认定:作为渊源的《民法典》与商事单行法

信息型商事侵权作为一种侵权行为,也应当符合侵权行为的基本理论——须具备违法性、过错、损害结果和因果关系这4个方面的构成要件。但其作为一种特殊的侵权行为类型,我们亦需在学理上注意其可能存在的一些特殊性。虽然我国《民法典》侵权制度中尚未将欺诈作为侵权行为进行专门的类型化规定,但《证券法》等商事单行法已对证券市场的虚假陈述行为作出规定。这些规定自然会对侵权的违法性、过错和因果关系等方面的认定,产生法律渊源意义上的影响。在分析信息型商事侵权行为的构成要件和侵权责任时,需要立足于我国《民法典》侵权责任编和相关的商事单行法的立法内容,并结合法律解释学的方法和侵权行为包含违法性在内之基本理论,构建信息型商事侵权这一特殊侵权类型的裁判规则。

对于信息型商事侵权行为的认定,笔者认为应综合以下几个方面进行判断:一是行为人是否实施了欺诈行为或者过失不实陈述的行为;二是是否存在合法权益遭受侵害的受害方;三是行为人的欺诈行为或者过失不实陈述行为与受害方合法权益遭受侵害之间是否存在因果关系;四是行为人是否具有主观上的过错。

(一)行为人实施了欺诈或过失不实陈述的行为

虽然从外观来看,信息型商事侵权行为人实施的欺诈或者过失不实陈述行为,都是导致真实交易信息未能在相关市场主体间有效传递的侵权行为,但是根据行为人主观过错的不同,故意实施的信息型商事侵权(典型的如欺诈侵权),以及过失实施的信息型商事侵权(典型的如过失不实陈述侵权),在行为方式和具体认定上也存在很大的不同,因此在认定时要注意加以区分。

1. 欺诈行为的典型行为模式

根据行为方式和表现形式的不同,故意不实陈述的行为,典型如欺诈行为,主要表现为以下几种方式:一是在交易的过程中故意欺骗对方,对与交易有关的可能影响交易方选择的信息,故意作出与事实不符的陈述,以使对方信赖自己提供的不实信息并作出某种行为选择;二是故意隐瞒与交易有关的可能影响交易方选择的信息,通常是隐瞒交易标的之缺陷或者其他不利于己的情况,以使对方信赖自己的不实陈述并作出特定行为选择;三是在交易中负有披露义务的行为人故意不披露与交易相关的实质性信息,使相对人在信息不充分的情况下作出行为选择。

(1) 故意提供虚假信息

故意作出与事实不符的陈述,告知对方虚假信息的行为,是典型的欺诈行为。该行为与我国民法中故意告知对方虚假情况诱使对方当事人作出错误意思表示的欺诈行为,在实质上没有差异,都是以积极的作为方式欺骗对方,以实现自己特定的不当意图。这种意图既可能是希望通过损害他人的合法利益为自己谋取利益,也可能是出于故意报复他人、使他人遭受经济损失的目的。在商事活动中,市场主体可能为了成功获取缔约机会、争取客户,而故意对自己的经营资质、专业能力以及产品或服务的功能、质量等进行过分的吹嘘甚至不实的陈述。然而由于交易双方在身份地位、专业知识和经验等方面的差异,双方在各自掌握的与交易相关的信息方面存在天然的信息不对称——掌握更多与交易有关信息的一方故意告知对方虚假信息,对方往往难以判断该信息的真实性(或者判断其真实性有较高的交易成本)。在一定信息交换的博弈中,特定当事人自身很难通过其他途径获取相关信息,通常会选择相信交易相对人提供的信息,与之达成交易或者作出特定投资决策。除了以直接、明示的方式告知虚假信息外,行为人也可以通过间接、暗示的方式,因间接或者暗示的行为方式在特定的交易环境中也能够产生与行为人直接告知虚假信息相同的"欺诈"效果。

行为人对交易相对方所作模棱两可的表述或者不完整的表述,也可能构成欺诈。① 如果行为人明知与交易有关的某个事项可以有两种解释,其中一种解释是真实、正确的,另一种是虚假或者不准确的,但是故意不告知真实的、正确的解释,选择对相对方作出模棱两可的表述,行为人此种模糊的表述在特定语境下对相对方具有一定的误导性,进而可能产生与行为人故意告知虚假信息的行为相同的欺诈后果。交易中的一方当事人对另一方所作的不完整的陈述,或者是半真半假的陈述,如果该种陈述具有相当程度的误导性,行为人故意作出不完整陈述或者半真半假的陈述的行为,也可以推定与故意欺骗对方的行为一样,存在被认定为欺诈行为之可能性。现实中,行为和表述的区分有时候存在极其模糊的界限,行为和表述都可以传递信息。值得注意的是,这里的信息需是与交易相关的关键性信息。这种信息往往是关键性的事实或者可能促成交易判断的实质性事实信息。如果行为人作出的误导他人的陈述中涉及的信息并不是影响交易判断的关键重要信息,要避免过于轻易地认定为侵权行为。

(2) 故意隐瞒重要信息

提供虚假信息与积极地故意隐瞒重要信息存在一定之区别。除了在交易中故意告知相对方虚假信息外,故意隐瞒与交易有关的、可能会影响交易方选择的重要信息,或者通过其他行为或手段故意阻止交易的相对方获取与交易有关的重要信息,也会导致交易方基于错误或者不充

---

① See The American Law Institute, Restatement 2d of Torts §527, §529.

分的信息作出不正确的交易选择,进而遭受物质或纯粹经济意义上的损失。此种行为模式的不实陈述,与行为人积极地告知对方虚假信息的故意欺骗行为的不同之处在于,行为人意图通过隐瞒或者其他手段掩盖真实的信息,使交易的对方无法知晓真实的信息。行为人所欲隐瞒的信息通常是对行为人不利的信息,如交易物存在的缺陷、行为人本身并不具备相应的专业能力或资质等。这些对于行为人来说不利的信息,倘若为行为人的交易相对方所知晓,该交易的相对方往往不会选择与行为人进行交易。积极隐瞒重要信息的行为主体,不一定是要直接参与交易的合同缔约方。商业中介机构,也可能成为这种侵权行为的行为主体。例如,有的商业中介机构,主动协助卖方,对不动产存在的肉眼可见的漏水等瑕疵,进行装修粉刷掩盖行为,就是一种积极的掩盖行为。

(3)故意不披露实质性信息

故意不披露实质性信息,其本质是违反了对特定实质性信息的法定披露义务。但是在实践中,哪些信息属于需要法定披露之范畴,不能简单地通过法律进行列举,否则目的解释等法律解释手段将被架空。但是同时也不能完全没有直接的法律依据,否则可能会导致披露义务之过度扩张。

商事领域中的信息不披露,是指负有信息披露义务的市场交易主体,对于应当披露的信息不进行披露的行为。不披露是行为人违背自身负有的信息披露义务,不告知与交易相关的实质性信息的行为。欺骗、隐瞒和不披露行为虽然都可能造成相关真实信息未能为交易中的一方所知晓的结果,但三者之间存在一些法律上的区别。三种行为的主体是否存在披露义务上存在差异,构成不披露的行为要求主体负有披露义务而不履行该披露义务,而故意欺骗或者故意隐瞒的行为则不要求行为主体负有披露义务。三者在行为特点上也存在差别——欺骗是指行为人主动告知他人与事实不符的信息,隐瞒是指知晓信息的一方掩盖事实真相不让他人知晓,此两种行为在一般情形下均是行为人故意为之,可以体现行为人主观上的故意和恶意。行为人所欲欺骗和隐瞒的信息,通常是对己方不利的信息,因此行为人想要欺骗交易相对方或者设法隐瞒。不披露,则是指知晓信息的一方不告知负有披露义务之信息,强调违反义务行为的客观结果。行为人未合理尽到信息披露义务,可能导致相对方遭受经济损失。

①不披露行为的特质

交易的一方并不需要将与交易有关的所有信息都向交易的相对方进行披露。负有特定的信息披露义务,是行为人在因不履行该信息披露义务而导致他人遭受经济损失时需要承担侵权责任的前提。这种情况也存在外国制度之例证,例如,美国《侵权法重述(二)》中规定的"不披露的责任"也以交易的一方负有披露义务为前提,即除非交易的一方负有法律规定的披露义务,否则其不需要为交易的对方当事人因其没有披露相关信息而遭受的损失负责。① 因此披露的前提是对特定的信息负有披露义务,否则也就谈不上对披露义务之违反。

对于应当披露的信息,披露主体应当做到真实、完整、准确和及时地披露——这种要求也存在于特别法中,如真实、完整、准确和及时,也是证券领域信息披露的原则性要求。② 负有披露义务的主体在履行披露义务时,在义务上应保证其所披露的信息的真实性、完整性和准确性,既不能披露虚假的或者不准确的信息,也不能只披露部分关键性信息。在披露的时间方面,要求披露主体及时进行披露——这表明信息具有时间上的属性。市场情况瞬息万变,商业机会也稍纵即逝,因此披露还和时间点有关,负有披露义务的一方要及时披露,因为及时掌握相关信息对市场主体的商业决策至关重要,特定信息显然对意思表示具有实质性之影响。倘若没有及时披露相关信息而导致交易的相对方产生损失,披露

---

① See The American Law Institute, Restatement 2d of Torts §551 Comment a.
② 参见董安生主编:《证券法原理》,北京大学出版社 2018 年版,第 126~128 页。

主体则存在承担责任之风险。

②沉默与披露义务

对于负有披露义务的主体,其保持沉默的行为也可能构成欺诈,这同样是值得探讨之内容。法国、德国、日本等都认可行为人的沉默在一定情形下构成欺诈。法国法律规定沉默可以被理解为一种消极的欺诈。① 法国审判中,"在合同相对方不可能自行了解合同的某一有关事实的情况下,当事人保持沉默而不将该事项告知相对方,其行为构成欺诈,合同无效"。② 笔者认为,行为人因信息披露导致合同无效与信息型商事侵权,是既有联系又有区别的。法院认定合同无效,不等于剥夺了受损方基于侵权请求救济之权利——成立侵权责任与合同是否有效,并不存在必然的法律意义上的因果联系。

在比较法上沉默对于欺诈的成立有较为深远之影响。沉默作为欺诈行为的普遍行为类型之一,在法国被判例确立下来,法国判例上确定的沉默亦构成欺诈的原则,需满足一定的条件,即合同的当事人负有特定的告知义务,其应当将相对方不可能了解的事项告知对方。③ 在德国法上,沉默行为在行为人负有说明义务的情况下,可以构成缔约过失——行为人明知负有说明义务而故意沉默,则可能构成恶意欺诈。④ 在日本,多数学者亦认为单纯的沉默行为通常不构成诈欺,但是依据法律、契约或交易习惯负有告知义务的事项而不告知的,则属于诈欺。⑤ 因此从比较法角度来看,沉默行为可以构成信息型商事侵权之欺诈,在

---

① 尹田:《法国现代合同法》,法律出版社1995年版,第87页。
② 尹田:《法国现代合同法》,法律出版社1995年版,第87页。
③ 告知义务常常与合同当事人在专业能力上的差别有关;至于相对方"不可能自行了解",只需要相对方了解该事项确有"严重困难"即可。参见尹田:《法国现代合同法》,法律出版社1995年版,第87~88页。
④ 参见[德]迪特尔·梅迪库斯:《德国民法总论》,邵建东译,法律出版社2013年版,第262页。
⑤ 参见胡长清:《中国民法总论》,中国政法大学出版社1997年版,第247页。

部分国家存在制度上的历史渊源。

对于沉默是否构成合同法上的欺诈,我国也有学者持肯定的观点,认为在行为人负有告知、说明或者披露义务的情形下,其沉默行为亦构成欺诈。① 在司法裁判中,法院也认可单纯的不作为即沉默构成欺诈,认为"欺诈行为包括负有告知义务时的不作为"。② 我们认为合同意义上与意思表示相关的欺诈,主要影响的是合同的效力问题——这种认定不能直接等同于成立信息型的商事侵权,因为考虑意思表示与考察侵权构成存在差异性的底层逻辑。但是,如果被认定为欺诈导致合同无效,有助于认定存在侵权构成要件意义上的过错和违法性等要件。在侵权的因果关系构成要件的认定上,可以认为造成合同落空和可得利益损失的损害结果,与行为人的行为之间存在法律上的因果关系——此时的合同落空,甚至具有了损害结果之侵权成立,乃至责任范围上认定之意义(如结合可得利益损失之理论)。

在传统大陆法系法律制度中,"只有在存在一项作出某种行为的法律义务时,不作为才能产生责任"③——单纯的沉默行为在通常情形下不构成侵权,但是沉默如果违反了特定的法律义务则可能构成侵权。在行为人负有披露义务之情形下,其保持沉默,不履行相应的披露义务,其

---

① 参见韩世远:《合同法总论》(第3版),法律出版社2011年版,第186页;张淳:《浅议对告知义务不履行与沉默欺诈》,载《南京大学法律评论》2001年第2期;牟宪魁:《说明义务违反与沉默的民事诈欺构成——以"信息上的弱者"之保护为中心》,载《法律科学(西北政法学院学报)》2007年第4期;王姝文:《协作义务视角下商业特许经营合同订立中的信息披露义务》,载《东北师大学报(哲学社会科学版)》2019年第6期。虽然学者是针对合同缔约过程中的当事人一方的沉默行为,结合合同法框架下当事人的说明义务和披露义务进行分析并得出前述结论,笔者认为这一分析思路亦适用于侵权领域中沉默与不披露侵权的关系。

② 参见《邓某某诉上海永达鑫悦汽车销售服务有限公司买卖合同纠纷案》,载最高人民法院公报官网,http://gongbao.court.gov.cn/Details/d6452ddbd3648e462c8b81408ba69e.html?sw=%e6%ac%ba%e8%af%88,2023年10月19日访问。

③ [德]马克西米利安·福克斯:《侵权行为法》,齐晓琨译,法律出版社2006年版,第79页。

实是以一种不作为的方式侵害了他人的权益,因此在满足其他侵权构成要件的情形下,亦可成立欺诈侵权。具体而言,行为人明知交易相对人对与交易有关的重要事实产生误解,而且误解的事实涉及行为人依据自身负有的披露义务应当披露有关事项,却保持沉默不主动披露相关信息,任由相对人基于错误认识进行决策,这是一种经典的侵权模式,法律研究应当予以讨论。行为人这种消极不作为的沉默应对,没有选择主动披露相关信息以纠正相对人由于对相关事实的不了解和对相关信息的不知情而产生的错误认知的行为,一方面,违反了披露义务的要求;另一方面,也实际上利用了相对人的错误认知并在客观上不合理地"诱导"或放任相对人作出错误选择和决策。

③披露义务的来源与渊源

构成不披露行为,行为人须负有相应的披露义务。披露义务的有无,直接关涉行为人的行为是否构成侵权,以及是否需要承担不披露的侵权责任。因此在具体案件中判断当事人是否具有披露义务,是认定行为人不披露相关信息的行为是否构成对披露义务的违反,进而应当承担不披露的侵权责任的前提。此即涉及披露义务的来源问题——本质上的来源,实际上是在寻求披露义务法律上的渊源根据。披露义务可能是源于法律的明文规定,也可能源于当事人之间的约定,甚至是行业的交易习惯、惯例。①

法律规定是披露义务的主要来源之一。如果法律中明确规定当事人负有披露义务,那么当事人应当遵从该法定的披露义务,否则将可能承担相应之法律责任,这点在学界似乎不应存有争议。有学者认为,我国关于"不得故意隐瞒与订立合同有关的重要事实"的立场,即创设了一

---

① 《民法典》第 10 条规定:"处理民事纠纷,应当依照法律;法律没有规定的,可以适用习惯,但是不得违背公序良俗。"

种"一般性缔约信息主动披露义务"。① 如果这种所谓的一般性缔约信息主动披露义务成立,则其也有可能构成侵权违法性之渊源。故意隐瞒和不履行披露义务是两种不同的行为,二者之间存在差别。由于披露义务所涉及的内容广泛,相应的披露义务的法律渊源也较为繁杂,实践中涉及不同层次的法律。关于披露义务的统一规则至少应包括披露义务的主体、信息披露的范围和信息披露的具体操作要求等多方面之规定和裁判规则细节。我国立法尚未设立关于披露义务的完整性、系统性的规则——因此通过理论研究,对披露义务之体系进行明确,具有法理上和法律适用上的现实意义。在一些特别法领域中,对披露义务似乎有着相对翔实的规定,但其规定显然不能为所有披露行为自如而任意地进行参照。例如,证券领域的信息披露制度也许是我国目前已经建立起来的系统较为完善的,针对证券领域的信息披露制度。《证券法》第78条、②《上市公司信息披露管理办法》第3条③以及相关的其他规定,均明确规定了证券领域中负有披露义务的主体以及信息披露的具体要求。对于其他交易领域,信息披露制度未必如上述领域之规则精细,目前已有的关于披露义务的内容散见于一些针对特定领域和特定问题的法律规范中。对于商业特许经营,《商业特许经营管理条例》和《商业特许经营信息披露管理办法》对该领域中特许人的信息披露问题作了规定,《商业特许经营管理条例》第22条和《商业特许经营信息披露管理办法》第5条详细规定了特许人信息披露的具体内容——这种列举性的披露义务在

---

① 参见曹兴权:《民商分立视野下的缔约信息主动披露义务》,载《河南社会科学》2017年第6期。
② 《证券法》第78条第1款和第2款规定:"发行人及法律、行政法规和国务院证券监督管理机构规定的其他信息披露义务人,应当及时依法履行信息披露义务。信息披露义务人披露的信息,应当真实、准确、完整,简明清晰,通俗易懂,不得有虚假记载、误导性陈述或者重大遗漏。"
③ 《上市公司信息披露管理办法》第3条第1款规定:"信息披露义务人应当及时依法履行信息披露义务,披露的信息应当真实、准确、完整,简明清晰、通俗易懂,不得有虚假记载、误导性陈述或者重大遗漏。"

司法实践中,可以减少法官进行自由裁量之压力。对于作为披露义务来源的法律,不应仅仅将其限定为《立法法》意义上狭义的法律——除了全国人大及其常委会制定的法律,行政法规、部门规章以及行政机关为执行法律而制定的其他规范性文件,也可能被作为披露义务的法定来源。如果该披露义务在法律性质上被认为是一种管理性的规定,其在调整双方当事人的关系中是否可以作为一种法定披露义务的来源,则需要结合具体案情进行商榷。在法律适用中应当考虑法律规则对于平衡双方当事人之间法律利益的立法目的和制度效果——必要时需要结合历史解释,探寻公法性社会管理功能以外的其他立法目的。

  披露义务在涉及对世性理论的侵权责任讨论中,似乎也可以来源于当事人的约定,这为相关理论研究提供了空间。在交易过程中,当事人往往会对与交易有关的事项进行约定,除了传统的交易标的、价格和数量等事项外,当事人自然也可以对双方应当诚实地披露相关具体信息,以及倘若交易的一方当事人没有诚实进行信息披露的责任等事宜进行约定。如在房屋交易中,当事人可以在合同中约定卖方信息披露的具体要求,甚至可以具体到卖方应当对该房屋是不是"凶宅"、是否存在白蚁或漏水等情形进行信息披露,在违反披露义务之情形下,则应当承担相应的赔偿责任。如果卖方没有披露上述信息,买方在购买该房屋后才知道房屋存在缺陷,卖方对合同中约定的其应当披露的信息没有进行披露,则卖方应当为其没有履行约定的披露义务而导致买方遭受的经济损失进行赔偿——这种赔偿可以基于违约理论,但不排除存在侵权之情形,尤其是对合同外第三人之侵权。另一个值得探讨的问题是,如果一个合同存在效力待定或可变更或撤销之情形,合同当中关于披露义务之约定,是否就完全彻底地不能作为侵权行为中法律适用的参考依据?笔者认为不能一概而论,意思表示即使存在瑕疵,也不能完全否定其在侵权认定中的影响。一方面,效力待定、可变更或可撤销之约定,未必就表明该包含披露义务约定之合同一定会处于自始无效的状态,在实务中,最终这个合同是否彻底无效,还需要经过司法判断。另一方面,即使有的合同后来没有生效或者被撤销,其涉及的披露义务在侵权之诉中,仍然可以具有一定程度的证据价值,甚至在一定程度上反映双方当事人对于相关披露义务的主观态度和对相关义务的知悉程度。信息型商事侵权之认定,不应以相关合同的生效为构成要件,合同之订立更多的是作为一种证据或背景信息出现。这里还涉及信息型商事侵权和缔约过失竞合的法律问题,一般认为侵权行为的主体较广,包括但不限于《民法典》规定的缔约过失的主体。

除法律规定和当事人的约定外,交易习惯、行业惯例中通常也可能涉及交易中当事人的信息披露问题。交易习惯、行业惯例是随着人们的交易实践发展而来的,对于从事专门领域和行业的交易活动的当事人来说,是具有一定普遍性的规则。关于习惯的法律效力,《民法典》第10条关于"法律没有规定的,可以适用习惯,但是不得违背公序良俗"的表述,其实已经在客观上肯定了习惯之渊源效力。倘若对于某一具体交易类型的披露义务要求,既没有法律的相关规定,当事人的约定中也并未涉及,那么该领域信息披露的相关交易习惯或者行业惯例,可以作为衡量当事人信息披露义务的有无和是否尽到了相关披露义务的重要标准。

法律原则也可能是披露义务的来源,其中特别有意思的是诚实信用原则——此原则在民法和商法中都具有重要意义,但是在法解释学上和审判运用的思路上,可能有着不一样的侧重点。[①]《民法典》第7条规定:"民事主体从事民事活动,应当遵循诚信原则,秉持诚实,恪守承诺。"诚实信用作为基本原则,对民事主体间的行为具有指导和约束作

[①] 例如,对于"童叟无欺"这一体现诚实信用原则的概念,民法更多的是从一般民事道德的角度强调不能欺骗弱势群体,而在商法层面上就可能和商誉以及商业准则行业规范有关。

用。① 在债法上,当事人在合同缔约前的磋商阶段就对相对方负有告知、说明、保护和协助等附随义务,这种附随义务皆是诚实信用原则之派生。此种基于诚实信用原则派生的告知义务,属于一般的、具有普遍适用性质的告知义务。② 在缺乏具体法律规则或交易习惯之情形下,交易的当事人应当遵守诚实信用原则,满足交易相对方的合理期待,向对方披露其所掌握的与交易有关的实质性信息,以避免交易的当事人遭受不必要的损失——法官在判断当事人在具体的交易过程是否负有披露义务以及信息披露的范围时,也可以依据诚实信用原则的要求,在对当事人之间的利益进行充分衡量的基础上加以确定。

④实质性信息标准

实质性信息是判断信息型商事侵权的重要依据——具体之法律规则不可能对每种交易的披露义务要求作出具体规定,当事人也不可能对与交易相关的应当披露的信息进行事无巨细的提前约定,判断何谓实质性信息就成为认定侵权的重要部分。若是法律明确规定或者当事人明确约定了信息披露的范围等之具体要求,则按照相关规定或者约定履行披露义务即可,问题关键在于,如果对特定信息并未披露,是否可能作为认定侵权中过错或违法性之内容。倘若当事人对特定信息是否属于应当披露的范围有争议,法律没有明确规定(或仅仅基于法律原则进行了笼统的规定),当事人也没有就此进行约定,那么如何判断该信息是否应当披露,其是否可能构成认定侵权之关键信息,则成为法律需要规范之重要内容。不同领域的交易模式和特点各有不同,不同交易类型中交易当事人应披露的信息也应有所不同,这是不同领域商事主体,基于特定行业、专业程度的相关的差异造成了在个案中对实质性信息认定之差

---

① 参见魏振瀛主编:《民法》(第5版),北京大学出版社、高等教育出版社2013年版,第20~21页。

② 参见张淳:《浅议对告知义务不履行与沉默欺诈》,载《南京大学法律评论》2001年第2期。

异。确立如何判断信息是否属于应当披露范围的裁量标准,明确所谓的实质性信息之标准,应该是所有违反披露义务之侵权类型所应共同重视之裁判内容。笔者认为,确定信息披露义务中属于应披露范围内的信息,应当在裁判中考虑该信息与特定市场之关联,充分思考可能会影响交易当事人的决策或行为选择的重要信息。应披露的信息需要满足实质性的要求,即这种信息对于交易结构之形成和当事人之权益有着较为关键之影响。商事单行法等法律明文规定的属于关键性信息的内容,在司法裁判中更需要被认定为需披露之信息。

实质性信息标准,也有着限制侵权责任在司法实践中过度扩张的功能。对于能够独立实施法律行为的民事主体要求其具备一定的智力水平和认知能力,能够意识到自己行为的意义并为自己的行为承担责任——其中当然包含了对交易相关之实质性信息收集与判断之基本预期。民商法作为私法,固然需要充分尊重当事人的意思自治,这种意思自治之语境的潜台词,包含民事主体做出具体的民事法律行为,应当自主决断并为自己的决策负责。具体而言,交易的双方当事人都有自己调查核实与交易有关的重要信息的担当,并承担根据自己收集的信息作出行为选择与意思表示可能带来的后果与风险。完全依赖交易的相对方提供所有信息,或者苛求交易的相对方披露其所掌握的所有信息,既不符合法理之预期,也缺乏经济之效率。

从法律经济学的角度来看,交易中一方拥有的信息比另一方的信息更充分的现象是普遍存在的(信息不对称具有普遍性),绝对消除交易双方之间的信息不对称,并非也不可能成为法律调整所应追求之目标。交易当事人所掌握的私人信息(单方面所知的信息),涉及的范围可能非常之广,如果全部进入司法裁判之视野并作为义务性法律规则所投射之对象,则不理智。其可能是当事人基于专业知识和从业经验而自然掌握的信息,也可能是当事人基于自己额外的调查所获取的信息——这些信息都需要付出一定的资金、时间和注意才能获取——这些都应被理解为法律经济学意义上的成本。具有优势信息和较好的商业头脑禀赋等"正当优势"是受到社会规范认可的,其中自然也包含了更好地处理信息之能力。具有信息优势的一方通常也会合理地期望交易相对方付出适当的时间和精力调查、获取相关信息,其不需要也没有义务弥补对方因懒惰、无知或判断能力低下等导致不能获取足够信息上的不足与缺失。① 制度设计不能因为追求信息完全透明的形式主义和所谓的绝对公平,要求具有信息优势的当事人主动完整地告知对方其掌握的全部私人信息。于是问题又回到了科斯的产权界定问题,世俗世界的法官似乎更为惧惮对其职业和声望可能构成影响的"公平故事"——倘若交易双方的信息严重不对称,导致双方在交易中的地位和优势实际上处于严重失衡的状态,且隐瞒的信息为关键性重要信息时,就需要法律进行必要之介入。通过强制规范要求相对的信息优势方善意地披露与交易相关的实质性信息,以弥补信息劣势方在专业知识水平和信息获取能力上的不足,避免信息优势方利用信息优势实施欺诈等机会主义行为。根据科斯的观点,侵权具有相互性,即行为人和被侵权人之间的权益界定需要法律界定。② 界定何谓侵权,即什么时候不披露特定的信息即构成侵权法律制度上的侵权,在产权制度界定上至关重要。这就意味着,即使在大陆法系国家,如果对特定信息之披露缺乏具体之规范,法官实质上也是信息交换中产权界定的"立法者"。

作为披露义务主体的信息优势方应当披露的特定信息,如果需要法律进行界定,则也存在一般法与特别法之间的博弈。这种法律界定有时需要法官依据诚实信用原则进行裁量,有时则需要诸如《证券法》、《中华人民共和国消费者权益保护法》(以下简称《消费者权益保护法》)等单行法予以明确细致的规定,以便给法官增加信心。关键性信息的认定

---

① See The American Law Institute, Restatement 2d of Torts §551 Comment k.
② See Ronald H. Coase, *The Problem of Social Cost*, The Journal of Law and Economics, Vol. 3:1, p. 1 – 44 (1960).

需要依据特定的法律渊源,其本质是制度性地对信息的披露范围进行必要限制——披露义务人作为非法律专家,更多的是根据诚实信用原则和其偶尔所知悉的法律之要求披露与交易有关的、能够影响当事人选择的实质性信息。

对于应当披露的信息的要求,美国《侵权法重述(二)》中是以披露方是否明知或应知相对方会认为该信息对决策重要的标准进行衡量的。《侵权法重述(二)》关于不披露的责任的相关理解,交易中的当事人只需要披露其有理由知道对方会认为该信息对在交易中作出行为选择而言系重要之信息——其他不重要的信息则不需要披露,除非当事人知道对方由于特定原因会认为那些在普通人看来是不重要的信息也具有重要性。[1] 这种论述过于抽象,还需要有具体的裁判标准。负有合理谨慎披露相关信息义务的主体,应当向相对方披露其明知可能会影响相对方在商业交易中作为或不作为之事项,具体包括:第一,披露义务方所知道的且对方因他们之间的信托关系或其他类似的信任关系而应当知道的事项;第二,披露义务方所知道的、具有误导性的必要事项;第三,虽然系事后获得的信息,但披露义务方明知该信息会使其事前陈述变得不真实乃至具有误导性的事项;第四,并非在披露义务方合理预期会得到执行的情况下作出的不实陈述,如果披露义务方后来得知相对方将在与其交易中依赖该陈述行事,则该种信息当然也转化为需要披露的关键性信息;第五,交易的基本事实,如果披露义务方知道对方因信息错误而将进行交易,而对方由于双方之间的关系、交易习惯等会合理地期望其披露这些事实。[2] 上述规则努力尝试进行类型化之列举,以便让法官对信息披露义务的裁判具有更多可遵循的规则,但也间接导致了关于信息的司法材料变得十分复杂,如时间的因素、事前事后的情形变化等都会导致

---

[1] See The American Law Institute, Restatement 2d of Torts §551 Comment c.
[2] See The American Law Institute, Restatement 2d of Torts §551.

对信息相关的裁判标准发生"位移"。

在德国法中,缔约过程中的说明义务和信息披露义务,是为了保护当事人免受"不当"合同之损害的题中之义。但如何认定交易中的一方当事人负担信息提供之义务,是准确裁判的重要前提。迪特尔·梅迪库斯(Dieter Medicus)指出,"法律必须对一方当事人在什么时候以及何种程度上必须向当事人提供信息作出规定",虽然部分法律中有关于信息提供义务之规定,但在多数情形下信息提供义务"必须通过利益权衡予以确定"。① 他进而指出应当结合三个方面进行权衡:一是享有必要信息的主体和获取信息之难易;二是信息对另一方之重要性;三是合理期待性。② 其中特别强调特定信息对相对人之重要性,这意味着并非所有的信息当事人都需要披露,其应当披露的信息至少应是对于另一方当事人而言系重要之信息。这启发我们,要充分地考虑要求披露信息一方的信息获取成本。

在何种信息应当进行披露的问题上,无论是比较美国侵权法规则,还是研究德国关于信息提供义务之理论,核心之一乃是关注特定信息对于交易的一方当事人而言是否在相关决策中具有重要性。此种"重要性"信息,系与交易相关的、对相对人实际作出交易选择而言,具有重要影响之实质性信息。对于何谓重要的实质性信息,美国侵权法是以披露主体之主观认知状态为标准,要求披露主体披露其明知或应知可能会对交易相对方的交易选择具有重要影响的信息;在以披露主体的主观认知状态为标准的基础上,通常是以"合理人"(reasonable man)标准判断交易相对方是否会认为某信息具有重要性。③ 这种标准显然具有一定的

---

① 参见[德]迪特尔·梅迪库斯:《德国民法总论》,邵建东译,法律出版社2013年版,第342~345页。
② 参见[德]迪特尔·梅迪库斯:《德国民法总论》,邵建东译,法律出版社2013年版,第342~345页。
③ See The American Law Institute, Restatement 2d of Torts §551, §551 Comment c.

合理性,也符合法律上的预期,同时也包含了一定程度的价值判断,合理(reasonable)和理性(rational)相较,最重要的差异在于其包含了价值观之判断。

笔者认为,对于特定信息是否会对相对方作出交易选择产生重要影响,进而被纳入司法判断,可考虑采用类似于"合理人"的判断标准,即以一个普通的合理人是否会认为该信息具有重要性为标准进行判断。个案的特殊性也会导致例外的情形,当受害方具有某些特殊之情形,以致某些对于一个普通人来说并不重要的信息对受害方作出交易选择具有举足轻重之作用,而负有披露义务的当事人明知此特殊情形,则相关之特定信息也属于应当披露之范畴。① 从比较法的视角进行审视,美国侵权法以侵权行为人的主观认知状态作为判断标准,实际上是在认定披露主体未完全履行披露义务时,是否将其主观过错纳入司法考量范围。其隐含的逻辑在于,如果对于特定信息,不披露的侵权行为人明知该信息对于交易的相对方来说是重要的,但没有披露,则其故意不披露的行为具有类似于大陆法意义上的可归责性——这种对特殊情形的察觉,显然需要对方当事人进行相当程度之举证。笔者认为,在我国,行为人只需要证明自己尽到了一般合理人的注意义务即可。而被侵权人作为受害方,需要承担对行为人明知其自身特殊情况之举证责任。

2. 过失不实陈述及其行为类型

信息型商事侵权行为中的过失不实陈述侵权,是指行为人在商事交易活动过程中并非出于欺诈之故意,而是基于过失作出不实陈述,导致受害方由于信赖该不实陈述而作为或者不作为,并因此遭受经济损失。② 因过失而向受害方提供不实信息,是构成过失不实陈述侵权的行为要件。由于行为人并非基于欺诈之故意而进行不实陈述,也非故意不

---

① See The American Law Institute, Restatement 2d of Torts §551 Comment c.
② 参见张瀚:《商事侵权构成要件研究》,法律出版社2020年版,第77页。

披露其有义务披露的信息,行为人因而并没有损害他人利益的意图,但由于自身的疏忽大意没有尽到合理的注意义务和谨慎义务,或者过于相信自己提供之信息的准确性和真实性,结果导致其对与交易有关的重要事项作了不实陈述——相较于故意的欺诈行为,过失不实陈述侵权的认定标准和责任范围似乎应更为严格,以限制其责任承担之过度扩张。

市场主体在正常的商业交易往来中可能会因为疏忽大意、表达失误等过失行为,向交易的相对方作出不实陈述。在交易中负有披露义务的一方本应该披露与交易相关的重要信息,但是由于其认为该信息不重要,未向另一方披露该信息——实际上该信息对于另一方来说是能够影响决策的重要信息。例如,某生产商在生产护肤品时添加了少量化学成分,但是生产商认为化学成分的添加量少而且大多数人使用该品牌的护肤品应不至于出现过敏的不良反应,便没有在该产品外包装的成分表中写明完整的成分列表,但是有些买家的下游客户(并非生产商的直接交易对象)对此种成分过敏,出现了比较严重的过敏症状——显然除了产品印刷标准上的披露义务外,该生产商对非直接的买方也负有披露义务,生产者应为其过失未披露相关信息的行为而对相关直接或间接的购买者的损失承担责任。具体而言,这里实质包含了两种损害,一种是产品直接造成的损害,另一种是因相关信息披露之瑕疵所导致的损害——前者侧重于产品直接造成的损害,后者侧重于因特定产品或服务没有和关键信息同时提供造成的损害。虽然两种损害都需赔偿,甚至存在学理上的竞合,但其责任承担的底层逻辑存在差异。

除了在一般商品的市场交易中,过失不实陈述还可以发生于为他人提供咨询和意见等专业服务的过程中。例如,受雇于某投资机构对某公司的财务状况开展尽职调查的会计师事务所没有仔细调查,在尽职调查报告中遗漏了该公司的一项重要的负债信息;再如,律师在给客户出具法律意见书时由于疏忽,给客户提供了已经废止的法律规范,进而未能充分向客户提示相关的法律风险。上述行为带来的风险,往往是作为信息的标的本身在真实性和专业性方面产生的问题,而不是与标的配套的相关说明产生了问题。但这种过失信息披露可能造成被告的不是合同的相对方,而是第三人(甚至是市场上不特定的第三人)遭受损害。

并非所有因疏忽的不实陈述都属于本书所讨论的过失不实陈述侵权行为之范畴。本书所讨论的过失不实陈述商事侵权行为,通常发生在商事领域,市场活动中的行为人和受害者因交易上的往来存在某种经济利益联系,行为人提出相关信息或者作出陈述通常是有偿的。① 正因为在有偿的商业交易活动或者咨询服务中,提供信息的一方能够从中获取相应的经济利益,故其应当尽到相应的注意义务,合理谨慎地提供尽可能真实、准确和完整的交易信息或咨询意见。在不存在金钱利益关系的无偿提供信息的场合,考虑到信息提供者并非出于恶意提供不实信息或者作出不实陈述,不宜要求其承担过高的注意义务。

结合比较法来看,过失不实陈述行为可分为疏忽性的过失不实陈述行为和无知性的过失不实陈述行为。② 美国《侵权法重述(二)》中规定了过失不实陈述(negligent misrepresentation)和无辜的不实陈述(innocent misrepresentation)的行为表现和责任问题。本书讨论的疏忽性的过失不实陈述和无知性的过失不实陈述,与美国侵权法上规定的前述不实陈述存在一定区别。本书讨论的过失不实陈述与美国《侵权法重述(二)》规定的过失不实陈述之部分共性在于,相对于行为人故意作出欺

---

① 也可以从比较法的角度进行探讨,美国《侵权法重述(二)》第552节规定了"为指导他人而过失提供信息"的责任,即任何人在其业务、职业或受雇过程中,或在他有金钱利益的任何其他交易中,若在获取或传递信息时没有采取合理的谨慎或能力,在指导他人业务交易时提供了虚假信息,则对他人因合理信赖该信息而遭受的金钱损失负责。可见,美国侵权法上的过失不实陈述侵权的构成,实际上要求行为人与受害方之间具有某种特殊的利益联系,行为人应当是在其能够获取相应经济利益的、与受害方进行往来的过程中,向受害方过失提供了虚假信息,并因此需要承担相应的责任。See The American Law Institute, Restatement 2d of Torts §552.

② 具体内容参见张瀚:《商事侵权构成要件研究》,法律出版社2020年版,第77~78页。

诈性不实陈述行为而言,其行为的主观和客观方面均存在差异。在过失不实陈述侵权行为中,行为人通常是出于疏忽大意或者过于自信,在提供信息的过程中没有尽到合理的注意义务和应有之谨慎义务,进而作出了不实陈述。我们将过失不实陈述的主要表现形式概括为疏忽性的过失不实陈述行为和无知性的过失不实陈述两种。实际上《侵权法重述(二)》中无辜的不实陈述只是针对销售(sale)、租赁(rental)或交换(exchange)交易中的不实陈述,在上述类型之交易中,即使针对某项重要事实的不实陈述并非因欺诈或疏忽而作出,作出该不实陈述的行为人仍须就另一方因有理由信赖该不实陈述而蒙受的经济损失负法律上的责任。[1] 其中值得斟酌的是,行为人对无辜的不实陈述承担责任的前提,是相关的交易须有对价,不能是完全无偿的。在我国《民法典》的语境下,基于公平原则,可以考虑对于行为人在没有商业性质的交易中所涉及的非故意性质的不实陈述,对其责任承担应采取高度谨慎的司法态度。

疏忽性的过失不实陈述行为,是指行为人在商业交易活动或者提供专业的咨询等服务中,因自身的疏忽大意而作出了不真实、不准确或者不完整的信息陈述,导致信赖该信息陈述的受害方作出特定行为选择,进而遭受经济损失之情形。无知性的过失不实陈述行为,则是指行为人在商业交易活动或者提供咨询等专业服务中,过于相信自身掌握的信息的准确性和真实性,但客观上提供给受害方事实上并不真实、准确、完整的信息,导致信赖该信息或陈述的受害方选择某种行为进而遭受经济损失。两者的区别在于,行为人在提供不实信息或者作出不实陈述时的认知情况存在差异。疏忽性的过失不实陈述行为人在作出陈述时对于其

---

[1] See The American Law Institute, Restatement 2d of Torts §552C. 也有学者把美国《侵权法重述(二)》中的"Innocent Misrepresentation"翻译成"无过错的不当表述",参见许传玺主编:《侵权法重述:条文部分》(第2版),许传玺、石宏、和育东译,法律出版社2012年版,第240页。

将要陈述的内容的真实性、准确性、完整性并不十分确信,其是在疏忽大意的情境下抱着所陈述的信息"应该"是真实、准确和完整的心态,向受害方作出陈述,并可以合理预期受害方信赖其陈述。而无知性的过失不实陈述行为人在作出陈述时,则是对自己将要陈述的内容抱有相当大的自信,真诚地相信自己的陈述是真实、准确和完整的,但是行为人的这种主观认知实际上偏离了现实情况,而其本人并未意识到。在我国《民法典》规定的侵权责任制度,以及相关商事单行法中,这种情形在主观上是否和过于自信之过失存在关联,是司法实践中需要进一步探索之内容。

3. 商事欺诈行为和过失不实陈述行为的共性

商事欺诈行为和过失不实陈述行为虽然在行为人的主观过错程度和具体的行为模式上存在明显的差异,但两者同作为信息型商事侵权行为,在侵权行为的构成上存在一定的共性。

商事欺诈侵权行为和过失不实陈述侵权行为中,行为人故意或者过失作出的不实陈述或未披露的信息应当是与交易(或决策)有关的实质性信息。任何合同或交易往来中的当事人都会首先考虑自己的收益并维护自己的利益,因此不存在对所有影响对方决定的情况加以说明的一般义务。① 但是某些与交易有关的信息能够对当事人作出是否选择交易或继续交易等重要决定产生关键性的影响。比如,关于交易物的质量和品质缺陷之信息,如果交易的一方当事人对此类重要信息进行不实陈述或者不披露,以实现与对方达成交易的目的;或者第三方对与交易有关的信息进行了不实陈述,试图诱使交易中的一方当事人放弃与另一方当事人进行交易,通过告知不实信息或不告知相关真实信息的方式达成不正当目的,则无论行为人是否属于交易中的直接一方,都有可能构成

---

① 参见[德]本德·吕特斯、[德]阿斯特丽德·施塔德勒:《德国民法总论》(第18版),于馨淼、张姝译,法律出版社2017年版,第414页。

故意侵权。[1]

如前所述,在披露制度的逻辑中,交易中负有披露义务的主体应当向交易的相对方披露与交易有关的、可能影响交易当事人的决策或行为选择的重要信息。在故意欺骗、故意隐瞒的商事欺诈侵权,以及过失不实陈述侵权中,行为人故意告知的虚假信息,故意隐瞒的真实信息或者过失提供的不实信息,都是与交易有关的、可能影响交易当事人决策或行为选择的重要信息。如果行为人在商业交易过程中作出的不实陈述涉及的是与本交易无关的外围信息,或者是对交易相对方作出交易选择无关紧要的次要信息,则行为人在该信息上对交易相对人故意实施了欺骗、隐瞒或不披露的行为,抑或是出于过失对该信息作了不实陈述,交易相对方并不会基于信赖行为人的不实陈述而进行关键性之决策,行为人也就不必为交易相对方本不存在的损失承担责任。值得讨论的问题是,如果行为人提供的虚假信息,并没有根本改变当事人作出法律行为(意思表示)的决策,只是导致其作出的法律行为存在某些瑕疵,对此可以在法律适用中,进行定量性部分赔偿的制度探索——这就意味着存在责任成立,但责任范围限缩之情形。

对于陈述是否属于不实陈述判断之时间点问题[2]——认定行为人是否实施了商事欺诈或过失不实陈述行为的判断时间点,商事欺诈侵权与过失不实陈述具有一定的共性,并可能因现实情况的变化而发生过失不实陈述行为转化为商事欺诈侵权行为的情形,因而讨论时间点具有必要性。商事欺诈侵权的行为人以及过失不实陈述侵权的行为人在陈述作

---

[1] 一个值得讨论的问题是,如果由于合同之外的第三方故意提供虚假信息,诱使交易中的一方或双方签订合同,则属于一种"反向侵害"(促成)合同之情形。通过不当信息诱使他人缔结合同而使他人处于不利之地位,进而在后续的履行中,由于当初第三方提供的不真实信息,而产生了可合理预见的经济损失,则同样有讨论其侵权责任之必要。

[2] 参见张民安:《过错侵权责任制度研究》,中国政法大学出版社2002年版,第544~545页。

出时即具有虚假性。倘若行为人对交易相对方作出特定陈述时,该陈述是真实的,但因现实情况的变化,相对方基于该陈述而选择作出或者不作出某种行为时,该陈述已经部分或全部丧失了真实性,变成了司法中"当下的"不实的陈述。在此种情形下,学理上应当以受害方基于对行为人的不实陈述的信赖,而确定作出或不作出某种行为的时间点为准,进而根据行为人是否及时、主动向相对方校正不实陈述,来判断整体的行为是否构成不实陈述行为。但是根据法律和交易习惯,接收信息的一方有主动更新、核实信息之义务除外。如果行为人在作出陈述时信息是真实的,但相对方基于该陈述作出行动时该陈述已经丧失了真实性,而行为人明知此变化却没有校正——或行为人在作出不实陈述时真诚地相信陈述的内容是真实的,但在相对方根据该陈述作出行动前行为人发现了其陈述的虚假性,没有及时主动校正,则行为人的行为在学理上具有构成欺诈性不实陈述之空间,存在承担欺诈侵权责任之逻辑基础。

在特别法上,还可能对披露陈述信息的程序和实质性审查提出一定的要求。例如《公司法》第137条规定"披露财务会计报告",如果"上市公司在董事会中设置审计委员会的",董事会"作出决议前应当经审计委员会全体成员过半数通过"。这个规定既包括了实体性的要求,要求公司中的相关主体对信息披露进行审查,而且这种审查还体现为程序性规则,需要投票通过。无论是实体上未尽到相关的审查性注意义务,还是没有按照特别法执行披露程序,都可能成为相关陈述和披露存在瑕疵之情形。

4. 信息区分:事实陈述和意见陈述之差别

在信息型商事侵权中,被扭曲陈述的信息应当是具有相对客观性的事实性信息,而不是主观性的意见性(态度性)信息。除非有证据表明被侵权人将行为人的意见性信息作为其作出商业领域判断和决策的重要依据,同时对于行为人,这种信赖具有充分之合理依据。如对与标的物的品质、数量和使用方法,以及该标的被购买后产生的预期效果等相关的客观的、定量的、性能性陈述更接近于事实性陈述,这类事实性陈述之扭曲或歪曲更容易被认定为信息型商事侵权中的事实性信息——这在很大程度上是由于定量等类似于"科学性"、具有确定性之表述造成的。但是如果是一些态度性的、夸张性的陈述,则不是商事侵权认定中的事实性信息。如基于商业常识判断,某类语言明显是一种营销性的,具有合理夸大性的,根据市场常识一般不会引起相对方误解的表述,则不宜轻易认定为商事欺诈或者是过失不实陈述当中的关键事实性信息。一种例外情况是,当事人的意见在专业预期上影响了被侵权人的判断,而且有明显的证据表明被侵权人之判断很大程度上依赖于行为人之态度性陈述,且行为人对此洞若观火。例如,在法律常识性的意见陈述当中,如果律师犯了根本性的错误,这其实更接近于一种态度性的表述(或者至少介于事实和态度之间),也可能构成侵权行为,需要承担相应的侵权责任。另一种特殊情形是,相对人之间的明示或暗示约定表明被侵权人之决策,在很大程度上依赖于行为人之态度性表述,则即使是态度性的、意见性的不当表述也可能被认定为侵权行为。这类态度性表述要结合行为人之主体身份进行综合判断,如行为人是特定领域的商事主体、特定领域的专业人士,会强化责任承担之可能。

(二)受害方的合法权益被侵害

侵权法的根本目的在于填补损害,虽然有加害行为,但若加害行为没有给受害方造成损害,亦不构成侵权行为。① 受害方的合法权益因行为人的欺诈或者过失不实陈述行为遭受侵害而导致损害产生,是行为人的行为构成信息型商事侵权的必要条件。在欺诈侵权和过失不实陈述侵权中,受害方的合法权益因侵权行为人的不实陈述遭受侵害,并因此产生特定损害,此种损害包括人身上的损害和精神上的痛苦,但实践中

---

① 参见王泽鉴:《民法学说与判例研究》(第二册),北京大学出版社2009年版,第151页。

更多的是财产上的损害,甚至包括纯粹经济损失。本书主要讨论信息型商事侵权行为所导致的财产性损害,分析如何认定受害方的财产性权益遭受损害及其救济问题。

1. 遭受侵害的权益:财产权及财产利益

信息型商事侵权行为通常会给作为受害方的商事主体带来经济上的损失,因此信息型商事侵权所保护的客体也是受害方的财产性权益,既包括作为绝对权的财产权利,也包括其他财产性的法律利益。

在商事交易往来中,因欺诈或者过失不实陈述而导致他人遭受财产损失,有可能直接落入具有绝对权性质的权利客体范畴——可能系错误处分了权利或财产,也可能是基于其他错误信息而遭受损失。如在受害方因遭受欺诈,而以市场价格购买了一辆发动机存在故障的二手汽车用于运营的情形下(信息不对称的经济学中的经典例子),其物权性质的财产损失之具体数额,应体现为该车市场价格和该发动机存在故障的二手汽车的实际价值之间的差额。该案中受害方的财产权遭受侵害的根源在于信息披露之缺失,进而导致财产权之损害。但是对于该购买物之瑕疵,是否需要同时计算因运营耽误而遭受之纯粹经济损失,则存在争议。笔者认为,对于这种商业活动中被欺诈购买存在瑕疵标的物和与之附带的营业损失,在制度设计上,可以作为两个相对独立的请求权,分别进行侵权认定和损失计算。因为直接购买具有瑕疵标的物遭受的损失和营业中的纯粹经济损失,在侵权责任成立的因果关系和责任范围的因果关系上存在较为显著的差异。

除了因财产权遭受侵害而导致直接财产损失的情形外,在商业领域中因他人故意或过失作出不实陈述而遭受损害的商事主体,其损害还常常体现为因自身的财产利益受到侵害而导致经济上的损失。例如,在商业投资中,因遭受欺诈而信赖不实信息带来的营业损失,或因接受错误咨询意见而导致的投资损失,其未必能在诉讼中举证证明其绝对性权利直接遭受侵害——这些损失在合同领域更接近于可得利益损失,在侵权领域则更接近于纯粹经济损失。诸如营业损失、投资损失这种具有纯粹经济损失性质的内容,其在民法上往往不能像直接的物权损害那样获得明确保护,纯粹经济损失是否应予赔偿以及赔偿范围之大小,在司法实践中让许多法官非常审慎。在实务中,这类案件往往成为疑难案件,因为侵权责任和损害赔偿的范围,具有法律经济学意义上的不确定性。① 这种不确定性很大程度上来源于法律依据的不确定性,以及相关法理学说没有完全在学界达成共识。

2.《民法典》体系中民事权益的经济利益

从比较法出发,《德国民法典》第823条第1款规定的侵权法所保护的法益范围限于生命、身体、健康、自由、所有权等明确列举的作为绝对权的权利和其他权利,其他法益并不在其保护范围内,诸如营业权和人格权的概念是在实践中逐渐发展起来的,后来才被判例确认为第823条第1款规定的"其他权利"进而正式作为侵权法所保护的客体。② 第823条第2款关于违反以保护他人为目的的法律,以及第826条关于违背善良风俗故意对他人造成损害的条款,也赋予了受害方请求加害人赔偿损失的权利。③ 根据第823条第2款和第826条的规范内容,其并不像第823条第1款那样明确地规定了遭受侵害的法益之内容,而是将行为人违反保护性的法律或者是故意违背善良风俗的行为纳入归责的范畴,以实现对侵权行为的制裁和对受害方法益的保护。

我国《民法典》第1164条所确认的侵权法保护的客体范围是"民事

---

① 参见张瀚:《侵权不确定性与贝叶斯法则——一种法经济学的视角》,载《法学评论》2012年第5期。

② 参见杜景林、卢谌:《德国民法典——全条文注释》,中国政法大学出版社2015年版,第666、668~669页;[德]马克西米利安·福克斯:《侵权行为法》,齐晓琨译,法律出版社2006年版,第5页。营业权和人格权并非与具有绝对权性质的权利一样进行保护,需要法官在具体的案件中进行利益衡量后决定是否予以保护。

③ 参见杜景林、卢谌:《德国民法典——全条文注释》,中国政法大学出版社2015年版,第666、672页。

权益"。① 对于民事权益的范围,《民法典》第 3 条以"概括 + 列举"的方式,规定人身权利、财产权利以及其他合法权益受到法律保护,任何组织或者个人不得侵犯。在解释论上,我国《民法典》中作为侵权制度保护范围的"民事权益"较为广泛,侵权法所保护的对象不仅包括生命权、健康权、财产权等已经类型化的法定权利,而且权利之外的法益也属于侵权法的保护范围,法官有较大的自由裁量空间。正是这样的规范模式,给未来侵权法保护对象的法律解释留下了实际上近乎无限的扩张解释空间——对此种扩张解释的限制也是侵权法律适用中需要进一步研究之课题。对于如何判断特定法益属于《民法典》所规定的"民事权益",进而应受到法律的保护,是请求权基础和救济理论复合的产物。在信息型商事侵权中,商事主体在经营中的经济利益,是否可以作为《民法典》意义上的"民事权益",进而成为侵权法的保护客体,以期在其遭受损害时获得法律的救济?法律上的救济方式又有哪些?这些问题需要我们结合商法的基本理论、单行法,以及我国《民法典》之侵权规则进行探讨。

相比于侵害权利的行为,侵害法益需承担侵权责任的构成要件较为严格,除了应具备侵害法益的加害行为外,通常需要考察行为人是否故意以悖于善良风俗的方法造成损害,或者是否违反了某种保护他人的法律。②《德国民法典》第 823 条第 2 款规定,对违反保护他人的法律的行为人,负有向他人赔偿因此而造成的损失的义务,即在侵害绝对权范围之外的法益行为的侵权构成上,将法律规范的保护目的考虑在内,③具体的保护性法律则作为侵权违法性构成要件的一种情形——我们可以

---

① 《民法典》第 1164 条规定:"本编调整因侵害民事权益产生的民事关系。"
② 参见王泽鉴:《民法学说与判例研究》(第二册),北京大学出版社 2009 年版,第 143 页。
③ 参见[德]马克西米利安·福克斯:《侵权行为法》,齐晓琨译,法律出版社 2006 年版,第 11~12 页。

把这整个体系理解为特定情形下相关的法律渊源的集合。

(1) 关于保护他人之法律规定与相关权益

对于保护他人之法律规定,既然其对特定个人或群体的特定利益提供保护,就意味着该特定主体的权益受到法律规则的承认和保护——即使这种保护被放在保护弱势群体等语境之下,也只是在裁判理念和特别法视角上产生一定的特性。如果他人因违反该项法律,对该法律所欲保护的主体之利益造成损害,其行为本身具备了违反保护他人法律之违法性,该行为也就具有可归责性分析之必要——如果其具备构成侵权的其他要件,承担相应的侵权责任就属于法律规定中的合理预期和所谓的社会规则性共识。

商事主体在经营或投资上的经济利益,作为非权利意义上的法益,在单行法或者其他法律规范中可能具有制度经济学意义上的、明确产权界定的价值。在证券投资领域的相关法律规范中,《证券法》第56条明确了不得编造、传播虚假信息或者误导性信息,扰乱证券市场的规定——此即一项专门保护证券领域投资者权益的法律规定。扰乱证券市场的相关侵权行为,都可以理解为一种违反特别法规则和专门规定的商事侵权。若因编造、传播虚假信息、误导性信息给投资者造成损失,则应当承担侵权之债广义上的赔偿责任(即使基于单行法中的特别规定,仍然不能改变其商业领域侵权的性质)。这种法律责任,在广义性质上也可以归属于侵权损害赔偿责任,相关特别法可以理解为基于侵权四要件基础理论的特别规定,或是类型化的具体规则。相关规定虽然存在维护证券市场秩序和保护社会公共利益的目的,但也存在保护证券投资者的立法目的,因此符合保护他人法律的特征,进而可以归类为侵权行为。在法律经济学的意义上,保护他人之法律,其实是一种对特定群体区别对待名义之下的产权界定,并以类型化侵权之债的请求权基础作为责任叙事的逻辑起点。

(2)法律原则与被侵害民事权益的认定

公序良俗原则,是指民事法律行为不得违反公共秩序或善良风俗,[1]在实务中由于其较大的解释空间,不可避免地成为不确定性法律适用的代表。其作为民法的基本原则,对民事主体参与民事活动具有指导意义和规范意义。《德国民法典》第826条被认为是所谓"包含一个侵权法上真正的一般条款"[2]——该条"是一个'概括的事实要件'……它并不要求损害一个确定的法益,而更注重的是对纯粹的财产损失的赔偿"。[3]该条将侵权的归责与违反善良风俗所造成的损害联系起来,不仅便于法官在法律适用中解释和创造法律,也实际上使法官得以借助社会主流价值观念的标准进行利益权衡,在具体的个案中衡量某种行为是否构成侵权。[4] 如果我们把法律的历程看作一种在经验中试错的"蹉跎"和"反复",公序良俗原则就提供了一个在解释上极其宽泛的试错空间——其本质是用法律适用结果的稳定性来换取司法面对变动不居世界之灵活性。

我国采取民商合一的立法体例,传统民法意义上的公序良俗原则甚至可能承载了商业法律秩序和道德的解释根据,存在民法公序良俗和商法道德秩序上的共有理论基础和具有共性之渊源。我国《民法典》虽然在总则编规定了民事主体从事民事活动应当遵循公序良俗原则,[5]但并没有像德国那样将故意违背善良风俗致使他人损害作为一般化的侵权

---

[1] 参见魏振瀛主编:《民法》(第5版),北京大学出版社、高等教育出版社2013年版,第28页。

[2] [德]埃尔温·多伊奇、[德]汉斯-于尔根·阿伦斯:《德国侵权法——侵权行为、损害赔偿及痛苦抚慰金》(第5版),叶名怡、温大军译,中国人民大学出版社2016年版,第111页。

[3] [德]马克西米利安·福克斯:《侵权行为法》,齐晓琨译,法律出版社2006年版,第162页。

[4] 参见[德]马克西米利安·福克斯:《侵权行为法》,齐晓琨译,法律出版社2006年版,第162页。

[5] 《民法典》第8条规定:"民事主体从事民事活动,不得违反法律,不得违背公序良俗。"

行为类型,赋予受害方侵权损害赔偿请求权。仅是违反公序良俗的行为更多是在道德层面上被赋予负面评价,在法律层面未必会产生相应的责任。我国《民法典》第8条当然也不适合直接作为侵权损害赔偿的请求权基础,这种法律原则无论是在民事审判还是商事审判中,法官倘若在判决书中把其作为裁判依据,是需要作较为详细的说理的。公序良俗原则在实践中作为民商合一立法体例中的基本原则,行为主体应当自觉遵守,但在民法和商法中存在某些细微的差异。在商业交易往来或具有经济利益的其他市场活动中,遵守社会风俗和商业道德的品质在很大程度上具有创造合作剩余,保障市场竞争秩序,提高经济效率的功利主义立场。

主体在社会生活中作出的各种决策,必然要建立在一定的信息基础之上,关键在于,哪些信息需要基于法律进行共享。现代社会中人们对可靠、有用的信息的需求和信赖也更加显著——商业社会的发展,必然导致交易成本之提高(正如组织成本同样存在扩大之趋势一样),而准确信息之传递和披露能有效地减少商业社会中的交易成本。在商业交易或咨询服务中,信息的交换是当事人彼此之间沟通、合作和共赢的有效前提,当事人在特定交易场景中对另一方真实地提供必要信息存在合理之期待,因此另一方应当合理谨慎地提供相关信息。欺诈对方,告知对方虚假的信息以诱使其作出错误决策,或者以未尽注意义务的态度对待他人的咨询并给出不准确的信息,不仅有违诚实信用原则,也违反了商业市场中的商业道德秩序立场。在德国法判例中,无论系合同当事人实施的欺诈,还是第三人实施的欺诈,都可能违背善良风俗,这些行为在道德上是可谴责的,在相关的交易或交往活动中也不被法律所允许。[①] 对于提供错误的咨询答复、证书和鉴定意见的案件,在德国法律实践中,也

[①] 参见[德]埃尔温·多伊奇、[德]汉斯-于尔根·阿伦斯:《德国侵权法——侵权行为、损害赔偿及痛苦抚慰金》(第5版),叶名怡、温大军译,中国人民大学出版社2016年版,第114页。

可能属于故意以悖于善良风俗的方式损害他人的类型。在审判实践中，轻率并且不负责任地提供信息的行为通常会被确认为违反善良风俗，进而得以适用《德国民法典》第826条的规定，责令提供不实信息的行为人赔偿受害方因此而遭受的损失。① 笔者认为，这种解释存在很大的扩张解释之风险。从比较法的角度可以看出，提供不真实的信息绝不仅是违反诚实信用的问题，还涉及在商业社会生活当中，违反特定社会（商业）秩序的问题。因此法官在具体的信息型商事侵权案件中适用法律，也不能完全回避公序良俗的法律原则——至少该法律原则是特定法律规则的立法来源，也是解释依据的组成部分。以违背公序良俗的方式进行不实陈述损害他人合法权益的行为，也存在被认定为侵权行为之可能。其法律适用既制裁了通过信息的扭曲故意违背公序良俗的行为，也为个案中财产利益遭受侵害的受害方提供了救济——其不仅试图强调基于诚实信用原则的信息披露界限，也在客观上解释了商业社会背景下的公共秩序和善良风俗。

(三)因信赖陈述遭受损害

1. 事实上的因果关系

行为人的欺诈或不实陈述行为与受害方的财产权益遭受侵害之间必须存在法律意义上的因果关系，才可将受害方的财产权益遭受侵害的结果，在法律上归咎于行为人——责任成立的因果关系，系构成信息型商事侵权行为的要件。满足责任成立的因果关系，要求受害方的财产权益被侵害（具体体现为遭受财产直接损失或纯粹经济损失），这些损失与行为人的不实陈述之间具有事实上的因果关系，财产权益被侵害系因行为人的不实陈述行为造成。② 其中隐含的逻辑是，行为人欺骗、隐瞒或者未对与交易有实质性影响的信息进行必要披露，或者行为人因过失进

---

① 参见[德]马克西米利安·福克斯：《侵权行为法》，齐晓琨译，法律出版社2006年版，第166页。
② 参见王泽鉴：《侵权行为》（第3版），北京大学出版社2016年版，第231页。

行了不实陈述,受害方由于信赖行为人的不实陈述,进而作出或不作出某种行为,并因此遭受经济损失。

参考因果关系认定的"若非"(but-for)规则,在信息型商事侵权中,需要检验若无行为人的不实陈述,受害方的权益是否就不会遭受损害进而导致经济损失,以判断受害方权益遭受侵害的事实,是否确实由行为人的不实陈述所引发。构成欺诈性不实陈述需要满足事实因果关系(causation in fact)的要件。如果不实陈述的接受者在进行交易时事实上并没有信赖行为人的不实陈述,那么该不实陈述事实上就不是造成损失的原因。① 然而,在适用"若非"规则检验是否具备条件关系时,并不需要达到不实陈述的行为是受害方遭受损失的唯一因素或者决定性因素的程度,只需要行为人的不实陈述"在影响受害方的决定方面发挥了实质性作用"。② 类似的观点,在大陆法系中,与特定行为在损害结果中的过错比例和原因力比例的讨论,具有异曲同工之妙。这种模型在分析实质的责任承担份额上,同样具有一定的价值。

对于因果关系的证明,受害方需承担举证责任,证明行为人的不实陈述是其"做某种行为的唯一原因或者对他做出此种行为产生了重大的作用"。③ 但假若行为人能够证明对其不实陈述的相关事实,受害方实际早已知晓或者无论是否知晓都不会信赖该不实陈述,便能切断受害方的损失与行为人不实陈述之间的因果关系,受害方也就不能要求行为人承担侵权责任——即使行为人确实在交易往来中对特定信息作了不实的陈述。

2. 因果关系的层次

传统民法理论中的欺诈,在因果关系方面要求受欺诈方因欺诈行为

---

① See The American Law Institute, Restatement 2d of Torts §546 Comment a.
② The American Law Institute, Restatement 2d of Torts §546 Comment b.
③ 张民安:《过错侵权责任制度研究》,中国政法大学出版社 2002 年版,第 548 页。

陷入错误认识,并因错误认识而作出意思表示①——这种叙事方式的研究更多地基于法律行为理论,而没有从侵权行为的欺诈理论出发进行探索。信息型商事侵权中的不实陈述行为在原理上不可能抛弃传统民法的理论基础,其对因果关系的认定基于一定的层次,但仍然应当符合民法基础理论中对欺诈的一般理解——受害方因行为人的不实陈述而陷入错误认识,对该不实陈述产生合理信赖,并基于此种信赖选择做出或者不做出某种行为,进而承受损失。

第一层次中的因果关系体现在,受害方因行为人的不实陈述而产生合理信赖,并基于对该不实陈述的信赖而作出或者不作出特定交易选择或投资决策。在侵权认定中,正是因为行为人的不实陈述,受害方才会做出特定行为,受害方相信行为人陈述的内容,然后在交易的过程中作出了决策。行为人的不实陈述需要在实质上对受害方的决策产生影响,并不要求该陈述是受害方作出该决策选择的唯一原因或最重要的原因(否则司法实践中的审查范围将无穷无尽)。第二层次关于因果关系的考虑在于,受害方基于对不实陈述的信赖而作出或者不作出某种交易选择或投资决策,并因此遭受了经济损失。受害方所遭受的损失在证据上被认定为与行为人的不实陈述,存在法律上之因果关系,系责任承担之前提。在实践中并不是受害方遭受的所有损失都可以完全归咎于行为人的不实陈述行为,同时,承担赔偿责任的具体范围还需要根据责任范围的因果关系进行确定。其中,如果出现了因果关系上的逻辑瑕疵,责任的成立本身就存在问题。例如,行为人故意提供虚假信息导致受害方作出了投资决策,购买了投资标的,购买之后发现投资标的的实际价值被夸大了(行为人或与行为人存在利益关联的第三方提供了虚假的报告),同时当地市场不景气,投资标的的价格普遍下跌。如果受害方提起侵权之诉,则需要充分考虑损害结果有多少比例是受不实信息的影响,又

---

① 参见韩世远:《合同法总论》(第3版),法律出版社2011年版,第187~188页。

有多少比例系受到当地市场的客观影响。在法律适用时，需要充分考虑复合因素对侵权损害结果的影响。即使成立侵权，多个因果关系也可能减少责任之承担——这本质上还是在区分责任成立以及责任范围的因果关系。

3. 受害方的合理信赖

信赖包含两个层面的要求，一是存在信赖的行为外观，二是要有合理正当的信赖基础。具有信赖的行为外观，要求受害方基于对行为人不实陈述的信赖而选择做出或者不做出行为。构成信息型商事侵权还要求在第一层次的因果关系上，考虑受害方因行为人的不实陈述而产生的信赖，须是合理之信赖。如此受害方依据该合理的信赖作出或者不作出某种交易选择或投资决策而遭受的损失，才可归责于行为人。在商事交易往来或咨询服务的过程中，基于彼此的利益联结，受害方希望行为人提供与交易相关的必要信息之期待应是基于这种期待以及当事人之间的特殊利益和信赖关系，法律要求商事交易活动中的当事人能够诚信和谨慎地提供信息，避免当事人基于错误的信息作出决策选择进而遭受不必要的损害。① 但在商事交易往来中的当事人自身也需具备一定程度的理智判断能力和必要的注意义务，不能完全依赖对方当事人甚至是第三方提供的信息，丝毫不甄别信息的真伪和可信度。对行为人提供信息的不加甄别，可能导致不构成侵权行为，行为人无须承担侵权责任；也可能过错相抵，客观上减轻了行为人承担的侵权责任。

---

① 所谓的错误信息，笔者认为可以至少分类为生产性、交易性和财富转移性质的错误信息。生产性的错误信息，直接提高了生产成本。例如，行为人提供的生产机器信息存在不真实之处，导致受害方错误地购买了不合适的生产线和机器，降低了生产效率。交易性的错误信息，减少了市场交易中的合作剩余。例如，作为中介的行为人故意提供虚假信息，让受害方误以为该商业不动产附近将开通地铁，导致其作出错误的不动产交易。财富转移性质的错误信息，则未必直接造成了社会成本。典型如诈骗，行为人通过欺诈相对方，导致相对方作出错误的交易，高价购买了与行为人利益相关的标的。以上分类，不同类型之间可能具有交集，不是一种绝对互斥的分类。

在美国侵权法上,只有在受害方依据不实陈述采取行动或不采取行动并且其信赖是合理的情况下,受害方才能向作出不实陈述的行为人求偿;①而如果行为人欺诈性不实陈述的事项不是重要事项,受害方信赖该陈述可能就不具有合理性。美国《侵权法重述(二)》第538节规定,除非不实陈述的事项是重大事项,否则信赖具有欺诈性的不实陈述是缺乏正当性的,所谓重要事项可以从以下方面理解:合理人(reasonable man)在决定有关交易中的行为时,会重视该信息;作出陈述的人知道或者有理由知道,接受陈述的人认为或很可能认为该事项对他作出有关选择的决定很重要,即使合理人不会这样认为。② 对于合理人是否会认为不实陈述的事项在决定其行动过程之中具有重要性,美国的司法实践中是由陪审团进行判断的,因为信赖是否具有合理性是一个事实问题。如果被告所误导的事实明显不重要,一个合理人不会受该信息之影响,那么原告的信赖就不具有合理性基础,也就不能向作出不实陈述的行为人要求赔偿其因信赖该陈述所造成的损失。事实判断主要由法官作出,这个判断本质上是一个经验问题,而不是一个纯粹的法律逻辑问题。

(四)行为人的主观过错

我国《民法典》第1165条第1款规定,"行为人因过错侵害他人民事权益造成损害的,应当承担侵权责任"。行为人具有主观上的过错,是认定其欺诈或者过失不实陈述行为构成侵权的要件。若行为人故意实施欺诈行为,告知虚假信息、隐瞒真实信息或者故意不披露与交易相关的实质性信息,并给他人造成经济损失,则成立故意侵权,应当承担侵权责任;若行为人是因过失实施了不实陈述的行为,并导致他人遭受经济损失,则应当承担过失不实陈述的侵权责任。

---

① See The American Law Institute, Restatement 2d of Torts §537.
② See The American Law Institute, Restatement 2d of Torts §538.

1. 欺诈性不实陈述中行为人的主观故意和意图
(1)直接故意与间接故意

欺诈的故意既包括使相对人陷入错误之故意,也包括使相对人因其错误进行意思表示之故意,行为人需具备双重故意才能构成欺诈①——这种对欺诈的理解是建立在讨论意思表示瑕疵的逻辑中,而不完全是在考虑损害赔偿等救济的逻辑上。在故意告知相对方不实信息的场合,行为人须具有希望相对方信赖其不实陈述并因此作出某种行为选择的意图;②在故意隐瞒或者不披露相关实质性信息的行为模式下,行为人应具有通过隐瞒或者不披露信息之行为获取对方信赖,并使对方基于信赖而做出法律行为。倘若不具有此种意图,则作出不实陈述或者故意隐瞒、不披露相关实质性信息的行为人在实际上并不具备故意的要件,难以成立侵权。

在欺诈性质的不实陈述侵权中,行为人的故意形态也可以分为直接故意和间接故意。在行为人故意作出不实陈述,告知对方不实信息的情形下,行为人具有欺诈的意图。其明知自己告知的信息不具有真实性,却仍然将该不真实的信息传递给对方,追求对方依赖该不真实的信息作出特定行为选择之目的。在故意隐瞒相关真实信息,不履行自身所负披露义务的情形下,行为人同样具有欺诈的故意,其试图通过不告知信息以误导相对方作出或者不作出特定之行为选择。行为人对其向相对方陈述(或有证据之暗示)事项的准确性、真实性没有确切的把握,也可以系明知道自己陈述的内容有高度盖然性且不具有相关依据的情况下仍然进行陈述——行为人对其所作的陈述内容是否具备真实性、准确性和完整性持无所谓之放任态度。在此种情况下,行为人具有进行不实陈述的间接故意,在主观上亦具有法律上否定性评价之可能。类比于美国侵

---

① 参见韩世远:《合同法总论》(第 3 版),法律出版社 2011 年版,第 187 页。
② 参见张民安:《过错侵权责任制度研究》,中国政法大学出版社 2002 年版,第 544 页。

权法认定欺诈的情形,如果不实陈述是在行为人不相信其真实性的情况下,或是轻率地不在乎真假而作出的,则可以成立欺诈。① 在我国《民法典》的语境下,故意显然应该包括直接故意和间接故意,对信息的真假持不在乎态度,同样可能构成间接故意的侵权。

陈述的信息本身是虚假的,未必一定能认定行为人的行为构成欺诈,行为人的主观状态是否为故意有时会发挥更为重要的作用,即使事后证明行为人的陈述是不真实的,但行为人在作出陈述时对该陈述的虚假性并不知情,或者对该陈述是否真实没有采取"放任"的态度,则往往不能成立欺诈侵权②——如果付出了法定的注意义务成本,则更不宜认定为侵权,即使事后被证明所披露信息未必真实。如果行为人能够证明其在作出陈述时认为其陈述是真实的,然而由于疏忽导致没有发现陈述的虚假性,则可能构成过失不实陈述侵权(在学理上不宜适用惩罚性赔偿)。这意味着信息的客观真实性,事实上付出的核实成本和行为人作出陈述时的主观认知和立场,都会影响侵权责任的承担。

(2) 行为人的目的和意图

欺诈的行为人往往具有特定的目的和意图,其通过主动追求或者放任相对人的错误认识使受欺诈方作出一定的意思表示,以实现自己的不正当意图。在商事欺诈侵权行为中,行为人亦具有希望相对方信赖其不实陈述并基于信赖而作出或不作出某种行为选择的追求,进而达成损害他人合法权益或者获取不当利益等之目的。

作为故意侵权的一种,行为人在实施欺诈性不实陈述时往往有特定的行为对象和目的,其怀着行为对象能依其陈述而行事的认知和意图,对特定主体进行不实陈述。行为人的不实陈述无须直接对其意图影响之对象作出,也可能通过间接的方式实现自己的欺诈意图。即使行为人

---

① See The American Law Institute, Restatement 2d of Torts §526 Comment e.

② See American Bar Association, *Business Torts and Unfair Competition Handbook*, Chicago: American Bar Association, 2006, p.157.

第三章　信息型商事侵权的法律经济分析　119

的不实陈述并非直接使某特定人依其不实陈述而行事,只要行为人明确知晓或可以合理预见到其对第三人作出的不实陈述,将会被转达给其意图影响的主体,行为人就应当承担欺诈的侵权责任。① 这意味着信息型的商事侵权,可能存在通过第三方间接传递的情况,即行为人通过第三方把信息传递给其影响的对象,进而达到其侵权之目的。

例如,行为人欲争取相对方的投资,为此其对接受相对方委托进行风险评估的第三方出具了虚假的财务报告,隐瞒其公司存在虚构交易和利润造假的事实,第三方将行为人提供的虚假财务报告交给相对方,并作出可以进行投资的意见或引导,相对方之后进行了投资并遭受了经济损失。行为人似乎需要对相对方因信赖其不实陈述而遭受的损失负责。即使行为人不是直接对相对方进行不实陈述,但是其知晓第三方对相对方之决策影响,促成或放任将虚假信息转达给相对方,且明知相对方会信赖该虚假报告的内容进行投资,则可能在法律上具有可归责性。由于行为人不实陈述的主观故意是希望相对方信赖其不实陈述进行投资,而使自己获益,故即使信息不是其直接传递给相对方,其仍然要对相对方因合理信赖其不实信息而遭受的经济损失承担法律责任。②

由于信息的可传递性,不实陈述可能因传播而被其他人知晓,然而不实陈述的行为人只对其意图或者有理由预期将会依赖其不实陈述而行事的主体承担欺诈的侵权责任。③ 这种制度设计是为了防止侵权责任之过度扩张,但行为人可以合理预见影响不特定主体之情形不在此排除范围——这也是为什么对上市公司的虚假陈述需要结合集团诉讼和惩罚性赔偿,两者具有共性的思考。构成欺诈侵权不仅需要符合行为人

---

① 类似观点参见 The American Law Institute, Restatement 2d of Torts § 533;张民安:《过错侵权责任制度研究》,中国政法大学出版社2002年版,第548页。
② 如果行为人故意利用传递信息的第三方同时具有过失,在侵权责任的分配上应当如何处理,是值得进一步研究的问题。
③ See The American Law Institute, Restatement 2d of Torts § 531.

具有故意的要求,还须行为人具有获取不正当利益或损害他人合法利益的非法目的。对其他并非在行为人作出不实陈述时预期影响或有理由预见将会影响,但也可能会知晓并信赖其不实陈述而行事的主体,行为人不需要承担欺诈的侵权责任。例如,生产商甲为争取客户乙公司的订单,谎称其具有充足、稳定的原材料供应来源,能够按时交货,而第三方丙公司偶然从乙公司处得知甲有充足且稳定的原材料供应来源的信息,并信赖此信息作出决策,因而遭受相应的经济损失。在此种情形下,甲不需要为其不实陈述行为而给丙公司造成的损失负责,因其并未对丙公司进行不实陈述,其在作出不实陈述时也无法预见其对乙公司作出的不实陈述将会被转述给丙公司。

(3)主观状态的外在表现

在理论上,构成欺诈要求行为人具有欺诈的故意,但在实践中要证明行为人存在欺诈的故意需要付出举证成本。如果行为人明知相关信息并不属实,仍进行陈述,或者知道关键信息却故意进行误导,则可以推断其具有试图误导相对方作出或不作出相应行为选择的目的。在司法实务中,法院也可能弱化对欺诈方主观态度之揣测,倾向于考察行为人是否在明知或应知的情况下未进行告知,或者受欺诈方对相关信息是否知晓,以综合行为人的外在行为表现,从利益衡量的角度认定是否构成欺诈。[1] 这意味着法院在法律适用的过程中,很大程度上是通过行为外观推断行为人的主观状态。在最高人民法院发布的指导案例"张某诉北京合力华通汽车服务有限公司买卖合同纠纷案"中,原告在被告处购买汽车后发现该汽车在出售前曾维修过,法院认为被告不能证明其已事先履行告知义务,因此认定被告在售车时隐瞒了车辆存在的瑕疵,

---

[1] 参见刘勇:《"欺诈"的要件重构与立法课题——以民法典的编纂为背景》,载《东南大学学报(哲学社会科学版)》2016年第5期;张瀚:《商事侵权构成要件研究》,法律出版社2020年版,第57页。

存在欺诈行为。① 在最高人民法院公报案例"刘某某诉安邦财产保险公司保险合同纠纷案"中,法院认为保险公司故意隐瞒被保险人可以获得保险赔偿的事实的行为违背了诚实信用原则,构成保险合同欺诈。② 这里对行为人主观状态的判断,还结合了其专业经验之要求。考虑到商事主体往往在其经营领域被推定为专业人士,因此在商事侵权当中,这种对商事主体的专业经验的预期是普遍存在的,这对于当事人的过错认定显然有着深远的影响,也体现了民事和商事审判思路之间的差异。在最高人民法院公报案例"诺贝有限公司诉ADI有限公司、隆源有限公司、华电有限公司购销合同纠纷案"中,法院认为,被告ADI公司明知自己不是PAGE-4W打印机在中国地区的独家经销商,却通过隆源公司授权诺贝公司为唯一总经销商的行为,属于隐瞒事实真相的欺诈行为。③ 隐瞒事实真相以不作为的方式作出,同样不能排除可能存在故意侵权之可能,这对于商事主体尤为明显。

2. 过失不实陈述中行为人的过失及其认定

构成欺诈性不实陈述要求不实陈述的行为人"意识到他正在误导接受者",④然而在过失性的不实陈述中,行为人没有欺诈的故意,其虽然可能有追求对方信赖其陈述并因此作出特定行为选择的意图,但是并不具有通过相对方的信赖进而损害相对方利益的不正当目的。行为人不实陈述的行为完全是因其自身的过失所致,而非出于故意。

---

① 《指导案例17号:张某诉北京合力华通汽车服务有限公司买卖合同纠纷案》,载最高人民法院官网,http://www.court.gov.cn/shenpan-xiangqing-6003.html,2021年3月5日访问。
② 《刘某某诉安邦财产保险公司保险合同纠纷案》,载最高人民法院公报官网,http://gongbao.court.gov.cn/Details/f81807edef6a1fe36dfa539dd0d6e5.html?sw=%e6%ac%ba%e8%af%88,2021年3月5日访问。
③ 《诺贝有限公司诉ADI有限公司、隆源有限公司、华电有限公司购销合同纠纷案》,载最高人民法院公报官网,http://gongbao.court.gov.cn/Details/ac6054ccc044bc3a7c7e96614f2134.html?sw=欺诈,2021年3月5日访问。
④ See The American Law Institute, Restatement 2d of Torts §526 Comment a.

在间接故意型的欺诈行为中,行为人对其陈述内容的真实性、准确性没有确定之把握,其在主观上对其陈述的虚假性持放任态度。在疏忽型的过失不实陈述中,行为人在作出事实上的不实陈述时,虽然也对陈述内容的真实性、准确性、完整性并不确信,但其是在疏忽大意的心态下抱着所陈述的信息"应该"是真实、准确和完整的心态进行陈述,其在作出不实陈述时并没有损害他人利益的意图,而该种意图是构成欺诈性不实陈述的必备要件。

在无知性的过失不实陈述中,行为人相信其陈述是真实的,但存在疏忽没有尽到相应的注意义务的情形,或者过于相信其信息来源的可靠性而坚信自己陈述的真实性。行为人的此种相信的心理应当具有一定的合理性基础。若行为人从旁人处听到某一信息,而自己不进行任何的查证就确信该信息的真实性,然后以此向相对方作出陈述,行为人的此种相信不具备合理性基础,在相对方因信赖其不负责任的不实陈述所遭受的损失上可能存在重大过失,因此不能以其作出陈述时内心真诚地相信该陈述的主观状态进行抗辩。但如果行为人是从官方权威渠道得知信息,比如根据行政机关在新闻发布会上的发言,根据官方网站上公开的信息,行为人对该信息的真实性的信赖一般具有合理的基础——这在理论上类似于媒体侵权的特殊抗辩——权威消息来源抗辩。

(1)注意义务的违反与过失的认定

在侵权法的理论和实践中,判断行为人是否具有过失通常采用客观过失的标准,[1]即通过行为人的客观外在表现判断其实施行为时在主观上是否具有过失。在英美法系对注意义务的违反通常作为认定过失侵权之构成要件,在大陆法系注意义务的概念主要作为过失的判断标准。[2]

---

[1] 参见程啸:《侵权责任法》(第2版),法律出版社2015年版,第275页。
[2] 参见田韶华、杨清:《专家民事责任制度研究》,中国检察出版社2005年版,第48~49页。

当行为人负有注意义务却没有尽到该注意义务时,则表明其主观上存在过失。

证券市场交易需要充分有效的信息披露,参与证券交易的市场投资者特别是中小投资者在进行投资决策时,往往会依赖中介服务机构提供的信息和意见,包括投资咨询、财务审计和法律风险等方面的信息和意见。法律对证券服务机构、会计师事务所、律师事务所等中介机构从事证券活动的执业规范和注意义务进行了规定,并明确了中介机构因过错作出不实陈述的法律责任。例如,《证券法》第56条关于赔偿责任的规定;又如,《证券法》第160条关于证券服务机构"应当勤勉尽责、恪尽职守,按照相关业务规则为证券的交易及相关活动提供服务"之规定。另外,《证券、期货投资咨询管理暂行办法》《律师事务所从事证券法律业务管理办法》也规定证券服务机构在证券的发行、上市、交易过程中提供咨询或法律服务等应当勤勉尽责,履行特定的注意义务,对所提供的材料的真实性、准确性、完整性负责。

在证券市场的不实陈述案件中,证券投资咨询机构、律师事务所、会计师事务所、资产评估机构等专业服务机构在事实上出具了不实的意见或者报告,其主观状态可以包括故意、过失以及无过失三种情形——这三种情形的认定,需要结合行为主体的行业、专业领域,以及相关被报告信息的预期影响范围和领域,进行综合判断。《证券法》第160条规定,证券服务机构应当勤勉尽责、恪尽职守,对于出具不实报告的证券服务机构的主观过错形态和责任问题,还需要作出更为具体的规定。在证券领域虚假陈述案件的司法裁判中,法院往往认定出具了不实意见或者未能纠正不实陈述的证券服务机构未能勤勉尽责,具有过错,应对投资者的损失承担连带赔偿责任,但部分裁判文书未能明确认定其主观状态是故意还是过失。

例如在最高人民法院公报案例"陈某某等23名投资人诉大庆联谊

公司、申银证券公司不实陈述侵权赔偿纠纷案"①中,一审法院认为,申银证券公司"编制被告大庆联谊公司的上市文件时未经认真审核,致使申报材料含有重大虚假信息,已经构成共同侵权,应当对投资人的损失承担连带责任"。申银证券公司上诉称其不应当承担责任。二审法院认为,作为证券经营机构的申银证券公司"未尽到法律所要求的勤勉、审慎注意义务,没有对源于大庆联谊公司的不实陈述予以纠正或出具保留意见,而且自己还编制和出具了不实陈述文件",驳回了其上诉请求。在该案中申银证券公司没有尽到法律关于证券服务机构的注意义务要求,一审、二审法院遂判令其应当与不实陈述的大庆联谊公司承担共同侵权的连带责任,但法院并没有对申银证券公司的主观状态是故意还是过失进行进一步的认定。最高人民法院在该案的裁判摘要中指出,"证券承销商、证券上市推荐人知道或者应当知道上市公司不实陈述而不予纠正或者不出具保留意见的,构成共同侵权,对投资人的损失承担连带责任",②可见最高人民法院认为根据该案中申银证券公司的行为可推定其具有故意。在上海大智慧股份有限公司、立信会计师事务所与吴某某、苗某等证券虚假陈述责任纠纷案中,立信会计师事务所主张其在执业过程中仅存在过失,应当按照《最高人民法院关于审理涉及会计师事务所在审计业务活动中民事侵权赔偿案件的若干规定》第 6 条的规定承担与其过失大小相适应的责任。法院在裁判中指出,会计师事务所在证券市场中的执业活动与其一般的审计业务活动存在明显的区别,"会计师事务所作为证券服务机构出具的审计报告对于众多投资者的投资行为具有重大的甚至决定性的影响",在《证券法》第 173 条(该案适用

---

① 《陈某某等 23 名投资人诉大庆联谊公司、申银证券公司不实陈述侵权赔偿纠纷案》,载最高人民法院公报官网,http://gongbao.court.gov.cn/Details/2d2e93a739e57b63b96ba618a98fa4.html? sw=%e6%ac%ba%e8%af%88,2021 年 3 月 5 日访问。

② 《陈某某等 23 名投资人诉大庆联谊公司、申银证券公司不实陈述侵权赔偿纠纷案》,载最高人民法院公报官网,http://gongbao.court.gov.cn/Details/2d2e93a739e57b63b96ba618a98fa4.html? sw=%e6%ac%ba%e8%af%88,2021 年 3 月 5 日访问。

2014年修正的《证券法》)明确规定以过错推定作为证券服务机构承担连带责任的要件,在不区分故意和过失的情况下,立信会计师事务所不能证明其无过错,就应当承担连带赔偿责任,因此对立信会计师事务所的主张不予支持。①

但也有观点认为,应当根据证券服务机构的行为性质、主观过错种类和过错程度确定其是否应当对与其有关的不实陈述行为承担赔偿责任以及承担何种性质的赔偿责任,在案件中根据具体的情形分析和认定证券服务机构的主观状态。例如在"梁某某、苏某某等与江苏保千里视像科技集团股份有限公司等证券不实陈述责任纠纷"案中,深圳市中级人民法院认定,银信资产评估有限公司作为专业机构,"在凭借专业知识、经验和技术已经或可以发现疑问的情况下,却没有进一步进行基本的现场走访、查证和核验程序,而仅仅向相关对象发询证函,要求其出具'承诺书'来确认或保证真实",进而认为"银信公司作为专业机构的违规行为虽然尚不能认定为故意,但构成较大过失,存在较大的过错",最终法院根据民法公平原则和权利与义务、过错与责任相一致的一般原则,参照《最高人民法院关于审理涉及会计师事务所在审计业务活动中民事侵权赔偿案件的若干规定》第6条的规定,判令在评估过程中疏忽大意、把关不严的银信公司对投资者的损失承担补充赔偿责任。②《最高人民法院关于审理证券市场虚假陈述侵权民事赔偿案件的若干规定》也对类似问题规定了相关的裁判标准。

(2)过失不实陈述侵权中行为人的注意义务

认定行为人因违反某种注意义务而具有过失,进而让其承担侵权责

---

① 参见上海大智慧股份有限公司、立信会计师事务所与吴某某、苗某等证券虚假陈述责任纠纷案,上海市高级人民法院(2019)沪民终43号民事判决书。
② 参见梁某某、苏某某等与江苏保千里视像科技集团股份有限公司等证券不实陈述责任纠纷案,深圳市中级人民法院(2018)粤03民初3866、3867、3869号,(2019)粤03民初1078、1079、1679~1682、1684、1685、1687~1698、1700、1834~1837、1840~1843、1845~1847号民事判决书。

任的前提是该行为人负有相应的注意义务。注意义务有的来自法律的明确规定或者当事人之间的特殊约定,有的是基于商事交易习惯形成的惯例,还有的则是因道德而产生——如基于善意、一般的谨慎和基本的道德要求。① 在商事交往活动中,当事人普遍负有相应的注意义务,其中之一便是在提供信息或作出陈述时应履行合理谨慎的注意义务。在英国,错误陈述的情形即属于注意义务调整中的一种类型,英国在赫德利·伯恩诉海勒和合伙人有限公司案(Hedley Boyrne & Co. Ltd. v. Heller & Partners)中认可过失侵权法对纯经济损失的法律保护,认为原告可以要求被告承担其信赖被告的错误陈述而遭受的纯粹经济损失的赔偿责任。② 美国侵权法也确立了过失不实陈述行为的侵权责任,要求"在业务、职业或受雇过程中或者在有金钱利益的任何其他交易中为指导他人的商业交易提供了虚假信息的,如果他在获取或传递该信息时没有采取合理的谨慎或注意,则应对他人因合理信赖该信息而造成的金钱损失负责"。③

在商事交易中作为当事人一方的商事主体或专业人士,基于自身的职业、经验等特殊身份因素,需要主动提供相关信息或就某些事项作出具体之陈述。他们提供的信息或作出的陈述,事实上对缺乏专业知识或相关经验的交易主体具有客观影响,后者往往需要依赖前者提供的信息作出决策。若在商事往来中当事人由于过失,在事实上提供了不准确甚至是完全错误的信息,不仅会使得与其具有直接交易关系的相对方当事人因信赖该信息而遭受损失,而且因为信息的可传播性和可复制性,与信息提供者并不存在直接交易关系的第三方也可能因信赖不实信息而

---

① 参见张民安:《过错侵权责任制度研究》,中国政法大学出版社2002年版,第308页。
② 参见张民安:《过错侵权责任制度研究》,中国政法大学出版社2002年版,第296页。
③ The American Law Institute, Restatement 2d of Torts §552 (1).

遭受经济损失。基于信息在当今商业社会的重要性,以及不同主体对专业人士自身的知识、能力和交易主体对专业人士提供信息的合理信赖,商事交往中的相关当事人在进行陈述或提供信息时负有注意义务,如果以疏忽的态度、不负责任地进行陈述,提供不实信息,在制度设计上显然应当构成侵权——这种被侵害的权益,一方面包含了因为信息问题造成的财产权之损失,另一方面显然也包含了对知情权之侵害。

若过失提供不实信息的主体与信赖该不实信息而遭受损失的主体之间存在契约关系,即使当事人未就诸如提供信息的相关注意义务进行约定(由于合同之不完备性,此显然系市场交易中之常态),当事人之间的合同使得双方之间存在特殊的利益关系和信赖基础,合同的一方当事人在行事时须善意地照顾对方与信息披露相关的权益,在提供信息时保持必要的谨慎和注意。因此,假如合同的一方当事人在提供信息时未尽到注意义务而提供了不实信息,那么因信赖该信息而遭受损失的相对方可以请求提供不实信息的当事人承担责任,救济的常见方式就是赔偿损失。在特定场合,不实信息的提供者和接收者之间并不存在合同关系,或者该信息并不是专向提供,因信赖不实信息而遭受经济损失的主体只能在过失提供不实信息的行为符合侵权构成要件的前提下,才能依据侵权法寻求救济。

从比较法的角度来看,美国《侵权法重述(二)》认为没有欺骗的意图而只是所谓善意之疏忽,不实陈述的行为人的过错就较小,因此有理由对其不实陈述的后果承担较轻的责任——第552节的评论中进一步指出,不是所有的商业信息使用者都可以要求信息提供者承担注意义务,"在商业交易中信赖信息的人,只有在信息提供者明显知道信息的用途并打算为此目的提供信息的情况下,才有理由期望信息提供者承担谨慎义务"。[1] 美国侵权法之所以认为过失的不实陈述的责任范围比欺诈

---

[1] The American Law Institute, Restatement 2d of Torts §552 Comment a.

性不实陈述的责任范围更窄,一方面,立法者认为诚实和谨慎之要求之间存在差异,在提供用于商业交易信息时应遵守的谨慎义务意味着承诺遵守一个相对具有裁量空间的标准,而这个标准只能根据信息的用途进行司法认定,并充分权衡信息不实时可能造成的损失的程度和概率;另一方面,商业信息是经济运行的基础,法律应能促进鼓励商业信息流动的社会政策目标的达成。[1]

笔者认为,针对行为人过失提供的信息被转达至第三方主体的,过失不实陈述的行为人在符合可预见性的要求时,也不排除需要对该第三方的损失负责,且具体的赔偿范围应根据信息被传播的广度和原因,信息将被使用的可预见性的程度,行为人过失的大小,乃至因果关系的强度等因素,都应该成为认定责任成立及责任范围的标准。商业往来中的行为人常常会因其自身的职业(行业)、经验或能力等状况而成为(或应当成为)特定领域的专业人士,其需要向相对方提供信息,且其提供信息时负有谨慎之义务,以及避免提供不实信息的合理注意义务。倘若行为人并不是专门为第三方提供信息,则不能苛责过失提供信息的行为人对该第三方因信赖该不实信息造成的损失负责——其中显然存在行为人无法合理预见对第三方影响的考虑,但是上市公司这种有明确法定披露义务之主体显然不适用此规则。除非过失不实陈述的行为人能够预见到其提供的不实信息将会被传递给特定的第三方,并预见到第三方将会信赖该信息作出特定的行为选择,才能考虑让行为人承担责任——认定行为人在提供信息时对可能间接地知悉信息并信赖该信息的第三方主体,同样负有谨慎提供真实、完整信息的义务。其中涉及虚假信息的传播范围、行为人的可预见性和责任的承担问题。从法律经济学的角度看,这种对信息的预期要求,实际上是让当事人在行为安排和行为后果

---

[1] See The American Law Institute, Restatement 2d of Torts §552 Comment a, Comment h.

上提供聚焦点(focal point)的一种制度,在特定法律背景下博弈双方行为选择中形成一种合理的预期。①

假设甲在进行投资前委托专门的咨询公司乙为其提供专业的咨询意见,而乙因过失在提供给甲的咨询报告上存在错误。丙偶然得知乙为甲出具的咨询意见并根据该意见进行投资,后遭受了经济损失。此时丙的损失不能归责于乙,因为乙并非接受委托专门为丙提供咨询意见,其在出具错误的咨询报告时也并不能预见到丙将会知晓该报告并依据报告的内容作出投资选择。若要求诸如乙这样的专业人士对其客户甲之外的第三方履行谨慎提供真实、准确信息的义务,一方面,会过分地加重乙的注意义务;另一方面,也将会促使其在之后的咨询服务过程中更加谨慎,要求相关方严格限制信息披露之范围,从而增加不必要的预防成本。法律经济学不要求信息提供者对信息传播范围内的所有对象承担责任,因为这样的法律制度给出的预期是一种前述中的不合理聚焦点(focal point),在信息外围意外得到信息的第三方也可能因此滥诉。

(3)过失不实陈述中行为人合理注意义务的标准

如前所述,商事往来中作为专业人士的一方在提供信息或作出陈述时负有注意义务,应谨慎并避免因疏忽而提供不真实的信息,否则可能需要承担过失不实陈述的侵权责任。但在过失不实陈述侵权中,行为人的注意义务标准如何确定——判断行为人是否违反了注意义务的标准具体如何确定?在法律有具体规定的情况下,应以法律规定的具体注意义务要求来判断行为人在提供信息或作出陈述时是否存在过失。但倘若具体的法律规则没有对当事人的注意义务进行明确规定,此时应综合考量避免损害的成本,法官应确定一个"相对客观"的标准。如非法律明

---

① See "Focal Point Theory of Law", Francesco Parisi, *The Language of Law and Economics: A Dictionary*, Cambridge University Press, 2013, Kindle version.

文规定,似乎不能对行为人提出过高的注意标准要求,否则提供信息或意见的行为人将要花费过多的时间、精力和经济成本核实信息的真实性和准确性,这在一定程度上会阻碍信息的传递和流通——有的当事人可能在法律无明文规定披露义务时,为规避风险而"惜字如金"。应以"合理人"的标准要求商事交往中提供信息或作出陈述的主体在提供信息或作出陈述时尽到合理人应有的谨慎和注意,以避免因自身的过失致使他人遭受不应有的损失。比较法视角下,美国《侵权法重述(二)》亦是如此,要求在业务、职业或受雇过程中或者在有经济利益的任何其他交易中为指导他人的商业交易提供信息者,应当尽到合理的注意义务,倘若其在获取或传递信息时没有采取合理的谨慎态度,则需要承担过失不实陈述的侵权责任。[①]

合理的注意义务标准,在不同的市场主体之间存在一定的差别。具有专门知识的审计师、会计师、咨询师、律师等提供专业服务的人士,其执业过程中提供咨询,出具意见或报告的注意义务程度高于普通人。商事交往中其他不具有特殊领域专业知识的主体,在提供信息时应以一般人的注意和谨慎程度为标准。中国证券监督管理委员会发布的《律师事务所从事证券法律业务管理办法》第15条规定:"律师在出具法律意见时,对与法律相关的业务事项应当履行法律专业人士特别的注意义务,对其他业务事项履行普通人一般的注意义务,其制作、出具的文件不得有虚假记载、误导性陈述或者重大遗漏。"笔者认为,这类针对专业人士的具体要求,完全可以成为判断侵权法中注意义务具体标准的参照依据——甚至也是违法性构成要件的认定内容。

但是对提供专业服务的中介机构或其他专业人士的要求不应超出其职责范围的注意义务,专业人员的合理注意义务应以从事该职业的群体具有中等资质和谨慎能力的一般人员通常应有的合理注意为标准,他

---

① See The American Law Institute, Restatement 2d of Torts §552, Comment e.

们无须"显示最高超的专业技巧;一个公认的法则是,拥有从事某一特殊职业的胜任之人的通常技巧就足够了"。① 作为专业人士,其通常来说应具备与其职业相应的知识和能力,在执业过程中遵守职业操作规范,并勤勉履职。《最高人民法院关于审理涉及会计师事务所在审计业务活动中民事侵权赔偿案件的若干规定》第 6 条第 2 款规定了注册会计师在审计过程中的注意义务标准,若导致报告不实,法院应当认定会计师事务所存在过失。出具不实报告的会计师事务所是否存在过失,主要是依据会计事务所是否保持必要的职业谨慎和是否遵守相关职业准则进行综合判断——相关规则显然没有要求专业人士在履职中,将行业之最高专业标准作为法律之最低要求。

三、信息型商事侵权救济中的财产规则与责任规则

(一)财产规则与责任规则的抉择

法律经济学领域的著名学者盖多·卡拉布雷西(Guido Calabresi)和道格拉斯·梅拉米德(Douglas Melamed)在《财产规则、责任规则与不可让渡性:"大教堂"的一幅景观》一文中对"法授权益"(entitlement)的救济规则及其适用选择问题进行了分析,其根据法授权益是否自愿交易和转移区分了财产规则和责任规则这两种不同的救济规则。② 结合前述论文的研究,笔者认为,财产规则更重视法律对初始权益的配置,尊重权益享有者的个人意愿,其保护权益享有者合法权益的方式是通过采取禁令等行为强制的方式,责令行为人停止实施侵害他人合法权益的行为。

---

① 参见 Bolam v. Friern Hospital Management Committee(1957) 1 WLR 582/286 (McNair 法官之观点)。转引自[德]克雷斯蒂安·冯·巴尔:《欧洲比较侵权行为法》(下卷),焦美华译,张新宝审校,法律出版社 2001 年版,第 373 页。

② See Guido Calabresi & A. Douglas Melamed, *Property Rules, Liability Rules, and Inalienability: One View of the Cathedral*, Harvard Law Review, Vol. 85:1089, p. 1089 – 1128 (1972). 中文翻译版参见[美]盖多·卡拉布雷西、[美]道格拉斯·梅拉米德:《财产规则、责任规则与不可让渡性:"大教堂"的一幅景观》,凌斌译,载[美]唐纳德·A. 威特曼编:《法律经济学文献精选》,苏力等译,法律出版社 2005 年版,第 30~50 页。

而责任规则主要是通过损害赔偿的方式,对合法权益遭受侵害的受害方进行救济,其本质上是一种金钱的转移。例如,在侵权的情形下,受害方的财产或者其他合法权益往往是在非自愿的前提下被侵权行为人侵害,并因侵权行为遭受了实际的损失。适用责任规则进行救济,即法院为具体案件中受害方遭受的权益损失进行"定价",通过确定受害方损失的数额,要求侵权行为人支付一定数额的金钱,以赔偿受害方遭受的损失。

作为两种不同的法律救济规则,财产规则和责任规则在救济形式、适用情形等方面存在差异。卡拉布雷西和梅拉米德关于财产规则和责任规则的分析框架自被提出后,便成为法律经济学领域的经典文献。我们亦可借助此分析框架分析信息型和其他类型商事侵权的救济制度,探索商事侵权责任中法律在救济受害方的合法权益时可能采取的不同方式。

1. 责任规则的适用:赔偿受害方因信赖不实陈述而遭受的损害

基于虚假信息购入股票等投资标的,或与预期不符的商品标的等,从责任规则理论出发,当事人可以通过诉讼的方式要求补偿价格差。在实务认定当中,由于证据问题,立法者和法官在具体量化标准中,可能存在一些具有裁量空间的理解,而解决法律适用中的不确定性,几乎是人类历史上立法和司法中的"永恒主题"。

真实社会中是存在交易成本的,责任规则在侵权领域适用的效率性高于财产规则这一结论已为卡拉布雷西和梅拉米德充分论证。具体到信息型商事侵权领域,受害方的财产权益因其对行为人故意或过失作出的不实陈述的信赖而遭受侵害,并产生了实际的经济损失,通常体现为在交易中遭受了相当于交易对价和交易物品真实价值之间差额的财产损失——或是作出错误的投资、交易等商事选择,无法获得预期的投资收益甚至损失了部分或全部投资的金额。此时适用损害赔偿这一责任规则对受害方进行救济,由侵权行为人对受害方的经济损失进行金钱赔偿,颇具正当性和效率价值。由于信息的不对称、行为人的道德水平或谨慎程度等因素,受害方在商事活动中往往难以预防和避免相对方实施欺诈行为或者相对方纯粹出于疏忽提供不实信息等情形的出现。在损害行为发生后,由作为中立的裁判机构的法院裁量确定个案中受害方因行为人的侵权行为所遭受的实际损失的数额,并判令行为人进行赔偿。责任规则可有效地降低侵权案件中赔偿事宜确定和纠纷解决的成本。

《民法典》第179条规定了民事责任的承担方式,其中赔偿损失即是其中之一。在因故意或过失进行不实陈述而给他人造成财产性损失的场合,倘若行为符合信息型商事侵权构成要件,行为人需要赔偿其给受害方造成的经济损失。

2. 借鉴财产规则的救济思路:信息披露义务是否可协商不履行或要求强制履行

在不披露型侵权中,正是因为行为人没有履行或者没有适当履行信息披露义务,使得作为原告的受害方在与行为人或与他人的交易中基于不充分(甚至是错误)的信息作出行为选择,并有可能因此遭受损失。受害方因负有信息披露义务的行为人不披露信息而遭受损失时,其可以主张侵权损害赔偿,若其没有遭受实际的损失,则不能要求不披露行为人承担损害赔偿的责任。但是,除了损害赔偿的救济方式,是否还存在其他形式的救济选择?

如前文所述,财产规则十分尊重权益享有者的意愿,他人只有支付权益享有者满意的对价后才能合法地获取其权益,如果权益享有者不同意或不愿意让渡自身的合法权益,则他人即使出价再高,也不能获得该权益。如果他人以违背权益享有者自由意志的方式侵害了其合法权益,则其救济措施更多的是一种针对侵权人的行为上的强制措施,比如法院通过发布禁令的形式责令行为人停止侵害或不得做出某种行为,明显区别于主要以损害赔偿为救济形式的责任规则。在没有履行披露义务的侵权中,是否也可以根据财产规则的救济原理,要求行为人履行披露义务披露相关信息?负有披露义务的行为人是否可以和受害方自由协商,通过其中一方支付相应对价的形式要求披露特定信息或免除披露义务("购买"不披露的权利)?这些问题都是值得探讨的。

(1)是否可以责令行为人强制履行信息披露义务

对于前文中提到的第一个问题,笔者认为,通过强制的方式责令行为人履行信息披露义务的救济思路存在适用的正当性和可行性,特别是在行为人与受害方之间存在长期合作、往来等关系中。披露义务的履行不需要以披露义务主体的相对方遭受损失为前提,因为商事往来中负有披露义务的主体及其所应履行的披露义务在交往过程中就已经确定,无论是根据法律规定还是当事人自己的约定,抑或是根据交易惯例或诚实信用等民法基本原则,披露义务的存在就是为了防止相关实质性信息未能得到充分披露而使商事交易往来中处于信息劣势的当事人遭受不应有的损害。因此责令负有披露义务的主体履行其披露义务,理论上亦可以起到保护当事人合法权益免受侵害的作用。

在商事领域,作为受害方的原告与侵权行为人的被告之间存在长期的商事合作关系,即使被告在某一交易行为中没有完全履行信息披露义务或者过失作出了不实陈述,给原告带来了一定的损失,但原告可能还想与被告继续进行交易往来,只要其履行披露信息的义务,披露相关信息,双方就能够继续进行合作。比如甲公司对乙公司进行了投资,如果其事后发现乙公司可能在公司的经营范围和营利状况方面作了不实的陈述,隐瞒了特定事实,而乙公司在接受投资后的发展势头良好,当前营利能力尚可,甲公司在考虑是否要终止合作,撤回投资,或者是继续合作并追加投资。在此种情形下,甲公司是否可以提起侵权之诉,要求乙公司履行信息披露义务,对签订投资合同时所隐瞒的事实进行如实、充分的披露?笔者认为,这个问题本质上包含了对因果关系理解之内容。甲公司虽然尚未因乙公司的隐瞒行为遭受实际的投资损失,但是乙公司在事实上实施了隐瞒、不披露的行为,没有诚实地对投资者披露其公司的经营范围、营利状况等事项,而此类事项对于投资者当初决定是否投资以及之后是否应撤回投资,具有决定性的作用。为了保障投资者的知情权,防止其因乙公司不履行信息披露义务而作出错误的决定,进而遭受不必要的经济损失,可以借鉴财产规则的保护思路,在此种情形下责令乙公司履行信息披露义务,如实、充分地披露此前应当披露而未披露的信息,以供投资者参考和决定后续的投资策略。

当然,此处所讨论的要求行为人披露相关信息,与合同制度中作为承担违约责任方式之一的继续履行存在一定的区别,其并非要求披露主体强制履行已经签订的合同或者是将来签订的合同,而是要求行为人在后续交易过程中履行信息披露义务,确保交易顺利进行。除了强制要求披露义务主体披露相关信息外,还可以考虑在侵权案件中适用类似于合同法规定的继续履行措施,暂且将其称为侵权之诉中的强制履行。比如在期货交易中,买方和卖方签订了交易合同,约定负责交货的第三方工厂要在一年后向买方按时交付一批货物,但是买方后来发现在合同签订的过程中卖方联合交货的第三方共同实施了欺诈行为,存在通过欺诈促成交易之情形。此种情形下,买方仅与卖方签订了交易合同,其与负责交易的第三方并不存在直接的合同关系,因证据证明该第三方参与了卖方的欺诈行为的事实,遭受欺诈的买方可以直接起诉该第三方,要求其交付足量且质量合格的货物——或者由其付费在市场上购买同质产品。

(2)信息披露义务是否可以由当事人协商免除

信息本身具有价值并且能够创造价值,可以为信息的持有人带来巨大的经济利益,从这个意义上来说,信息也具有财产之属性。对于掌握特定私人信息的主体,法律对其通过自身努力合法搜寻、积累信息的利益提供保护。假设适用财产规则对信息主体掌握的私人信息进行保护,比如某公司的商业秘密受到法律的保护,则意味着任何人不能侵犯该公司的商业秘密,不能非法盗取、传播和使用该商业秘密,倘若某人想要获得该公司的商业秘密,则必须经过该公司的同意,通过自由协商的方式支付一个令该公司满意的对价,才能获得知悉、使用该商业秘密等的相关权益。诸如商业秘密,甚至是其他对于掌握者来说重要的私人信息,可能并不属于法定或依交易习惯、法律原则所要披露的范畴,因此即使此种信息可能会对商事交易的其中一方当事人的决策选择具有影响,其也不能强制要求掌握信息的另一方当事人披露。

在商事交往中,为平衡当事人的利益,保护信息弱势一方的利益,防止信息不对称造成不利的影响,法律规定了相关当事人的信息披露义务,商事惯例、交易习惯以及诚实信用等法律原则也可能对信息的披露提出了相关要求。这意味着私人信息的拥有者在某些情形下,必须"被迫"披露某些信息,即使其自身并不自愿。当事人之间也可以约定双方在交易中是否需要披露相关信息、披露哪些信息,以保障交易的顺利进行并达成共赢——但合同不完备性理论告诉我们,关于信息披露的完美合同同样不可能存在,只能努力达致信息披露程度和合同带来收益之间的平衡。这些讨论中亦隐含着财产规则的逻辑,即当事人如果需要进行谈判和协商,自由决定各自掌握的私人信息中,哪些信息在"初始产权界定"时需要披露或者不需要披露,以便确定双方信息交易与交换结构的合同基础。对于特定信息,存在不能由当事人约定排除在信息披露范围外之法定性基础。比如,法律针对特定领域的特定信息给相关主体明确设定了披露义务和披露范围,特别是那些涉及可能会给他人的人身、财产带来重大威胁的信息,相关信息的掌握者不能保有该信息不进行披露。比如,在二手房交易中,如果卖方欲出售的房屋年久失修,存在天花板脱落的危险,那么卖方必须将该信息如实地对买方进行披露,以免买方因不知情而遭受重大的人身或财产损失。对于此种信息,卖方必须披露,通过格式合同等方式排除对这些信息的披露,并不能免除违反披露义务方的责任——其并不是基于格式合同或仅仅是涉及人身等特殊情形不能免责的合同逻辑,法律应该基于侵权责任或法定责任,单独为这些信息构建一套独立的披露义务——即使存在与合同等制度之竞合,也应当由当事人选择起诉的类型。

综上所述,信息型商事侵权中的信息披露在财产规则的逻辑和救济思路上,存在许多理论和实践中的遗漏和留白。如某主体所掌握的私人信息在受到法律保护的前提下,其可以自由决定是否披露此信息。但在商事领域,法律同时也为某些私人信息所有者设定了披露义务,要求其在特定情形下对某些信息进行披露。因此,商事交往中负有信息披露义务的主体,可以和其相对方约定包括是否需要披露信息,以及信息披露的范围、时间等内容——约定通过其中一方支付相应对价的形式要求披露特定信息或免除披露义务——这又涉及另一重要领域,即双方的合意在多大程度上可以允许或免除信息的披露,例如是否存在特定的法律规则,具有类似于不可让与性的特质,必须进行披露,不能免除披露义务。

(二)责任规则:赔偿范围的确定

1. 信息型商事侵权的受害方可能遭受的损失类型

在信息型商事侵权中,受害方的财产权益因行为人故意或过失作出的不实陈述遭受损害,并因此导致一定的经济损失。从损失的类型和性质来看,信息型商事侵权可能导致的损失既包括直接的财产损失,也包括间接的经济损失;既可能使受害方的可得利益或者信赖利益遭受损失,也可能导致受害方遭受营业损失等纯经济损失。

不同类型的信息型商事侵权行为带来的具体损失类型各有不同,但一般受害方都会因行为人的侵权行为直接遭受一些财产上的损失。比如,买方因卖方的欺诈行为以高于市场的价格从卖方处购买了一套精装修的房屋,而该房屋其实存在漏水现象,其实际价值低于买方支付的价格,此时买方受让该套房屋时支付了超出房屋本身价值的金钱,对于买方本人而言相当于直接遭受了一定数额的财产损失。假设买方为解决房屋漏水现象,请装修工人将有问题的旧天花板进行维修或更换,并为此支出了一笔费用,该费用也是买方因卖方在卖房过程中的涉嫌欺诈行为而遭受的直接财产损失。交易过程中受害方因信赖不实陈述而为签订、履行合同所支出的额外费用;投资者因信赖证券公司的不实陈述而购买其发行的股票,遭受亏损;某会计师事务所在对某申请贷款的企业的经营、财务状况进行尽职调查时未能保持必要的职业谨慎,给银行出具的财务报告存在不实之处,银行出于对该不实财务报告的信任审批通过了贷款申请,然而获取贷款的企业因经营不善陷入破产危机——以上皆属于信赖特定信息而产生的损失。前述这些损失的性质为何,属于履行利益、信赖利益等抑或其他性质之损失外,可以结合侵权行为发生的时间点和预见性理论进行探讨。

除了遭受直接的经济损失外,受害方也通常会因信赖不实陈述而遭受某些间接的损失,此类损失包括可得利益损失,或因放弃其他缔约机会遭受的信赖利益损失(此类损失和可得利益也存在交集)。可得利益损失是常见的损失类型之一,受害方原本基于交易预期可以获得的利益可能会因行为人的不实陈述而落空,特别是在涉及转售、系列交易的情形下。比如,某一店铺以批发价格在卖方处进购了一批化妆品,打算在收到货物后加价卖出,从中赚取差价,然而卖方在与买方签订合同时隐瞒了该批化妆品还有半年就要过保质期的事实,买方在收到货物后才发现,而该化妆品因临近保质期没能顺利卖出去。在此种情形下,因卖方没有主动披露保质期(按照惯常的交易和收货所需时间,6个月以内的时间几乎很难实现买方的合同目的),买方不仅支出了购买、仓储和推广该批化妆品的费用,也未能获得销售该批化妆品的预期利润,遭受了可得利益损失——这种损失比直接支出的成本更难证明,但在商业实践中具有现实意义,既可以理解为一种商业共同体默示的合理营利诉求,又需要结合商事审判理念在实践中落实。

受害方存在由于缔约机会丧失而造成信赖利益损失之可能性。其在不知情的情形下,通常会基于对不实陈述的信赖选择了实际上对其而言那么有利的交易机会,进而放弃了其他交易机会,从而遭受缔约机会损失。在商事领域商业机会具有时间属性,这些对于受害方来说更加有利的交易机会,在不实陈述被认定时很可能已不复存在,受害方因此遭受一定的机会损失。除了可得利益、信赖利益受损之外,信息型商事侵权行为给受害方带来的间接损失还有可能体现为营业损失等与利润相关的损失,这些损失在性质上均属于纯经济损失。比如,新建商场在招租时宣传商场包含规划新建的地铁站出口,商铺入驻后发现地铁站出口在未来3年都不可能开通,故商铺的营业收入与预期存在巨大差距。

2.信息型商事侵权的赔偿范围

(1)信息型商事侵权损害赔偿的基本功能和原则

在信息型商事侵权领域,根据受害方财产权益所遭受损害的性质和类型,侵权人承担侵权责任的主要方式是赔偿损失,即通过金钱赔偿的方式赔偿受害方因信赖不实陈述所遭受的经济损失,以使受害方恢复到未遭受损害前的状态。需要注意的是,前述通过赔偿使受害方恢复到未遭受损害前的状态,系指使受害方恢复到行为人的欺诈或过失不实陈述行为没有作出(或尚未发生实质影响)时的状态,而不是假设行为人欺诈或不实陈述的内容为真实的情形下受害方的财产权益所应处的状态。[1]侵权法损害赔偿的目的更多在于补偿受害方所遭受的损失。信息型商事侵权中受害方所遭受的损害正是因信赖行为人故意或过失作出的不实陈述的内容而导致,该损害是已经发生的、处于实然状态的结果,受害方在未信赖行为人的不实陈述作出某种行为选择前的财产状况也是一种现实的、实质的状态。若假设行为人不实陈述的内容是真实的,受害方可能就不会遭受损失,甚至有可能因交易或投资行为而获得一定的收益,此时以我们所预测的、应然状态下(假设行为人不实陈述的内容为真时)受害方的财产状况,与受害方在未信赖行为人的不实陈述作出某种行为选择前的财产状况相对比,显然不如后者更加如实、客观地反映受

---

[1] 参见张民安:《过错侵权责任制度研究》,中国政法大学出版社2002年版,第550页;王泽鉴:《民法学说与判例研究》(第二册),北京大学出版社2009年版,第153页。

害方因侵害行为所遭受的损失状况。

　　侵权法的基本功能是补偿,即补偿受害方因侵权行为所实际遭受的损害,基于此功能,侵权损害赔偿以完全赔偿为原则。① 这需要处理好如何补偿、补偿到何种程度之问题。属于侵权损害赔偿范围的损失,应当是受害方因信赖不实陈述而实际遭受的损失,此种损失是已然遭受的损失,而不是可能或尚未发生的损失。即使行为人因故意或过失作出了不实陈述,但是由于其他原因的出现(介入新的因果关系),信赖该不实陈述并作出行为选择的人并没有遭受实际的损失,甚至是因为信赖该不实陈述反而获益的(因被侵权而获益),则向不实陈述的行为人主张损害赔偿,缺乏正当性。不是由行为人的信息型商事侵权行为所导致或有极大可能将要导致的损失,不应归责于行为人,因此也不属于可赔偿的范围。例如,在证券领域,法律规定信息披露人承担民事赔偿责任的范围以原告因虚假陈述而实际发生的损失为限。② 在比较法上,美国侵权法中的欺诈性不实陈述和过失性不实陈述,也强调因信赖不实陈述而遭受的实际损失,才可以获得赔偿。③ 这似乎体现了损害赔偿认定(责任范围)的一种限缩,包含了对接近于纯粹经济损失性质内容认定之谨慎。

　　行为人应当为其信息型商事侵权行为承担责任,但似乎并不是受害方所有因信赖行为人的不实陈述而造成的损失都应该得到完全的赔偿。在侵权损害赔偿中贯彻完全损害赔偿的原则时,若不考虑其他的影响实际赔偿数额的因素,虽然能够更好地保护受害方(尤其是消费者、小型投资者这类容易引起司法共情和舆论压力的主体),但是也会加重行为人的负担,长此以往将产生过度预防的激励——这种过度预防的激励从事

---

① 参见王洪亮:《债法总论》,北京大学出版社2016年版,第390页。
② 《最高人民法院关于审理证券市场虚假陈述侵权民事赔偿案件的若干规定》第25条规定:"信息披露义务人在证券交易市场承担民事赔偿责任的范围,以原告因虚假陈述而实际发生的损失为限。原告实际损失包括投资差额损失、投资差额损失部分的佣金和印花税。"
③ See The American Law Institute, Restatement 2d of Torts § 549, § 552B.

前视角和长期视角来看,最终会通过市场和价格机制把成本带给未来的享有知情权的当事人(信息披露的对象)。信息型商事侵权行为的损害赔偿本质上亦是如此,其赔偿责任和具体数额受到诸多因素的影响,诸如损失的性质和类型、因果关系的相当性、行为人的过错程度以及对损失的可预见程度等,但是政策效果的本质是法律调整下的包括信息在内的市场,其信息产权的初始配置(法定默认配置)是怎样的,市场主体在司法的引导下在何种层次上分配信息发现和信息披露的成本,并通过长期的市场机制(未来的价格)加以落实。

(2)受害方损失的类型和性质决定赔偿范围和程度

关于何种类型和性质的损失应纳入信息型商事侵权损害赔偿范围,就是信息产权配置中的产权(初始)界定问题。受害方因信息型商事侵权行为所遭受的财产性损失除了直接的财产损失外,大多数情形下是诸如营业损失、投资损失等纯经济损失。法律对财产权利和财产性利益的保护程度不同,营业损失、投资损失这种纯粹经济损失,在各国民法上往往并不能获得像直接的财产损失那样高程度的保护(基于历史传统和人类的司法直觉),纯粹经济损失是否应予赔偿以及赔偿范围都受到比较严格的限制(这种限制来源也包括法官的保守主义倾向,以及被上级法院改判的压力)。在具体的案件中,受害方经济损失的性质和类型在很大程度上决定了该损失是否能够得到完全赔偿,而纯粹经济损失在法官的视野下具有不确定性。

对正常因果关系"射程"内的直接损失的赔偿一般没有疑义,有争议的是,受害方间接遭受的可得利益损失,以及纯经济损失,比如营业损失或者因商誉、信用受损等经济损失,是否可以得到赔偿,在多大程度上能够得到赔偿。从比较法的角度看,美国《侵权法重述(二)》第549节下面的评论指出:"除了直接损失,因信赖不实陈述而造成的间接损失也可以获得赔偿,只要不实陈述是该间接损失的法律原因。"①我国有学者也认为,在欺诈侵权诉讼中原告不仅可以要求被告赔偿欺诈的直接损失,也有权要求赔偿所导致的间接损失,前提是损失不太"远隔"。② 我国台湾地区学者王泽鉴认为,欺诈侵权的损害赔偿范围包括信赖利益,即受欺诈方因加害行为所受的不利益,例如订约或准备履行契约所支出之费用、贷款之利息等;但倘若没有欺诈行为时受欺诈方所能获得的积极利益,如履行利益,则不能请求赔偿。③ 这里的请求权基础之考虑,自然而然地充满了预见性理论之考量。

总体而言,无论是直接损失还是间接损失,也无论该损失是可得利益损失还是信赖利益损失,只要该损失是受害方因信赖行为人的不实陈述而实际遭受的损失,在符合信息型商事侵权行为构成要件的前提下,都属于司法可以考虑的损害赔偿范围。甚至可以说,在人类的未来中虚拟财产、虚拟世界中的权益和预期的纯粹经济损失等无形权益,才代表着司法所保护的主要对象的未来。

畅谈未来的成本,仍无法回避法律这一古老学科的传统惯性。由于侵权法对损害赔偿责任的各种限制,受害方被侵害的权益受到法律所保护的程度、法律意义上因果关系的远近程度、行为人的过错程度(包含对损失的预见程度)等,均能够对侵权损害赔偿的数额产生影响,因此受害方最终可获得的赔偿金额需要综合个案的具体情况予以确定。在信息型商事侵权所导致的纯经济损失的赔偿问题上,由于现阶段各国侵权法对于纯粹经济损失的全额救济较为保守,在信息型商事侵权的损害赔偿中,除非有特别法之明文规定,否则很难进行全额救济。但纯粹经济损

---

① The American Law Institute, Restatement 2d of Torts § 549 Comment d.
② 参见张民安:《过错侵权责任制度研究》,中国政法大学出版社2002年版,第550~551页。
③ 参见王泽鉴:《民法学说与判例研究》(第二册),北京大学出版社2009年版,第153页。

失,毕竟不是惩罚性赔偿需要法律明文规定,其难度在于证据法上,而非在于认定的实体逻辑上。

(3)可预见性规则在信息型商事侵权损害赔偿中的适用

在违约损害赔偿中,赔偿数额不可避免地受到可预见性规则的限制。《民法典》第584条的但书规定,即当事人一方因不履行合同义务或者履行合同义务不符合约定给对方造成损失的,赔偿数额不得超过违约一方订立合同时预见到或者应当预见到的因违约可能造成的损失。① 在侵权法领域,特别是在过失侵权案件中,适用可预见性规则对侵权损害赔偿的范围进行适当限制,亦是常态,否则将会使侵权责任的边界过于宽广,行为人的赔偿责任过分加重。可预见性规则应当适用在因不实陈述造成的可得利益损失或营业损失等纯经济损失的赔偿中,受害方可得利益损失或纯经济损失的赔偿数额在法理上限于行为人可以合理预见的范围——关键是预见是一种基于事实依据的想象力行为,需要进一步明确司法标准。在极端情况下,如果行为人根本无法预见其关于信息不实陈述会损害受害方的可得利益,或者妨害其生产经营,造成相应的纯经济损失,则不应当要求行为人为此损失负责。美国《侵权法重述(二)》亦运用可预见性规则对不实陈述的损害赔偿范围进行限制,在第548A节规定,可以被合理地期待由信赖不实陈述所导致的损失,该欺诈性不实陈述才构成受害方因依赖该不实陈述行动或不行动导致的金钱损失的法律原因。②

行为人是否可以合理预见,以及合理预见的损失范围,应当以当时情形下一个合理人是否能够预见其行为会给他人造成损害、可能造成多

---

① 《民法典》第584条规定:"当事人一方不履行合同义务或者履行合同义务不符合约定,造成对方损失的,损失赔偿额应当相当于因违约所造成的损失,包括合同履行后可以获得的利益;但是,不得超过违约一方订立合同时预见到或者应当预见到的因违约可能造成的损失。"

② See The American Law Institute, Restatement 2d of Torts §548A.

大程度的损害为判断标准,如果行为人是具有特殊知识或经验技能的商事主体或某领域的专业人士,则应以其所属群体中的一般人的预见能力作为参照进行判断。除了适用前述可预见性判断的客观标准,还应考虑行为人的主观因素,综合受害方的身份、行为人的实际认知情况进行判断,因为这些因素都会对行为人的预见能力产生影响。倘若受害方是商事主体,其营业是公开进行且持续的,实施欺诈行为属于应当预见到其不实陈述将可能导致商事主体在收到存在瑕疵的货物原料后无法正常组织生产,按时向其客户交货,甚至导致受害方以往积累的良好形象和信誉受损,经营利润下降。因此对于商事主体所可能因信赖不实陈述所遭受的损失类型和范围,具有"合理人"标准的普通人是可以预见到的。同时,"合理人"标准还要求,具有超出平均水平的知识、技能或智力的当事人,在具体情形中应当运用这些能力。① 通常来说,具体案件中行为人自身的认知水平和能力越高,对与交易相关的信息掌握得越全面,其实际认知水准和判断力越出色,预见能力也会越强,能够更加容易预见到其行为的后果、可能给相对方导致的损害类型和损失大小——当然这又涉及是否应该将同行业、类似状况的一般性标准予以普遍适用,还是应该充分考虑个案中该主体的特点。在确定受害方损害赔偿的范围和数额时,同样存在个案性标准和一般化标准之权衡和选择问题。

(4)赔偿责任与行为人的过错程度相适应

在信息型商事侵权中,过失不实陈述行为和欺诈性质的故意不披露行为相比,不仅在构成要件上更为严格,在侵权责任的认定上也受到更为严格的限制。比起故意作出不实陈述或故意不披露相关信息获取他人的信任,欺骗、诱导他人作出错误的交易、决策选择,行为人仅是因疏忽大意、不够谨慎而过失地提供不实信息,其主观恶劣程度和可非难性

---

① 参见刘文杰:《论侵权法上过失认定中的"可预见性"》,载《环球法律评论》2013年第3期。

小,相应地应承担的法律责任也相对较小。行为人给受害方因信赖其不实陈述造成的损失,应根据行为人的主观状态是故意还是过失,来确定损失的赔偿范围和数额。对于其中的纯粹经济损失,原则上不应要求过失作出不实陈述的行为人承担损害赔偿的责任,而只能向实施欺诈或是故意不披露行为的主观恶性较大的行为人要求损害赔偿。

典型的如会计师在执业活动中出具不实报告致使相关利害关系人遭受损失的情形。《最高人民法院关于审理涉及会计师事务所在审计业务活动中民事侵权赔偿案件的若干规定》根据会计师事务所执业中故意或过失等情形,分别对受害方承担损害赔偿责任进行规定,会计师事务所如果故意出具不实报告给利害关系人造成损失,应与被审计单位承担连带赔偿责任;会计师事务所如果在审计业务活动中因过失出具不实报告,则根据过失大小确定赔偿责任。[①] 其中的责任承担就存在质的差异,因为过错也存在质的差异,还存在是否要承担连带责任之问题——司法实践倾向于让故意之行为主体承担连带责任。

司法实务中根据具体案件中的会计师事务所在执业过程中是否遵守相关的执业规范,是否尽到了职业关注和职业谨慎,判断会计师事务所在出具不实报告时是否存在过失,是否应当承担责任以及承担责任的范围,这是责任范围的法律适用问题,需要和责任成立的问题进行区分。例如,在一起会计师事务所接受公司的委托出具不实验资报告的案件中,法院认为作为专业验资单位的安德会计师事务所在从事验资业务时,应具有专业胜任能力,保持应有的关注强度和必要的职业谨慎,并进一步指出了具体的行为标准,"如果保持必要的职业谨慎,通过采用向银行询证、严密控制函证程序、到开户银行检查出资者是否实际缴存货币资金等调查方法,理应能够发现德汇特公司四股东虚假出资这一严重不

[①] 参见《最高人民法院关于审理涉及会计师事务所在审计业务活动中民事侵权赔偿案件的若干规定》第5条、第6条。

实情形,但是安德会计所未能发现该虚假出资事实",因此法院最终认定其出具不实验资报告的行为存在过错。① 该案中法院适用《最高人民法院关于审理涉及会计师事务所在审计业务活动中民事侵权赔偿案件的若干规定》第4条及第10条的规定,判决该会计师事务所以不实审计金额为限承担相应的赔偿责任,法院认定该会计师事务所在主观上系存在过失,需承担与其过失相应的责任。

在李某某与顺达建筑公司、张某某、王某某、宏信会计师事务所民间借贷纠纷案中,原告诉请宏信会计师事务所在其证明的虚假资金范围内就债务人的债务承担还款责任,法院认定宏信会计师事务所在验资过程中存在重大过失,并结合其过失验资不实对原告所遭受损失的原因力大小,判令会计师事务所在验资不实的范围内对原告的损失承担赔偿责任。② 在苏州市元山建材有限公司与徐某某、杨某某等股东损害公司债权人利益责任纠纷案中,法院认定金鹰会计师事务所出具的验资报告中的一项表述与事实不一致,按照《最高人民法院关于审理涉及会计师事务所在审计业务活动中民事侵权赔偿案件的若干规定》第6条确定其赔偿比例为20%。③ 在这些案件中,对于赔偿金额的认定,法官实质上都在反复权衡过错程度和原因力的大小,此两项因素是判断责任范围的核心因素。

(三)责任规则:损害赔偿数额的计算

1. 按照受害方实际损失的数额确定侵权损害赔偿数额

(1)实际损失数额的计算方法

在侵权案件中,通常需要确定受害方因侵权行为所遭受的实际损失

---

① 参见山东鑫万通钢结构有限公司与陵县安德有限责任会计师事务所、山东德汇特新材料有限公司等追偿权纠纷案,山东省高级人民法院(2016)鲁民终935号民事判决书。

② 参见李某某与顺达建筑公司、张某某、王某某、宏信会计师事务所民间借贷纠纷案,陕西省宝鸡市中级人民法院(2017)陕03民终1200号民事判决书。

③ 参见苏州市元山建材有限公司与徐某某、杨某某等股东损害公司债权人利益责任纠纷案,江苏省苏州市中级人民法院(2016)苏05民终8532号民事判决书。

数额,然后确定侵权行为人的损害赔偿数额。侵权损害赔偿中财产性损害的确定一般采取"差额说",即将受害人在损害发生之前的财产状况与损害发生后的财产状况进行比较,如果二者之间存在差额,则表明受害方受有损害。① "差额说"的计算标准,将行为人的侵权行为作为影响受害方损害结果(财产变化)的变量因素,考察行为造成了多大程度的损失。这种确定受害方损失,进而确定损害赔偿数额的标准在信息型商事侵权损害赔偿领域亦具有现实意义。在计算受害方的具体损失以确定信息型商事侵权行为人所应承担的损害赔偿数额时,一般是以受害方因信赖不实陈述选择作出(或不作出)特定交易或投资行为前后的财产利益状况的差额为标准。例如,对于受害方因不实陈述而额外支出的维修、更换费用,或者为订立、履行合同所支出的费用等金钱财产损失,在举证上可以直接以其支出费用的具体数额进行财产利益状况的差额比较。对于不属于金钱支出的损失,特别是对于有替代物的或者可以估价的物品,在计算损失数额时一般以该物品的市场价格为标准。《民法典》第1184条规定:"侵害他人财产的,财产损失按照损失发生时的市场价格或者其他合理方式计算。"如果商行声称其出售某知名画家的画作保证为真品,而受害方以50万元的价格购买,之后发现该画作是赝品,实际值200元,那么,受害方的损失是其为购买赝品所支付的50万元和200元之间的差额。在计算差额时,该200元是以市场上该赝品画作的价格为标准确定的,同时也没有排除当事人的合同撤销请求权。

比较受害方在损害发生前后的财产状况之变化以确定差额的方法,并非适用于所有类型的损失,例如,对受害方丧失的可得利益的计算,就无法适用差额法,而是可以独立计算。② 在信息型商事侵权中,受害方可能会因信赖不实陈述而遭受可得利益损失和营业性质的损失——特

---

① 参见程啸:《侵权责任法》(第2版),法律出版社2015年版,第217页。
② 参见王洪亮:《债法总论》,北京大学出版社2016年版,第393页。

别是在受害方作为商事主体,在被欺诈交易中涉及的标的物是用于营利的生产资料,抑或是存在系列相同性质交易的情形下,受害方因信赖行为人的不实陈述而与行为人或第三方进行交易,不仅在该不实陈述的交易中遭受了经济损失,还可能在后续与他人的交易中对相对方违约,甚至造成商誉和信用下降,不仅丧失与交易直接相关的可得利益,还丧失了与其他被侵害客体竞合的预期利益。间接的经济损失,在信息型商事侵权损害赔偿中是应当研讨的,因为信息的信赖和影响,不仅与有形范围之财产相关,也会对因果关系"射程"内的无形财产产生影响。如果间接损失属于侵权损害的可讨论之赔偿范围之内容,接下来面临的问题就是如何计算受害方所遭受的间接损失的数额,以及如何确定可予以赔偿的间接损失数额。一般来说,受害方因信赖不实陈述而遭受可得利益损失时,应当考虑受害方根据相关的合同或交易可确定获得的利益,比如将交易标的物转售后本应获得的利润差价——这暗示了行为人在做出行为时可以预见或应该可以预见之范畴。在计算利润差价时,如果受害方已经和他人以合同的方式明确确定了交易价格,则依该确定的交易价格计算该合同正常履行时受害方可以获得的利益数额。在实务中,证明行为人知悉或应当知悉特定的合同或交易关系之存在,需要明确原告之举证责任范围。倘若受害方因信赖不实陈述而遭受营业损失,或因商誉、信用下降带来纯经济损失,则需要依据受害方在遭受损失前的经营状况、营利能力,并结合当时损害结果发生时的市场状况,合理预估在行为人没有实施不实陈述的情形下受害方的客源情况、营利能力和营业收入,为受害方因信赖不实陈述所遭受的纯经济损失确定一个相对客观、合理的数额,进而确定侵权行为人应当赔偿的数额。

(2)实际损失的计算时点

因证券虚假陈述而遭受损失的投资者,其损失数额的计算时点有一个经典规则——确定投资差额损失计算的基准日,在此基础上按照统一的计算标准确定具体的损失数额,若投资者是在基准日之后卖出或者仍持有证券,则其损失计算的合理期间为虚假陈述揭露日或者更正日起至基准日的期间。①

在法律没有对其他情形的信息型商事侵权行为中受害方损失的计算时点进行特别规定时,应按照《民法典》第1184条中规定的"损失发生时",作为侵权行为给受害方造成损害后受害方的财产利益状况的计算时点——虽然"损失发生时"具有巨大的解释空间,而实际损失也从来未必发生在一个瞬间,这就意味着如果"损失发生时"是一个时间段,那么究竟是以中间的时间点为准,还是以更小单位时间段内的损失为平均值或中位数作为基准,乘以时间单位总量进行计算,都是需要在司法实践中解决之问题。在信息型商事侵权中,一般可以从受害方根据不实陈述作出特定行为选择时比较财产利益状况的差额,确定损失数额,即使行为人的不实陈述在未来才被揭露;②如果不实陈述的影响和导致的损害在持续发生,则应当将该段期间内受害方的财产利益状况都考虑在内,但这又同样涉及对"损失发生时"的文义解释。

2. 确定损害赔偿数额的其他方式

在信息型商事侵权中,如果受害方因信赖不实陈述所遭受的损失数额难以确定,则可以按照行为人不实陈述导致受害方的损失,或者侵权人因侵权所获得的利益确定侵权损害赔偿的数额。如此,行为人将不能从其意图损害他人利益的不实陈述行为中获得任何经济利益,降低潜在侵权人作出不实陈述损害他人的激励,减少信息型商事侵权行为及其损害的发生。这个制度在笔者看来,实际上是一种与不当得利制度具有共性的制度安排,也可以理解为在制度设立者的潜意识中对"人不能从自

---

① 参见《最高人民法院关于审理证券市场因虚假陈述引发的民事赔偿案件的若干规定》第31~33条。
② 未来的损失或收益充满不确定性,对于司法而言,更多地应解决眼前的问题。类似的问题还有:未来不确定,永远有多远,就像《公司法》修订前认缴制下约定的缴纳期限。

己违法行为中获益"这类法律谚语的一种不自觉遵循。因为,这个制度也可以进一步细化为:人不可以因明示、默示地在信息问题上进行机会主义行为,而使自己获益——至少法律可以进行一种类似于"归入权"的方式,将其违法收益再分配给受害方。

(四)责任规则:欺诈领域中惩罚性赔偿的适用

以受害方遭受的实际损失作为侵权损害赔偿数额的计算标准,是侵权法补偿功能的体现,此时对受害方的赔偿是补偿性的损害赔偿,目的是使受害方的经济学效用(utility)恢复到损害发生前的水平。但除了补偿功能外,侵权法同时具备惩罚和预防功能。对于某些性质恶劣的侵权行为,通过责令侵权行为人承担远高于受害方实际损失的惩罚性损害赔偿,可以有效威慑和制裁行为人,同时可以激励行为人的行为,从事前视角减少损害发生的概率。

惩罚性赔偿的适用在欺诈领域是必要和有效的,这也很容易为公众所认可。在故意信息型商事侵权中,尤其是怀有恶意欺诈他人的行为人,其往往抱着通过他人信赖进而获取不当利益、损害他人权益的意图。如告知他人不实信息以诱使对方与其进行交易,从中获取利润;或者仅是出于报复心理告知他人不实信息,希望对方信赖该不实信息进行交易,进而遭受经济损失。欺诈行为人在主观上的"画像"是恶劣且显著的,由于现实中受害方实际损失数额的计算难度、证据获取、诉讼时效等问题,欺诈行为并不一定都会受到法律的制裁,因此通过惩罚性赔偿的倍率修正受到制裁的概率,则具有很强的法律经济学意义。对恶意欺诈行为人,如果只按受欺诈方的实际损失或欺诈方因欺诈行为获得的利益对受欺诈方进行损害赔偿,则欺诈方的损害赔偿责任可能过轻,欺诈行为实施的经济学预期成本远低于其预期收益,在惩罚和预防方面难以提供有效的法律威慑。欺诈方因欺诈行为所获得的利益可能超过了受害方的损失,因此即使赔偿了受害方的实际损失,欺诈方也仍能从欺诈行为中获得部分收益,而实施惩罚性赔偿能够将其收益剥夺,有效降低潜在的行为人妄图通过欺诈获利的动机。

根据汉德公式,当预防成本 B 小于预期的事故成本 PL(即事故发生的概率 P 和事故导致的损失 L 之间的乘积)时,若行为人没有采取措施预防事故的发生,则意味着行为人存在过错,需要承担侵权责任。欺诈是一种故意侵权,行为人在实施欺诈行为时不仅不会付出成本预防侵权的发生,反而会支出相应的成本实施欺诈行为,因此欺诈案件中欺诈方的预防成本 B 实际上是一个负数,预防成本 B 要远远小于预期的事故成本 PL。波斯纳认为,此时通过使损害赔偿的金额高于实际损失 L,可以保证损害赔偿对违法违规行为的有效震慑,因此只要在实际损害赔偿估价上加一定程度的惩罚性损害赔偿就能解决上述问题。① 这种思路就是典型的通过赔偿金额的放大,对惩罚概率较低(提升的司法成本较高)进行修正,本质上是由于正义如果被认为是一种司法意义上的特殊供给物,其也是需要计量成本的。惩罚性赔偿是司法成本较小的一种正义产品。

如前所述,一方面,欺诈行为被发现和制裁的概率不可能是(甚至远低于)100%,有很多欺诈行为没有暴露,或即使暴露也因证据不足等方面的问题,而使欺诈行为人实际上没有承担相应的损害赔偿责任;另一方面,仅依靠补偿性的损害赔偿,难以对行为人不得实施欺诈行为提供有效的威慑。因此除了适用惩罚性损害赔偿外,还需要合理确定惩罚性赔偿数额。假设欺诈方因欺诈行为暴露而被诉至法院并被判决承担损害赔偿责任的可能性为50%,那么欺诈方预期承担的赔偿数额只有欺诈行为预期给受害方带来的损失(PL)的50%,所以,此时在适用惩罚性赔偿并确定惩罚性赔偿的数额时,为使欺诈方预期承担的赔偿数额恢复到预期损失(PL)的水平,应将欺诈方应承担的损害赔偿数额翻倍,即2×

---

① 参见[美]理查德·波斯纳:《法律的经济分析》(第7版),蒋兆康译,法律出版社2012年版,第293~294页。

50% PL = PL。① 如此欺诈方实施欺诈行为带来的损害得以内部化,也保持了法律的威慑。② 这种测算,即使通过惩罚性赔偿进行修正,如果考虑到司法本身运行的成本,其社会成本仍然可能是亏损的,只是比等价赔偿在社会成本意义上会亏损得少一些。考虑到有些信息的传播和影响范围(如上市公司虚假陈述),需要进一步通过集团诉讼放大对被告的惩罚性赔偿的威慑力。

四、损害的性质

(一)经济学视角下信息型商事侵权的损害

1. 降低资源配置效率,增加交易成本中的信息成本

交易中的当事人均享有一定的私人信息,而对交易相对方所享有的私人信息往往并不清楚。这种情况部分归因于社会的劳动分工和专业化,交易中不同的当事人所从事的职业、所掌握的知识和经验不同,自然对某些与交易相关信息的掌握程度存在差异。在交易中,对于某种特定的交易信息,通常存在具有信息优势一方,例如卖方对其产品的了解方面具有信息优势,其对自己产品的性能、质量等信息的了解比买方更加清楚;律师对案件涉及的法律问题、办理的难易程度、胜诉的概率等问题比当事人更加清楚(尤其对是否可以进行风险代理高度敏感,因为风险代理是基于专业经验对胜诉率的一种测算)。特定的交易信息对于交易中处于信息劣势的一方,具有更大的重要性,能够影响其交易选择,进而影响其谈判能力——掌握该信息的一方可以利用该优势为自己获取更多的谈判利益,也可以在后续的履行中为自身争取更多权益。当行为采取的手段并非正当合法,例如使用欺诈的手段故意告知他人不实信息以谋取交易机会,该行为损害了他人的合法权益,在法律和道德上的评价

---

① 参见[美]理查德·波斯纳:《法律的经济分析》(第7版),蒋兆康译,法律出版社2012年版,第295页。
② 参见魏建:《法经济学:分析基础与分析范式》,人民出版社2007年版,第123页。

是负面的,但是仅仅在道德上进行谴责,而不深究相关法律制度的经济学基础,显然是一种不全面的理解。

从效率的角度考量,基于错误信息进行的交易,尤其是存在欺诈情形的交易,往往会降低资源配置的效率,无法实现社会资源利用的最大化。商事往来的主体间普遍存在信息不对称的现象,市场主体为了交易的顺利进行可能会适当披露自己的私人信息,或者为自己的产品、服务提供担保,消除信息的不对称和交易对方的疑虑。但交易一方不可能将自己所有的私人信息都予以披露,而是有所保留,使自己在交易中占据一定的优势。当信息不对称的程度严重时,可能扰乱市场,以至于市场主体无法通过自发的交易实现社会资源的最优配置。[1] 正如前文所述的阿克洛夫对二手车市场的分析,信息不对称将会带来逆向选择问题,导致劣币驱逐良币,妨碍正常的市场竞争秩序,影响市场配置资源功能的发挥。

经济学认为,有效率的交易应当能够使社会资源从对其估价更低的主体流向对其估价更高的主体,让资源得到更好的利用。在存在信息型商事侵权行为的交易中,受害方在行为人因故意或过失作出的不实陈述影响下作出的交易选择,并不是出于其真实的意愿,故交易对价亦不能如实反映当事人内心真实的估价。比如,某车主以 20 万元的二手车市场均价卖出了自己的一辆汽车,该车存在耗油量大的缺点,而车主在向买方介绍该车的情况时隐瞒了这一事实,声称汽车没有任何缺陷,如果买方知道这辆汽车的耗油量大,作为一个理性的经济人,买方对该存在瑕疵汽车的估价会低于市场的均价 20 万元,显然不会想花"高价"购买这辆实际上不值 20 万元的汽车。此时车主在汽车耗油量大的事实上的隐瞒行为,向买方传递了关于汽车质量的错误信息,买方基于该不实信

---

[1] 参见[美]罗伯特·考特、托马斯·尤伦:《法和经济学》(第 6 版),史晋川、董雪兵等译,格致出版社、上海三联书店、上海人民出版社 2012 年版,第 37 页。

息支付了20万元购买该辆汽车,相当于汽车从对其估价更高的主体流向对其估价更低的主体。该交易带来的直接结果就是市场资源得不到最佳的利用。

对于整个社会来说,由于资源未能得到最优的配置,也就无法达到帕累托改进甚至是帕累托最优的状态,因此产生了相应的效率损失。相反,倘若车主坦诚告知买方汽车存在耗油量大的事实,吸引前来购买该汽车的是愿意接受汽车的瑕疵和价格的买方,比如可能是因经济条件紧张而支付不起更高的价格的人,或者是不经常驾车出行、对耗油量和汽油费不太在意的人。此时交易的对价能够反映当事人对交易物的真实估价情况,该汽车也因这项交易转移至更能有效利用该汽车的主体,该项交易对于买卖双方来说都是有益的,因而该交易是有效率的。

资源经由交易被转移到更能发挥其效用和价值的使用者手中,将能创造一定的价值,这种价值被称为合作剩余。① 然而,建立在错误信息基础上达成的交易,往往并不能真正创造合作剩余,无法带来社会财富的增长。正如波斯纳指出,像欺诈这类的侵权以及与之相对应的犯罪行为,实质上是由受害方向侵权人的强制性财富转让,这样的行为是无效率的。② 因为在欺诈性交易中,一方获得的利益建立在另一方遭受损失的基础之上,而不是双方通过此项交易创造新的合作剩余,实现共赢。例如,在房屋买卖交易中,假设卖方对其房屋的估价是90万元,而买方对该房屋的估价是105万元,双方以100万元的价格达成房屋买卖的合意,此时该交易创造了15万元的合作剩余,对于买卖双方和整个社会来说,都是有效率的,因为该交易的达成使房屋流转到对其评价更高的买方手中,买方和卖方都从中获得了一定的经济利益,社会资源的配置也

---

① 参见[美]罗伯特·考特、托马斯·尤伦:《法和经济学》(第6版),史晋川、董雪兵等译,格致出版社、上海三联书店、上海人民出版社2012年版,第68页。
② 参见[美]理查德·波斯纳:《法律的经济分析》(第7版),蒋兆康译,法律出版社2012年版,第292页。

更加优化。假如卖方在交易过程中没有如实披露该房屋冬天采光严重不足的事实,买方入住后才发现。假若买方事先知道该事实,便不会以 100 万元的价格购买该房屋,因为采光条件不好的房屋对其效用只值 80 万元,买方不会为购买该房屋支付超过 80 万元的价格。此时的买方以 100 万元的价格购买了对其效用只有 80 万元的房屋,其不仅没有从交易中获益反而遭受了损失,只有卖方从中获得了经济利益,且卖方获得的利益是建立在买方受损的基础之上,即卖方基于该交易获得的 10 万元财富增长其实是由买方以非自愿的形式转移而来。

因此,由于房屋从对其评价更高的卖方流转到了对其评价更低的买方手中,该交易既没有创造合作剩余,也没有增加社会财富,而仅仅是将一部分财富从买方的手中转移到卖方的手中(一种财富转移)。这项无效益的交易对社会财富的增进没有任何益处,反而会带来相应的效益损失,因为买卖双方在从接触到谈判再到达成交易并履行交易的过程中,都各自耗费了一定的时间、精力和金钱,而这些交易成本原本是没有必要花费的。

信息型商事侵权制度所调整的,在一些特定的领域不仅是某个特定标的购买或投资的问题,其本质是一个市场资源是否有效配置的问题。在决定是否入伙合伙企业,是否购买某上市公司的股票,以及是否购入某特定类型知识产权时,虚假的信息,会导致购买者或投资人对资金的错误使用,进而导致资源的误配。这里存在一个法律经济学意义上的机会成本,在资金和资产配置上由于信息的扭曲使这些投资和资源失去了准确配置的可能性。机会成本并不是指会计成本,可以理解为因特定选择而失去的本可以选择的其他机会(如投资和资源配置)。因此法律经济学的一个重要命题就是,如何通过机会成本的理论理解和解释由于信息扭曲造成的交易成本。如何量化评估由于法律制度的缺位或者无法有效实施而导致的资源错配。信息的扭曲,其对无形资产资源配置的损害,往往比对有形资产的损害更大;其对营业财产资源配置的损害,往往比对非营业财产的损害更大。

2. 市场信息的扭曲与无法实现的合作剩余

公司的业绩在理想状态下反映在股票的价格中,因此该制度有效运行的前提是法律制度可以有效应对虚假陈述和不实陈述,其行为边界往往由《证券法》界定。一般商品,在没有不良信息干扰的情况下,以低交易成本反映其真实的品质等核心要素,其行为边界往往由《民法典》诚实信用原则和《消费者权益保护法》具体规则等进行调整。这些法律渊源可以在体系上统一于侵权法的违法性构成要件之中。信息扭曲的法律规制,对作为或者不作为之行为都进行调整,其目的在于避免信息扭曲和失真,避免难以真实展示标的之市场价值。

信息型商事侵权发生的根本原因在于商事交往主体间存在的信息不对称。信息不对称现象的存在,会引发市场主体实施商事侵权行为,例如拥有私人信息的市场主体利用信息优势进行欺诈。但信息型商事侵权行为导致不实信息在市场主体间的传递和流动,又会进一步扭曲市场信息的分布。行为人有意而为或是基于过失导致错误、致命不实信息在市场主体间的传递,抑或是导致部分本应在交易双方间传递的有效信息没有传递,无疑也会加剧市场主体间的信息不对称,导致市场的无效或低效。

信息不对称容易引发信息优势方的道德风险,其利用信息优势地位实施不诚信的行为。例如,通过提供不实信息、故意不披露与交易相关的实质性信息等行为手段,试图从交易中获取更多的利益,或者为了打击报复竞争对手而向市场披露虚假信息。交易当事人有意利用自身的信息优势实施的投机行为,不仅损害交易相对方甚至第三方的利益,更加剧了市场中不实信息的存在,阻碍真实信息的流通。即使信息优势方无意利用自身的信息优势牟取不正当的利益或损害他人,也有可能因为疏忽大意、不够谨慎而制造、传播不实信息。例如,财务人员在向上市公司提交的财务报告中不慎遗漏了一些重大信息。这些无论是有意还是无意被制造的不实信息,一旦在市场中传播扩散,除了会干扰直接或间接参与市场交易主体的经济决策和商业判断,使他们因信赖该不实信息而遭受经济损失外,在宏观层面,信息问题也会加剧市场主体间信息的不对称,造成市场信息的扭曲。如果交易市场中充斥着欺诈行为和不实信息,正常的市场竞争秩序将遭到破坏,长此以往,将会导致逆向选择、市场失灵等恶性结果(见表3-1)。

表3-1 信息不对称:特定商业模式的消亡

费率 x	商事主体 A "良币" (实质风险10%)	商事主体 B "次劣币" (实质风险20%)	商事主体 C "劣币" (实质风险30%)
x<10%	加入	加入	加入
10%≤x<20%	退出	加入	加入
x≥20%	退出	退出	无加入意义("保险池"消失)

如果对披露必要信息缺乏法律制度的激励,就会导致"劣币驱逐良币"的不良结果,并减少市场上的合作剩余。如保险公司对特定行业和领域的商事主体提供对其营业状况之保险,在没有具体信息披露的情形下,其倾向于对同类型之企业采取一个具有参照价值的一般性费率,这个费率很大程度上取决于商事主体可能遭受的平均风险。由于信息不对称之存在,保险公司无法完全识别商事主体的真实风险,因此只能把商事主体视作同类企业收取按平均费率收费。现在商事主体 A 为低风险企业,商事主体 B 为中风险企业,商事主体 C 为高风险企业,风险分别为10%、20%和30%。当费率小于10%时,商事主体 A、商事主体 B 和商事主体 C 都会参保,但此时保险公司面临的平均风险为15%,此商业模式无法成立。因此保险公司将把费率调整为大于等于10%且小于20%,此时,对于商事主体 A 而言,投保的成本大于收益,商事主体 A 会退出保险市场,市场上只剩下商事主体 B 和商事主体 C,二者的平均风

险上升为25%,低于20%的保险费率会导致保险公司亏损,因此这个商业模式也不成立。如果保险公司将费率调整为大于等于20%,则仅有商事主体C给自己保险,还要负担保险公司的运营成本,该保险设立已无意义。这意味着由于信息不对称,高风险的商事主体如果没有充分披露自身的实际风险信息,会导致本身可以实现的合作剩余无法实现,进而导致市场萎缩。仅仅靠违约责任制度,显然无法解决这一困局。法律体系应结合披露义务和一般性的侵权责任制度,提供必要的信息披露激励,以实现更多的合作剩余,促进社会福利的增加。对于违反这种披露义务的损害赔偿,应当着眼于提供事前的激励,以促成商业合作之实现,其本质是对商事主体支付函数的改变。

3. 增加交易成本和事故管理成本:卡拉布雷西的第三类成本

信息型商事侵权行为给市场信息造成的扭曲,也会增加市场主体的交易成本。信息发现成本亦属于交易成本的一部分。为在复杂的经济形势和商业环境下作出正确的决策选择,市场主体通常需要尽可能多地从各种渠道获取真实、充分、全面的信息,如搜寻潜在的交易对象、充分了解商品的信息、核实对方是否具有相应的经营资质等,凡此种种都需要花费精力和资金。在市场信息本就不对称的情形下,若交易中的一方故意提供不实信息或隐瞒真实信息,抑或因疏忽大意而传播不实信息,加剧市场信息的不对称,那么交易双方以及潜在的市场主体将要花费更多的成本进行交易信息的搜索和核实,以尽可能作出正确的商业决策,防止交易对方的不诚信或疏忽行为给自己造成经济损失。

信息型商事侵权作为一种特殊的侵权行为类型,与其他侵权行为的不同之处在于,其与不实信息的传播相关,该种侵权行为一旦发生,除了会给直接或间接参与交易的主体带来经济损失,还会给整个市场的信息流通、资源配置和市场秩序带来恶劣影响,无疑会导致很大的损失。同时,市场主体在商事往来过程中故意或过失实施的信息型商事侵权行为,在给他人造成损失的同时也带来了越来越多的法律纠纷,相应地,国家解决相关纠纷、定分止争的行政和司法管理成本无疑也会增加。

(二)信息型商事侵权归责原则和预防标准的设置

侵权法是关于什么是侵权、如何认定某种行为构成侵权以及如何设置侵权责任的一系列制度安排。传统侵权法理论将补偿受害者因侵权行为造成的损失作为侵权法的基本功能和目标。法律经济学提供了另一种思考维度,将侵权行为看作产权人因侵害行为而被迫与侵权行为人之间进行的"强制性"交易,①并从整个社会的角度考虑侵权行为给社会带来的成本和收益,进而试图通过侵权制度的设计,更好地预防侵权事故的发生以及降低侵权事故带来的社会成本,实现经济和效率的价值追求。这也正是侵权制度的经济目标所在,即尽可能降低侵权事故带来的社会成本。

著名的事故成本理论是由盖多·卡拉布雷西提出的,他认为,除了实现正义和公平的要求之外,法律的首要功能和目标在于减少事故成本与避免事故发生的成本的总和,并将这种成本减少的目标划分为三个子目标:第一个子目标是降低事故的数量与严重程度,第二个子目标是降低因事故产生的社会成本,第三个子目标是降低处理事故的管理成本。② 下面结合卡拉布雷西的三类成本理论进行分析:③第一类事故的成本重点在于避免事故发生,卡拉布雷西认为,可以通过一般威慑和特殊威慑的方法减少事故的数量、降低事故的严重程度。卡拉布雷西的第二类事故成本,是指事故发生后所带来的社会成本,减少由事故产生的社会成本是制度的次要目标,其主要是通过风险分散和财富转移的方式

---

① 参见魏建:《法经济学:分析基础与分析范式》,人民出版社2007年版,第99页。
② 参见[美]盖多·卡拉布雷西:《事故的成本:法律与经济的分析》,毕竞悦、陈敏、宋小维译,北京大学出版社2008年版,第22~26页。
③ 参见[美]盖多·卡拉布雷西:《事故的成本:法律与经济的分析》,毕竞悦、陈敏、宋小维译,北京大学出版社2008年版,第24~26页及相关章节。

来转移事故的损失,实现对受害者损失的救济,减少侵权事故导致的社会效益下降——这实际上意味着对信息不对称风险的一种制度化分配。卡拉布雷西的第三类事故成本,是指处理事故而付出的行政、司法方面的管理成本,降低处理事故的管理成本,通过设计合理的制度和纠纷解决程序提升效率,降低包括为减小前述首要成本和次要成本而付出的制度性成本——这意味着执法和司法对信息型商事侵权问题之专业化和低成本化。

从法律经济学的视角看,侵权制度的设计包括如何认定某种行为构成侵权进而课以侵权责任,涉及行为人的预防和激励问题,因此法律经济学也重视研究如何通过设置合理的归责原则和预防标准,使人们在进行活动前考虑实施侵权行为的成本和收益,将事故的成本纳入考量范围,从而减少侵权行为的发生以及其带来的社会成本。具体到信息型商事侵权法律制度,信息型商事侵权行为的认定、归责原则以及过失侵权中的预防标准问题,都是需要研究的关键内容,因为这些信息型商事侵权具体规则的设定,均关系到该制度是否能够实现侵权制度的经济目标,最大限度地降低信息型商事侵权的社会成本。以下我们将结合法律经济学的内容进行分析,阐述如何通过归责原则和预防标准的合理设置,在尽可能促进信息流通的前提下预防信息型商事侵权行为的发生,降低信息型商事侵权的事故成本。

1. 过错责任原则作为信息型商事侵权归责的一般原则

信息型商事侵权的制度目标是要通过侵权构成要件和侵权责任的设置,将故意或过失进行不实陈述带来的负外部性内部化,激励潜在的行为人提高预防水平,在交易过程中合理谨慎地提供相关必要信息并保证信息的真实性、准确性和完整性,避免将不实信息传递给他人和社会带来的各种损失。进一步来说,如何选择和适用信息型商事侵权的归责原则,关系到信息型商事侵权最小化和卡拉布雷西提出的三类事故成本的经济目标能否实现。

侵权法的责任归责原则是影响当事人预防投入的因素之一,①但作为侵权法主要归责原则的严格责任原则和过错责任原则,其给予潜在的侵权行为人和受害方在是否会采取措施预防侵权事故的发生、采取预防措施的种类、预防程度等方面激励是不同的。② 在严格责任原则下,无论侵权行为人在主观上是否具有过错,都需要为其实施的侵权行为给受害方所造成的全部损失承担侵权责任;而在适用过错责任原则时,对于同样实施了侵权行为的行为人,只有其在主观上具有过错才需要为侵权行为承担责任。因此,相较而言,严格责任原则比过错责任原则更能够激励侵权行为人采取高标准的预防水平避免侵权事故的发生。就对当事人预防的激励来说,严格责任原则只能提供侵权行为人的单边预防,因其不考虑行为人的过错程度,无论如何受害方都能够从侵权人处获得全部损害赔偿,故无法也对受害方提供采取措施预防侵权事故发生和损害扩大的激励。在过错责任原则下,如果侵权行为人满足了相应的注意义务要求和谨慎水平,其预防达到了法定的标准,则无须承担损害赔偿责任,如此受害方需要自行内部化其所遭受的损失,故适用过错责任原则亦可以激励受害方采取适当的预防措施。

因此,采取严格责任原则还是过错责任原则才能提供最适当的激励、实现最有效率的预防,需要结合具体的侵权行为类型进行确定。通常只有在侵权行为人作为最佳的预防和避免侵权事故发生的主体的情形下,才适用严格责任原则。③ 在产品责任领域,产品的生产者是最了

---

① 参见魏建:《法经济学:分析基础与分析范式》,人民出版社2007年版,第108页。
② 严格责任、过错责任、无责任等以及与有过失等不同侵权归责原则对于当事人预防侵权事故发生的激励作用,具体参见[美]罗伯特·考特、托马斯·尤伦:《法和经济学》(第6版),史晋川、董雪兵等译,格致出版社、上海三联书店、上海人民出版社2012年版,第191~199页。
③ 参见魏建:《法经济学:分析基础与分析范式》,人民出版社2007年版,第113页。

解产品的生产流程、隐藏缺陷和风险的主体，相较于产品的使用者，其能够以最小的成本有效预防因产品缺陷带来的事故损害。例如，在生产过程中加强产品质量控制和抽查检验，改进安全生产技术，或者仅需要在产品说明书上标明产品的正确使用方法、注意事项，就能够很好地避免产品事故的发生。故在各国侵权法的产品责任领域，对产品的生产者一般都适用严格责任原则（其实与产品质量相关的信息都可以理解为因产品的特别法而导致一些关键信息的披露被转化为事实上的严格责任，因为如果产品造成了伤害，即使是信息造成的问题，也会被产品责任整体吸收）。

具体到信息型商事侵权领域，信息优势方由于掌握更多的私人信息，更能预防因信息的不披露或者错误披露带来的损害。但信息优势是相对的，当事人可能各自掌握了一定的私人信息，对于某个特定的私人信息来说，其掌握者就是该特定信息的优势方。例如，在买卖交易中，卖方掌握交易物的质量、生产进度、是否能按时交货等的信息，买方则更了解其是否具有支付尾款的能力、其对这批货物的急需程度、卖方是否按时交货所产生的后续影响等信息。交易主体各自掌握的私人信息的范围不同，且各自掌握的私人信息对交易的重要性程度也不同，因此很难判断其中的某一方天然就是信息型商事侵权的最佳预防者。最佳预防者有可能是卖方，也有可能是买方，既有可能是侵权行为人，也有可能是遭受损害的受害方，故需要在个案中综合具体情形进行判断，需考虑交易的类型、在该案中对损害发生具有关键影响的信息是何种信息以及该信息为哪一方掌握。因此，在信息型商事侵权中，不宜一概适用严格责任原则要求已尽到信息披露义务、采取了相应预防措施的行为人承担损失，否则将不能为当事人采取最优预防措施提供最佳的激励，因为遭受损害的当事人才是最佳的预防者。

在信息型商事侵权中适用严格责任原则，会导致对侵权行为人过度预防、对侵权行为人过于严苛。信息型商事侵权制度是为了避免市场主体在商事往来中因故意或过失传递不实信息,并导致信赖该不实信息的主体遭受不必要的损失,妨害正常的市场秩序和交易效率的提升。例如,要求市场主体在交易过程中提供的信息必须完全真实、准确、完整,否则就要承担法律责任,市场主体搜寻、核实信息真实性的成本将会十分高昂,从而加重当事人的负担。在严格责任原则下,市场交易主体在进行信息披露和作出决策选择之前,可能会耗费过多的成本核实信息,难免产生预防过度的情形,而过度预防是没有必要的。在过度预防的情形下,行为人为预防侵权事故的发生所付出的成本远远超过侵权行为发生时可能造成的实际社会成本,从成本收益的角度看,采取预防措施所带来的收益,即因采取了预防措施而使侵权发生的概率或者是侵权带来的损失得到减少给社会带来的效益,远低于为此所付出的成本,这无疑是没有效率的。市场主体只要不故意提供不实信息欺诈他人,或是在提供信息的过程中尽到合理的注意义务,避免自身过失导致不实信息的传播和扩散,就可以有效预防绝大部分不实信息带来的损害。此外,严格责任原则也有可能导致市场主体害怕承担提供不实信息的责任而不敢提供信息,长此以往,将阻碍市场信息的流通,加剧市场信息的不对称。

我国《民法典》第1165条亦将过错责任原则作为一般侵权行为的侵权归责原则之一。相较而言,适用过错责任原则既可以产生让当事人尽到谨慎提供信息的义务和避免实施欺诈等不诚信行为的激励,也不会使当事人过度预防,应当将其作为信息型商事侵权归责的一般原则。

2. 过失不实陈述中的预防标准

(1)汉德公式在判断过失不实陈述侵权中的应用

在侵权案件中,判断行为人是否具有过失并因此需要承担侵权责任,是法官在裁判时的一大难题。不同于传统大陆法系判断过失的善良管理人、理性人等标准,美国的比林斯·勒尼德·汉德(Billings Learned Hand)法官在美国政府诉卡罗尔拖轮公司案(United States v. Carroll

Towing Co.)的裁判中提出了判断过失的另一种著名规则。[1]这一规则被称为"汉德公式"。汉德公式的核心规则是引入经济分析的方法,通过事故发生的概率(probability,P)、事故一旦发生可能造成的损失(loss,L)和预防事故所付出的成本(burden,B)三个变量,确定行为人是否负有防止事故发生的义务、是否因没有采取适当的预防措施而需要承担侵权责任。若 B < PL,即行为人为预防事故的发生而采取预防措施的成本,小于事故发生的概率和事故发生时所带来的损失的乘积(预期事故成本),则说明行为人的预防没有达到最优的预防水平,因其本来付出较小的成本就可以避免事故的发生,却没有进行预防,故存在过失,应当承担过失侵权责任;B > PL,即行为人为预防事故的发生而采取预防措施的成本,大于事故发生的概率和事故发生所带来的损失的乘积,则说明行为人为阻止事故的发生付出了足够的预防成本,因而不存在过失,无须对事故的损失承担侵权责任。

虽然汉德公式在实际应用的过程中存在量化 B、P、L 这些相关因素的困难,但是它为过失侵权责任的确定提供了另一种思路,即侵权责任的承担不仅因为行为人有过错,还因为行为人本可以在行事时尽到合理注意的义务、付出较低的成本预防事故的发生,但行为人没有采取预防措施,导致事故发生并带来损失。这种思路无疑是从经济和效率的角度进行衡量,其将社会的成本和效益作为一个整体,分析行为人是否在预防事故发生上付出了足够的努力,以试图确定最有效率的预防水平和事故责任的分担,使预防事故的成本和事故发生的成本最小化。汉德法官从成本收益的角度提出了确定注意水平的标准,[2]这对于侵权案件中过失责任的司法裁判具有极大的启发性意义,也有助于立法者确立最有效

---

[1] United States v. Carroll Towing Co. 案判决原文参见 United States v. Carroll Towing Co., 159 F. 2d 169 (2d Cir. 1947)。
[2] 参见魏建:《法经济学:分析基础与分析范式》,人民出版社 2007 年版,第 116 页。

率的法定注意标准。

正如前文所述,商事往来中提供信息或者作出陈述时应当保持谨慎的态度,不能疏忽地提供不准确甚至错误的信息,否则可能需要承担过失不实陈述的侵权责任。从汉德法官的预防成本和收益的思路分析,在商事交往中提供信息的一方当事人,在预防因信息不实可能造成的损失方面比不掌握该信息的当事人更加容易。负责提供信息的当事人只需要保持必要的注意和细致,以免疏忽地写错某个数据而提供了不实的信息或因表述方式的问题使表述存在歧义,抑或遗漏相关事项而提供了不完整的信息,等等,就可以通过付出较低的成本有效防止侵权事故的发生。然而不掌握某信息、需要从掌握并提供该信息的对方手中获知的一方当事人,如要避免信赖不实信息导致的损失,所要花费的信息搜寻和查证成本无疑是比较大的。因此从成本和效益的角度考虑,负责提供信息的一方当事人是能够以最小的成本有效预防侵权事故发生的主体,故要求其在提供信息或作出陈述时履行合理谨慎的注意义务,并通过运用汉德公式分析其在个案中投入的预防成本是否达到了有效率的水平,具有经济上的合理性。

在信息型商事侵权案件中,我们可以借助汉德公式分析过失不实陈述行为人的过失和责任承担问题,分析其预防水平是否达到了有效率的预防标准。例如,律师在为客户出具法律意见和风险提示时,需要核实相关的法律依据,因为依据最新的法律规范、尽可能地为客户提供客观、准确的法律意见是律师的职责,如果律师不及时查询和忽略了新的法律依据,不知道其给客户出具的咨询意见中所依据的法律已经被废止或修改,客户依该意见进行的商业行为就会导致经济损失。在前述情形中,律师在出具法律意见时很明显没有尽到应有的谨慎和注意义务,具有过失——因为法律人按照最新的法律规则给出专业意见是一种基本的注意义务,除非该法律位阶过低或者出于政策性原因无法从惯常渠道获知(在法理学上,规则由于缺乏公开性,可能被质疑其作为法律规则之地位)。该律师只需要进一步查询和核实相关的法律规范,依据最新的法律规范而不是凭主观经验行事,就不会出具不准确的咨询意见,进而导致损失。诸如查询和核实法律规范等的预防措施对于一名专业的律师来说根本不需要付出很大成本,因此即使事故发生的概率很小,但因为事故发生所带来的损失可能比较严重,所以预防该类事故发生的最好方法就是要求律师在出具法律意见时对基本的事实和法律的引用保持必要的职业谨慎,避免此类疏忽。如果律师没有在这方面花费精力进行有效的预防,则可以认定其构成过失,需要对客户的损失承担责任。

在汉德公式的基础上,波斯纳运用边际研究的方法发展了汉德公式的内涵。波斯纳认为,汉德公式仍存在一定的模糊性,因此其主张对预防事故成本和产生的事故成本进行边际比较,即通过衡量安全的细微增长(笔者理解为一种微元法的应用)的成本和收益,从而在假如再多增加1元进行预防时只能获得1元或者更少的收益时停止预防的投入。① 这也就是所谓的"边际"汉德公式,它意味着当行为人的边际预防成本低于相应减少预期事故成本的收益时,行为人进一步采取预防措施是有效的,而其实际没有采取进一步的预防措施,因而负有过失责任。② "边际性质"的汉德公式,比原版的汉德公式更为精确。考虑边际成本和收益其实更加具有经济上的正当性和合理性,因为当边际收益小于边际成本,即进一步投入预防成本多获得的收益小于多付出的成本时,是没有(边际)效率的。在具体案件的裁判中,法官亦可以借助"边际"汉德公式这一法则,追问行为人进一步采取预防措施是否有必要,也即是否是成本有效,以确定其预防水平是否低于最优的预防水平,从而判断行为人是否有过失。相对于汉德公式,"边际"汉德公式的运用可以帮助法官

---

① 参见[美]理查德·波斯纳:《法律的经济分析》(第7版),蒋兆康译,法律出版社2012年版,第240~241页。
② 参见[美]罗伯特·考特、托马斯·尤伦:《法和经济学》(第6版),史晋川、董雪兵等译,格致出版社、上海三联书店、上海人民出版社2012年版,第203页。

在裁判实践中不断探索和发现最优的预防标准。这个公式也可以用来解决信息披露的边际成本问题,因为一般信息的披露程度和成本是正相关的,信息披露到何种程度,需要从边际成本和边际收益的角度进行充分衡量。

(2)过失不实陈述中法定注意标准的确定

汉德公式及边际汉德公式的另一个意义是启发立法者如何设定信息提供的法定注意义务标准,激励行为人实现最有效率的预防。运用汉德公式对过失侵权案件中的预防成本、事故成本进行量化计算时,我们可以发现,行为人为预防事故的发生而采取预防措施的成本刚好等于事故发生的概率和事故发生所带来的损失的乘积,即 B = PL 时,预防成本正好与预期事故成本相当,此时,行为人的预防水平是最有效率的,因为根据边际汉德法则,行为人的边际社会成本刚好等于边际社会收益。[①]而当行为人超过该预防水平进一步采取预防措施时,预防成本将会大于事故成本,边际预防成本也大于该预防措施减少的预期事故成本所产生的边际收益。由此,若要实现侵权法律制度的安排最大化激励当事人采取最有效率的预防措施、最小化事故成本的目标,法律设定的判断行为人是否存在过失的法定注意标准,应当是前述根据汉德公式和"边际"汉德公式得出的使预防成本与预期事故成本相等的最有效率的预防水平。若法定的注意标准低于最有效率的预防水平,则标准设定得过低,无法实现对行为人采取措施预防事故发生的最优激励;若法定的注意标准高于最有效率的预防水平,则会导致行为人过度预防,造成社会资源投入的浪费,同样无法有效降低事故的社会成本。

[①] 此处仅是简单地介绍运用汉德公式和"边际"汉德公式分析和确定过失侵权的最佳预防水平,运用数学公式进行分析和推导的具体过程可以参见[美]理查德·波斯纳:《法律的经济分析》(第 7 版),蒋兆康译,法律出版社 2012 年版,第 240~241 页;[美]罗伯特·考特、托马斯·尤伦:《法和经济学》(第 6 版),史晋川、董雪兵等译,格致出版社、上海三联书店、上海人民出版社 2012 年版,第 202~203 页。

可能有人会产生疑惑,如果按照汉德公式确定最优的预防水平,那么是否也应当考虑行为主体的个体差异,尤其是职业身份、知识经验和对信息掌握程度上的差异,在具体的个案中综合考虑行为主体的实际预防能力和预防成本、收益等具体情况确定该行为人的最优预防水平。如果考虑个体差异,精准确定每个人的最高预防水平,就会忽视社会的管理成本。"管理成本是为了分配事故损害成本而产生的",①在侵权事故的预防和事故发生后国家处理事故纠纷、确定事故责任划分、分配事故损失等过程中,都需要付出一定的成本。美国学者卡拉布雷西认为,管理成本也是事故成本的一部分,降低这种处理事故的管理成本亦是非常有意义和重要的。② 我们需要衡量由此节约的预防成本和增加的管理成本是否平衡,遗憾的是,考察个体的差异虽然更能实现最优预防,降低预防成本,但国家为此付出的立法、司法等管理成本是很大的。此外,根据个体差异确定过失判断标准也可能引发行为人为了避免承担过失责任而故意伪装的投机行为,并给了具有充分裁量权的法官权力"寻租"的空间,同样会导致不经济的结果。③ 因此,实际上不是在具体的个案中针对行为主体确定精准的最优预防标准,而是由法律确定和实施相对客观、统一的预防标准或者注意义务标准,更能达致降低预防成本、事故成本和管理成本之间的平衡,实现减少事故总成本的目标,是更有效率的一种方法。

如前文在构成要件部分提出的,应综合考量预防损害的成本以确定过失不实陈述侵权中行为人提供信息的合理注意义务标准,对于专业人士,应以该专业群体中具有中等资质和谨慎能力的一般人员通常应有的

---

① [美]罗伯特·考特、托马斯·尤伦:《法和经济学》(第6版),史晋川、董雪兵等译,格致出版社、上海三联书店、上海人民出版社2012年版,第211页。
② 参见[美]盖多·卡拉布雷西:《事故的成本:法律与经济的分析》,毕竞悦、陈敏、宋小维译,北京大学出版社2008年版,第26页。
③ 参见王泽霞、谢冰:《基于汉德公式诠释注册会计师法律责任》,载《中国注册会计师》2009年第12期。

合理注意为标准;对于非专业人士,则应以一般人的注意和谨慎能力为标准。这种标准是一个相对客观的标准,同时也考虑了市场主体间的职业、知识和经验差异,根据是否具有某领域的专业人士身份,分别确定专业人士和非专业人士这两类群体在不实陈述侵权中的过失认定参照标准。笔者认为,此标准既非绝对客观但也不会过于主观,能够在降低预防事故的成本和处理事故的管理成本间取得较好的平衡。

3. 信息型商事侵权中适用过失相抵规则激励当事人双边预防

《民法典》第1173条规定了过失相抵的规则。[1] 根据该条规定,受害人对同一损害的发生或者扩大有过失的,应当适用过失相抵规则,可以减轻侵权人的赔偿责任。[2] "过失相抵在本质上就是由于受害人对于损害的发生或者扩大也有过错,基于该过错行为与损害后果之间原因力的大小来适当减轻侵权人的责任。"[3]国外也有类似过失相抵的概念和制度规则,如英美法早期的互有过失规则(contributory negligence)和后来美国判例法上发展出来的比较过失规则(comparative negligence),以及《德国民法典》第254条中规定的与有过错(Mitverschulden)。然而国内学者对前述概念的翻译不尽相同,大致有"与有过失/过错""共同过失/过错""过失相抵"等不同的表述。[4] 根据英国法早期确立的互有过失规则,只要受害方对自己遭受的损害具有过失,则不能从侵权行为人处获得任何赔偿,侵权行为人将完全免除侵权责任。后来为了缓和该原

---

[1] 《民法典》第1173条规定:"被侵权人对同一损害的发生或者扩大有过错的,可以减轻侵权人的责任。"

[2] 参见最高人民法院民法典贯彻实施工作领导小组主编:《中华人民共和国民法典侵权责任编理解与适用》,人民出版社2020年版,第91、94页。

[3] 最高人民法院民法典贯彻实施工作领导小组主编:《中华人民共和国民法典侵权责任编理解与适用》,人民出版社2020年版,第97页。

[4] 对于受害方亦对侵权损害结果的发生具有过错的责任分配规则,有学者比较系统地梳理了我国和其他国家在立法和学术界关于该类规则的概念、表述和在具体的适用规则上的差异,并主张将该类规则称为"与有过失"更为合适,具体参见尹志强:《论与有过失的属性及适用范围》,载《政法论坛》2015年第5期。

则的刚性,美国在继受该规则后通过判例法发展出了比较过失规则,其含义是根据侵权行为人和受害方的过错比例分担责任。[1]《德国民法典》第254条具体规定了受害方对损害的发生或发展亦有过错时侵权行为人的赔偿义务规则,即与有过错规则,根据该条规定,侵权行为的赔偿义务范围由具体情况下可能存在的各种事由综合考量和评价决定,在绝大多数情况下是按照过错比例分摊损害。[2] 总而言之,无论是我国《民法典》第1173条规定的过失相抵规则,还是英美法系的比较过失规则,抑或是《德国民法典》第254条规定的与有过错规则,其核心内涵都是对自己所遭受的损害亦有过错的受害方不能当然地从侵权行为人那里获得完全的损害赔偿。[3] 由于受害方对自己所遭受的损害也贡献了原因力,因此作为被告的侵权行为人可以主张受害方也有过错作为减轻自己侵权责任的抗辩事由,要求适用过失相抵规则,进而在损失的分配上,由法院根据受害人和侵权行为人各自的过错程度、对损害贡献的原因力大小、具体的损失等因素确定损失的分担比例。

我国《民法典》侵权责任编中规定的过失相抵规则,普遍适用于各种类型的侵权行为,信息型商事侵权亦包括在其中。在信息型商事侵权中,故意或过失作出不实陈述的行为人需要为此向遭受经济损失的受害方承担赔偿责任,然而作为信赖行为人的不实陈述作出选择进而遭受损失的受害方,其自身也应当在对待自己的事务上尽到基本的注意义务。作为商事往来中的信息劣势方,对相对方提供的信息,不能完全不调查

---

[1] 参见张学军:《美国侵权法上比较过失制度的历史演变及其启示》,载《政治与法律》2010年第4期;尹志强:《论与有过失的属性及适用范围》,载《政法论坛》2015年第5期。

[2] 《德国民法典》第254条第1款规定:"在损害发生时,受害人共同负担过错的,赔偿的义务以应予给付赔偿的范围,由情况,特别是由损害主要是由一方当事人或者是由另外一方当事人引起的来决定。"参见杜景林、卢谌:《德国民法典——全条文注释》,中国政法大学出版社2015年版,第169~170页。

[3] 参见[德]克雷斯蒂安·冯·巴尔:《欧洲比较侵权行为法》(下卷),焦美华译,法律出版社2001年版,第648页。

核实该信息的真伪,甚至是在怀疑该信息真实性的情境下依旧放任不顾,完全依赖该信息进行经济决策。在有的交易情形中,受害方对自己的相关情况也需要进行披露,否则有可能会使不知晓相关情况的相对方实施欺诈或过失作出不实陈述所带来的损失进一步扩大,最终使自己遭受更多不必要的损失。法律保护在商事往来中处于信息劣势地位的市场主体,避免其他主体利用信息优势实施欺诈或者单纯由于疏忽作出不实陈述而带来的损害,但参与市场活动的主体也应对自己的利益予以充分的关注,如果其自身疏于注意自己的利益,导致自己遭受侵权行为人的侵害,应当减轻侵权行为人的责任。

在信息型商事侵权中适用过失相抵规则,与美国侵权法上的比较过失规则一样,都能够为侵权行为人和受害方提供预防激励。与严格责任只能提供让侵权行为人进行单边预防的激励不同,过失相抵规则的适用将能够同时激励行为人和受害方进行双边预防。[①] 此外,过失相抵规则也能够为潜在的市场主体提供有效的激励:理性的行为人为了避免作出不实陈述和承担相应的侵权责任,会谨慎地提供信息,采取符合法定标准的预防措施;由于对自己遭受的损害亦负有过失的受害方需要自行承担其自身过失导致的部分损失,不能要求侵权行为人对自己遭受的损失进行全部赔偿,因此作为一个理性的主体,受害方以及未来潜在的信息型商事侵权的受害方将会更加关注自身的利益,在交易过程中审慎对待对方当事人提供的交易信息,而不是盲目地相信不实信息。如此,有助于降低信息型商事侵权发生的概率,减少信息不对称现象和不实信息在市场上流通所带来的损害。

对于过失相抵在实践中的具体适用,最高人民法院认为,应根据具

[①] 单边预防(unilateral precaution)指只有事故的一方当事人进行预防的情形,双边预防(bilateral precaution)则是指事故的双方当事人都会进行预防。参见[美]罗伯特·考特、托马斯·尤伦:《法和经济学》(第6版),史晋川、董雪兵等译,格致出版社、上海三联书店、上海人民出版社2012年版,第193页。

体情况进行分析,根据受害人的过错是不是损害发生的唯一原因或过错程度判断是否构成侵权人免除责任或减轻责任的抗辩事由;并指出《最高人民法院关于审理人身损害赔偿案件适用法律若干问题的解释》关于若侵权人故意或重大过失致人损害,受害人只有一般过失的,不减轻赔偿义务人的赔偿责任的规定,与《民法典》第1173条的规定并不冲突,在司法实务中有积极的实践意义。① 笔者认为,这一规则也同样适用于信息型商事侵权——在欺诈等故意侵权或者行为人出于重大过失作出不实陈述给他人造成损害的案件中,如果受害方只有一般过失,那么行为人的赔偿责任不能减轻;若行为人因一般过失作出不实陈述给他人造成损害,而受害方对损害的发生亦有过失,则可以减轻甚至免除行为人的侵权损害赔偿责任。其实美国侵权法上也有类似的规则,美国的《侵权法重述(二)》第545A节和第552A节分别规定了在欺诈性虚假陈述和过失不实陈述中与有过失的适用规则。② 根据第545A节的规定,在欺诈性的虚假陈述案件中,具有过失的受害方的损害赔偿请求权的行使不因其自身的过失而受到阻碍,但适用该规定的前提是,受害方对行为人故意或过失作出的不实陈述的信赖应是合理的。③ 在不实陈述仅是行为人的疏忽所致,即在行为人不是故意侵权的场合,根据第552A节在信

---

① 参见最高人民法院民法典贯彻实施工作领导小组主编:《中华人民共和国民法典侵权责任编理解与适用》,人民出版社2020年版,第93页。

② The American Law Institute, Restatement 2d of Torts §545A: "One who justifiably relies upon a fraudulent misrepresentation is not barred from recovery by his contributory negligence in doing so." §552A: "The recipient of a negligent misrepresentation is barred from recovery for pecuniary loss suffered in reliance upon it if he is negligent in so relying."

③ See The American Law Institute, Restatement 2d of Torts §545A Comment b, §552A Comment a. 美国对于欺诈性虚假陈述中与有过失规则的适用没有在过失不实陈述中的适用条件那么严格,因欺诈性虚假陈述是故意侵权,故美国侵权法上认为受害方即使有过失也不会因此而丧失损害赔偿请求权,"他不需要为了保护自己而行使一个理性人的谨慎",而有时,即使他这样做不符合知识、智慧、判断或谨慎的共同体标准,只有当他知道虚假性或对他来说很明显时,他的依赖才是不合理的。See The American Law Institute, Restatement 2d of Torts §545A Comment b, Comment b.

赖不实陈述时有过失的受害方不能就其因不实陈述遭受的损失获得赔偿,这意味着受害方"被要求达到一个通情达理的人的谨慎、知识、智慧和判断的标准"。①

(三)法律经济学视角下信息型商事侵权中的经济损失赔偿

1. 合理限制信息型商事侵权责任和损害赔偿范围的经济意义

在法律责任方面,美国侵权法上规定的对因传递不实信息给他人造成人身损害的责任要比造成经济损失的情形更广泛,经济损失的赔偿受到更多的限制。② 欺诈或过失不实陈述导致合理信赖该不实陈述遭受经济损失的赔偿,受到可预见性理论的限制,只有在不实陈述行为人可以合理预见的损害风险范围内的部分损失,行为人才需要承担损害赔偿责任。③ 被侵权人所遭受的无法为行为人合理预见的经济损失,一般会被认为与行为人的不实陈述之间不成立法律上的因果关系,因此将被排除在损害赔偿的范围之外。在信息型商事侵权领域,因果关系要件和可预见性理论也发挥着合理限制侵权责任的作用。另外,在造成经济损失的赔偿责任方面,过失作出不实陈述行为的赔偿责任也比欺诈行为的赔偿责任受到更严苛的限制。④ 结合比较法,美国法院在审判实践中,亦基于政策方面的考虑确定不实陈述造成的经济损失的赔偿问题。例如,对于不实陈述干扰或破坏了他人合同利益或获得某种经济利益的预期的情形,倘若被告是出于欺诈的故意作出不实陈述,法院会认可对该种损失进行赔偿;反之,当被告并没有欺诈的意图,而仅因过失作出不实陈述并导致此种损失时,则不需要对此损失承担任何责任。⑤

---

① See The American Law Institute, Restatement 2d of Torts §552A Comment a.
② See The American Law Institute, Restatement 2d of Torts § 310, § 311, § 525, § 531, § 552.
③ See The American Law Institute, Restatement 2d of Torts §548A.
④ See The American Law Institute, Restatement 2d of Torts § 525, § 531, § 552.
⑤ See The American Law Institute, Restatement 2d of Torts §552B Comment b.

在确定信息型商事侵权责任和损害赔偿的范围时,除了考虑如何通过损害赔偿责任规则预防信息型商事侵权事故的发生,抑制不实信息在市场中的传播,也要考虑包括损害赔偿范围等侵权责任规则的设置对未来社会中信息流通的影响。若对所有因信赖不实信息所遭受的经济损失都允许赔偿,不实陈述行为人的责任将过于严苛。尤其是在行为人因疏忽提供不实信息的场合,让行为人必须提供真实准确信息的高标准和宽泛的损害赔偿责任,可能会导致行为人在参与交易的过程中因害怕传递不实信息而不敢提供信息或者进行过度预防,长久来看将不利于市场交易信息在交易双方间的交换和流通。在我国传统的成文法中,信息披露是《民法典》侵权规则和特定单行法规则的混合,法官需要对信息之披露程度进行解释,这本质上是一种过错程度和违法性的自由裁量,又回到了侵权制度一般条款与单行法或单行性规则中精确性规定之问题。

2.社会成本与信息型商事侵权经济损失救济的效率

欺诈或过失传递不实信息在有些情形下也会导致他人遭受身体损伤,对于人身性的损害,其赔偿问题并不适用于经济分析。此处仅讨论商事交往过程中行为人欺诈或过失传递不实信息给他人造成经济损失的情形。

毕肖普认为,社会成本的分析思路同样适用于在与信息有关的疏忽等过失不实陈述行为导致纯经济损失的侵权场合。[1] 从社会成本的视角来看,信息型商事侵权行为所带来的经济损失,既有可能仅作为被侵权人的私人成本,也有可能作为社会的真实成本。受害者因行为人的过失不实陈述遭受的损失,很有可能刚好是转移到别处成为他人的收益,社会整体并没有遭受损失,对于这种仅作为受害方私人成本的纯经济损

---

[1] See W. Bishop, *Economic Loss in Tort*, Oxford Journal of Legal Studies, Vol. 2:1, p.28 (1982).

失,基于经济效率视角的损害赔偿理论倾向于不支持对该种损失的赔偿。[1] 在欺诈场合,往往会对欺诈行为造成的私人成本进行赔偿,此时也不必过于担心损害赔偿过高的问题,因为法律需要通过侵权责任惩罚这些心怀不当目的的欺诈者,以发挥威慑作用。

在过失作出不实陈述导致信赖该不实陈述遭受纯经济损失的场合,倘若该损失具有社会成本的属性,那么对其进行赔偿是合理和有效率的。不实信息经由不实陈述行为人传播而在市场上流通,会误导知晓该不实信息的交易相对方,使其作出错误的经济决策,遭受私人财富的损失。但具有社会成本的后果在于,不实信息和错误经济决策在有些情形中会导致市场信息的扭曲,进而影响社会资源的配置,造成相应社会资源的浪费。此时,对经济损失进行赔偿是合理且有效率的选择,通过课以赔偿责任,可以激励疏忽大意的行为人提高注意义务水平,在商事交往中以合理谨慎的态度提供信息,避免作出不实陈述以及因此带来的社会成本。

五、社会成本意义

(一)对市场交易成本的降低

由于信息不对称现象普遍存在,通常交易相对方若不主动披露其掌握的私人信息,他人将难以知晓该信息,而缺乏某些影响决策选择的与交易相关的重要信息,将会导致决策错误。若欺诈等不诚信行为盛行,或者行为人因疏忽作出不实陈述,使不实信息充斥在市场中,将进一步加剧信息在市场交易主体间的不对称,增加人们的交易成本:一方面,相关交易主体难以辨别信息真伪,进而难以作出正确的商业判断和交易选择;另一方面,人们在作出交易选择前也需要付出更多的时间、金钱等成本搜寻信息。好的制度安排是降低搜寻信息成本的制度安排,例如,有

---

[1] See Richard A. Posner, *Common-Law Economic Torts: An Economic and Legal Analysis*, Arizona Law Review, Vol. 48:735, p. 741 (2006).

效率的证券市场就是那些能对最新且正确的信息及时作出反应并加以适应的市场。[①]

在商事交往中一方实施欺诈或过失不实陈述行为,使得与交易相关的重要信息无法真实有效地传达给其交易相对方,若交易相对方出于信赖该不实信息而作出交易选择,相当于在交易双方之间完成一项"强制交易"。在该交易中,作出交易选择的相对方是基于不实信息作出的行为选择,其真实意愿并没有在该交易中得到满足和体现,而且往往可能会因作出该交易选择而遭受一定的经济损失。这种交易双方之间经由信息型商事侵权达成的、非自愿的强制交易,时常会导致社会资源从对其评价更高的主体转移至对其评价更低的主体,不仅无助于合作剩余的达成和社会财富的增进,而且导致社会资源的无端浪费。由于交易的无效,交易双方为达成此交易而付出的时间、精力、金钱等交易成本,也变得毫无意义。

为规制市场中普遍存在的欺诈和过失不实陈述行为,降低侵权行为带来的交易成本,建立对此类信息型商事侵权行为的法律制度规则是现实且必要的。通过在立法上明确信息型商事侵权的概念、构成要件和法律责任等法律规则和制度安排——明确交易主体不得实施欺诈行为,应当披露与交易相关的可能影响相对方交易选择的重要信息,在作出与交易信息相关的陈述时应当保持必要的谨慎。对欺诈或过失不实陈述导致的"强制交易"中遭受利益损害的受害者进行救济,可以发挥法律制度明确权利边界、降低市场主体交易成本的作用,保障交易安全,维护和正常的市场竞争秩序。

(二)对实现卡拉布雷西减少事故成本目标的贡献

不真实的信息有可能阻碍市场价格及时反映标的的真实市场价

---

① 参见[美]皮特·纽曼主编:《新帕尔格雷夫法经济学大辞典》(第2卷),许明月等译,法律出版社2003年版,第177页。

值——即使成功辟谣也是需要付出时间等成本的,而且实务中不存在可以在绝对意义上回到事发前状态之救济。不真实的信息可能使标的本身的市场价格无法反映其真实市场价值,如不动产天花板漏水,由于中介和卖方没有如实披露交易标的的真实情形,结果以一般的市场价格进行交易。如果该标的处于顶楼,则其造成的结果,可能是买方希望能够恢复到合同订立之前之情形,或是让行为人直接承担欺诈的侵权责任,以请求惩罚性赔偿。这样就产生了多重的社会成本。一是当事人本身的交易损失;二是整个市场交易制度从事前视角来看受到了干扰,被市场上不特定主体认为市场的价格机制存在"水分"(事前视角的制度性影响),进而不特定市场主体将付出更高的交易成本去核实市场信息;三是司法的运作成本,因为任何救济均离不开司法过程,而这些显然是法律运行的制度成本。这与事故成本的三重成本理论是基本相符的。[①]

信息型商事侵权行为在商事活动领域普遍发生,并且其带来的损害是多方面的,不仅给参与市场活动的当事人徒增交易成本,欺诈和过失不实陈述行为也会带来卡拉布雷西所言的事故成本和管理成本。由于存在不实信息,在交易中信赖该不实信息而作出交易选择的主体,往往会因此遭受经济损失。对于受害者个人而言,其遭受财产损失甚至丧失某些预期的经济利益,总体财富水平下降;对于社会而言,欺诈、过失不实陈述行为的发生,导致相关纠纷增多,行政部门和法院等处理相关纠纷也将耗费行政或司法资源。商事欺诈和过失不实陈述侵权行为给社会带来的消极影响还在于,此种行为会妨碍真实信息在市场主体间的流通,造成市场信息的扭曲,降低市场配置社会资源的效率。无论是商事欺诈或过失不实陈述侵权给受害者个人或社会带来的成本,还是处理相关侵权纠纷所产生的管理成本,都是欺诈或过失不实陈述带来的卡拉布

---

① 参见[美]盖多·卡拉布雷西:《事故的成本:法律与经济的分析》,毕竞悦、陈敏、宋小维译,北京大学出版社2008年版,第22~26页。

雷西意义上的事故成本。

构建信息型商事侵权法律制度,减少现实中因信息型商事侵权行为带来的前述事故成本,只要边际成本小于边际收益,就是有必要的。为实现这个目标,信息型商事侵权制度的设计和安排,应当致力于减少和避免不实信息在市场的存在和流动,降低信息不对称给交易主体带来的交易风险和交易成本,以及给市场和社会带来的不利影响,以维护正常的市场竞争秩序,提升交易效率。卡拉布雷西提出的事故成本理论,将降低事故成本与避免事故发生成本的目标划分为降低事故的数量与严重程度、降低由事故产生的社会成本以及处理事故的管理成本这三个层次,那么建立和完善信息型商事侵权制度,制定关于商事欺诈和过失不实陈述行为的侵权责任规则,可以预防信息型商事侵权行为的发生,也可以及时对欺诈、过失不实陈述等行为进行处理,分配事故损失,从而降低侵权行为带来的私人成本、社会成本、管理成本等各种事故成本。

(三)对市场中信息不对称问题的缓解

信息不对称普遍存在。在商事交往过程中,人们的逐利性容易使其在交易的过程中利用自身所掌握的私人信息实施欺诈等不诚信的行为,以影响交易相对方或者第三方的经济决策,获取更多的经济利益。即使参与交易的相对人并不具有利用信息优势损害他人利益的不正当意图,但是其在与相对方进行交易的过程中也可能由于疏忽、过于自信等作出不实的陈述、传递不真实的交易信息。无论行为人是具有欺诈的意图,还是仅出于过失作出不实陈述,客观上都会造成不实信息在市场中的传播和扩散,扭曲市场信息的分布,进一步加剧信息在市场主体间的不对称现象。

彻底消除信息不对称并不现实(也无必要),但市场交易的正常进行和市场秩序的维护,除了需要当事人维护市场信息一定程度的真实性和必要的流通性,更需要相应的法律制度安排,以确定制度经济学产权意义上的信息披露的产权制度要求——就本质而言,信息披露到何种程度,也是科斯语境中的产权界定问题,因此可以通过侵权制度予以解决。信息型商事侵权制度对商业活动实践中常见的欺诈行为和过失不实陈述行为进行侵权法上的调整,其主要规范市场主体间因信息的传递活动而发生的侵权行为,具体包括商事欺诈侵权和过失不实陈述侵权两个类型。通过明确商事欺诈侵权和过失不实陈述侵权各自的内涵、侵权行为的构成要件和认定规则,以及相应的侵权责任承担规则,建立关于市场交易信息的相对体系完整的信息型事商事侵权制度规范。如此成本之付出(也需考虑边际效应),目的是降低欺诈等不诚信行为的发生概率,减少不实信息在市场中的传播和流通,缓解市场信息的不对称现象,避免市场主体的逆向选择和道德风险,进而充分发挥市场在资源配置中的作用,促进商品和要素自由流动、公平交易,提升交易效率,增加经济发展效益。

激励披露真实信息的制度的本质是一种努力让市场自然、迅速地通过价格机制反映其标的和实质品质的制度安排。无论是对于无形资产如股票、知识产权,还是是对于有形资产如流水线,没有虚假陈述且不被扭曲的市场,可以降低交易成本,能够通过市场价格反映该标的的真实市场价值,这也是法律经济学对信息相关之制度如此重视之缘由。但是,如果信息披露程度的产权界定成本过高,超越了社会的边际收益,则该制度本身将成为一种效率意义上的幻觉。

第四章　违反信义义务型商事侵权的法律经济分析

一、违反信义义务型商事侵权的内涵与外延

(一)违反信义义务型商事侵权的界定

信义义务,是指在特定关系中,一方因其优势地位而对另一方所负担的特殊义务。有学者认为,该优势地位是"一方(信义义务承担方)(the fiduciary)对另一方(信义利益享有方)(the beneficiary)的重大实际利益享有自由裁量权",[1]也有学者从法律经济学的角度出发,将具有信义义务的关系用制度经济学中的"委托—代理"理论进行分析解释,信义利益享有方和信义义务承担方分别对应"委托—代理"理论中的委托人和代理人,由于"委托人对代理人的直接监督可能成本过高或需要

---

[1] Paul B. Miller, *A Theory of Fiduciary Liability*, McGill Law Journal, Vol. 56:235, p. 262 (2011).

专业知识",①代理人因其掌握的专业知识以及信息渠道相对于委托人而言处于一种优势地位——信义义务就是法律对处于优势地位的信义义务方设定行为标准和界限,激励其为委托人的利益行事,避免其利用优势地位损害委托人的利益。上述解释信义义务内涵的学说可以简称为"优势地位说",学界对信义义务内涵的界定并不统一,存在不同的学说,如"身份说",该说认为,身份对于信义义务而言是必不可少的,因为"fiduciary"是英译拉丁文,罗马法并没有与普通法系所称的信托的法律机构完全对应的概念,但因为罗马法中的"fiducia"这一法律机构的职能类似于信托,后来"fiduciary"这个词也被用来表示类似于"信托"或类似于"受托人"这一身份概念。② 信义义务则是受托人或类似身份的人如公司董事、律师等对特定主体的义务,抑或合伙人等相互之间的义务。如今信义义务已广泛存在于各类主体之间,特定身份似乎并不是承担信义义务的决定性因素,"身份说"在未来各种信义关系建立的技术进步背景下,存在过于固化(或需要扩张解释)的问题。

对于信义义务的核心或本质的问题,学术界和实务界的观点不一,有抽象的忠义义务说、③信义利益享有方最大利益说、④忠实和注意义务

---

① Robert Cooter & Bradley Freedman, *The Fiduciary Relationship: Its Economic Character and Legal Consequences*, New York University Law Review, Vol. 66:1045, p. 1049 (1991).

② See Peter Birks, *The Content of Fiduciary Obligation*, Israel Law Review, Vol. 34:3, p. 8 (2000).

③ 该说认为,信义义务的内容具有不确定性,信义义务方的义务内容具有多元性,因此对信义义务仅能做一般性、抽象的理解。See Deborah A. DeMott, *Breach of Fiduciary Duty: On Justifiable Expectations of Loyalty and Their Consequences*, Arizona Law Review, Vol. 48:925 (2006).

④ 该说认为,信义义务方必须"放弃"自我利益,转而追求他人的利益,信义义务方应当表现为将信义利益享有方的利益当成自己的利益。See Margaret M. Blair & Lynn A. Stout, *Trust, Trustworthiness, and the Behavioral Foundations of Corporate Law*, The University of Pennsylvania Law Review, Vol. 149:1735, p. 1783 – 1784 (2001).

二分说①等各种不同的学说。研读国内外各种学说成果,将信义义务分为忠实义务和注意义务的二分说可以涵盖其他学说中涉及的各种义务类型,同时也能够一定程度上避免信义义务的过于抽象以及不确定性,下面笔者将主要探讨基于信义义务二分说的观点。

违反信义义务型商事侵权,是指在商事往来中负有信义义务的一方,即信义义务方,因对该义务的违反而给信义利益享有方造成损害的侵权行为。本书研究的特定关系中的信义义务一般限定在商事领域,因此对于广义的信义义务不作分析——诸如医生对病人的信义义务、监护人对被监护人的信义义务不属于本书讨论的主要范畴,虽然在很多层面上,它们都具有相同或类似的法律经济学本质。商业背景下的董事对公司、合伙人对其他合伙人(或对合伙企业)、投资经纪人对客户等的信义义务,则具有结合民法与商法角度之探索意蕴。

在制度设计当中,尽量在立法上从正面规定哪些法律关系中存在信义关系,是一种减少法律不确定性的重要方式。但是在特定国家的法律实践中也存在否定性的规定方式,这种规定方式往往和该法律体系本身是判例法还是成文法有关。在判例法国家,有的判例是因为诉讼导致了特定的信义关系被作为先例性质判例的法律所否决,明确该类法律关系为不具有信义义务之法律关系。例如,在有的美国法院的实践中,公司董事对公司债券权利主体和公司的雇员,就被认为不具有信义义务。②这种反面的排除性规则,可以作为正面列举类型的重要补充。未来的立法条文对信义义务的规定,也可以考虑通过正面抽象规定、列举类型,反面规定特定类型不属于信义义务之规则,完善相关规定。

---

① 在美国法上,信义义务包括忠实义务和注意义务;英国法上也承认信义义务方也要承担注意义务。参见徐化耿:《信义义务的一般理论及其在中国法上的展开》,载《中外法学》2020年第6期。

② 参见[美]皮特·纽曼主编:《新帕尔格雷夫法经济学大辞典》(第2卷),许明月等译,法律出版社2003年版,第141页。

(二)违反信义义务型商事侵权的典型表现形式

1. 以违反信义义务的内容划分

(1)违反忠实义务

依照信义义务二分说的观点,信义义务的核心内容可分为两大类——忠实义务和勤勉义务。信义义务方的忠实义务通常是指信义义务方须为信义利益享有方的利益行事,但关于信义义务方是否应当为信义利益享有方的"最大利益"行事、是否"只能"为信义利益享有方的利益行事,存在争议。对忠实义务的违反,通常表现为冲突利益或义务,信义义务方的个人利益与信义利益享有方的利益产生冲突,或者是信义义务方对除信义利益享有方以外的其他人的义务与对信义利益享有方的义务产生冲突时,就可能产生对忠实义务的违反。但同时,信义义务方为信义利益享有方的利益行事并不意味着信义利益享有方完全不能从事利己的行为,"应当对此作限制性解释,受托人并不需要为了委托人的利益而牺牲自己的财产和利益",[1]一般性的标准更接近于,"忠诚的义务要求受托人不断调整自己的行为,以避免损害受益人的利己行为"[2]——只有在受托人即信义义务方的利己行为对受益人即信义利益享有方的利益造成了实质性的损害,或者存在造成实质性损害的较大可能时,才涉及违反信义义务的侵权问题——仅仅是与信义利益享有方的利益存在竞争性冲突,并不足以构成侵权行为。

值得注意的是,商法中的资合性理论对违反忠实义务行为之理解存在影响。例如,在企业组织的法律制度语境下,与一般有限公司、合伙企业相比,在上市公司具有显著资合性特质的商事主体的信义义务法律适用中,往往存在数量庞大的股东群体作为信义权益的享有者。其信义义

---

[1] [美]皮特·纽曼主编:《新帕尔格雷夫法经济学大辞典》(第2卷),许明月等译,法律出版社2003年版,第142页。

[2] D. Gordon Smith, *The Critical Resource Theory of Fiduciary Duty*, Vanderbilt Law Review, Vol. 55:1397, p.1409 (2002).

务的制度安排是在公司股东具有流动性,且缺乏人合性组织结构中的投资者相互熟悉的情形中。依赖公开市场资本构建的信义义务机制,一般存在更高的制度经济学意义上的代理成本,企业所有者对企业管理人的忠实义务的监控,由于交易成本的增加变得更为困难。[1] 因此,在制度设计和法律适用中,如果涉及资合性较强的主体或交易结构,应当充分考虑到类似于分散的小股东等在公司治理和司法举证中承担的较高的交易成本。可以考虑在立法中适当调整举证责任,把部分忠实义务之举证责任转移给信义义务的承担者——这是一种类似于商业秘密举证当中一方初步举证,另一方也承担一部分举证责任的思路。商业秘密表面上是一种客体,其制度的本质在很大程度上是一种基于人力资本的忠实义务;而信义义务也与商业秘密具有制度共性,例如,不能违反忠实义务的一个重要要求是不能违反信义义务传递特定的信息。

单行法可以对忠实义务进行基于主体和行为的特别规定。《公司法》第180条第1款规定的董事、监事和高级管理人员的忠实义务,要求"应当采取措施避免自身利益与公司利益冲突,不得利用职权牟取不正当利益"。其一方面要求相关主体主动付出成本"采取措施"以防止"利益冲突",另一方面要求基于相关主体在公司中的权力,不能"以权谋私"。《公司法》第181条规定,对董事、监事、高级管理人员违反忠实义务的行为进行列举,包括经济上的直接侵害,如"侵占公司财产、挪用公司资金","将公司资金以其个人名义或者以其他个人名义开立账户存储"和"接受他人与公司交易的佣金归为己有",也包括一些不体现为直接金钱损失的侵害,如"利用职权贿赂或者收受其他非法收入"和"擅自披露公司秘密"。《公司法》第182条规定了董事、监事、高级管理人员及其近亲属与公司本身进行交易的限制,系忠实义务限制自我交易之体

---

[1] 关于资合性增加代理成本的问题,参见[美]皮特·纽曼主编:《新帕尔格雷夫法经济学大辞典》(第1卷),许明月等译,法律出版社2003年版,第30页。

现。《公司法》第183条规定了董事、监事、高级管理人员"不得利用职务便利为自己或者他人谋取属于公司的商业机会",同时通过但书的方式规定了例外情形。《公司法》第184条规定了董事、监事和高级管理人员的竞业限制,"未向董事会或者股东会报告,并按照公司章程的规定经董事会或者股东会决议通过,不得自营或者为他人经营与其任职公司同类的业务"。笔者认为,《公司法》第181~184条是对第180条第1款忠实义务的具体类型化规定,同时根据第186条的规定,违反第181~184条的忠实义务,董事、监事和高级管理人员"所得的收入应当归公司所有"。

(2)违反注意义务

信义义务方的注意义务通常与信义义务方的专业能力与态度相关,要求信义义务方利用其专业技能并采取谨慎的态度为信义利益享有方行事,"注意(care)是指小心谨慎,特别是要求受托人保护被信托的资金时要小心谨慎"。[1] 关于注意义务的标准问题,有学者认为"一般以'普通谨慎的人'的标准来衡量,通过对积极作为义务的规定来体现注意义务的保护性规则"。[2] 笔者认为,该标准取决于信义义务方具体从事的事务类型,以同行业或者类似职务的信义义务方所能达到的谨慎标准进行具体判断,而不应当以普通人标准一概而论。违反注意义务的行为通常表现为对义务的故意放弃或者漠视等不作为的方式,例如,"信义义务方明知已有的义务而故意不作为,表明他有意无视自己的职责",[3]此时,信义义务方违反注意义务的过错程度将成为判断其是否构成侵权行为的要件之一。

注意义务也可以以勤勉义务的叙事方式出现。在《公司法》中,与注意义务直接相关的概念,被称作特定主体的勤勉义务,例如,根据《公司

---

[1] [美]皮特·纽曼主编:《新帕尔格雷夫法经济学大辞典》(第2卷),许明月等译,法律出版社2003年版,第143页。
[2] 王莹莹:《信义义务的传统逻辑与现代建构》,载《法学论坛》2019年第6期。
[3] In re Walt Disney Co. Derivative Litig., 906 A.2d 27, 2006, p.66.

法》第 180 条第 2 款的规定,董事、监事和高级管理人员的勤勉义务系"执行职务应当为公司的最大利益尽到管理者通常应有的合理注意"。其中存在一些法解释学上的悖论,因为"为公司的最大利益"和"通常应有的合理注意"可能存在解释上的冲突。"为公司的最大利益"意味着在法律经济学上付出的注意义务不计成本,但"通常应有的合理注意"又可以被解释为不能过度要求信义义务方。这意味着在司法实践中,不同的法官会有不同的立场,有的倾向于信义权益方的"最大利益",有的更强调信义义务方的"合理注意"。

2. 以违反信义义务的主体划分

(1)董事、监事和高级管理人员违反对公司的信义义务

董事对公司负有信义义务,公司是信义利益享有方。董事对公司的信义义务可以划分为忠实义务和注意义务两大类,"即便各国之间的董事呈现异质化,但我们所了解到的各个国家对董事均施加了统一的忠义义务"。[①] 在我国,公司的董事、监事和高级管理人员对公司负有的信义义务被法律明文规定,只是在法律实践中,对相关义务的边界,在界定中存在较大的争议——这与法官对信义义务存在不同的理解具有很大的关系。

(2)股东违反对公司的信义义务

根据对公司出资额的多少,股东可以分为控股股东和除控股股东之外的其他股东,其中,控股股东的信义义务比较明确,例如,《证券法》第84条、第85条规定了控股股东对信息披露的责任,也间接规定了控股股东的忠实和注意义务;对于控股股东以外的其他股东的信义义务,因其对公司的影响程度相对较弱,对其他股东信义义务的法理要求也相对较少——其他股东一般仅在对公司的出资以及参与公司决议的表决上对

---

① [美]安德鲁·S.戈尔德、[美]保罗·B.米勒编著:《信义法的法理基础》,林少伟、赵吟译,法律出版社 2020 年版,第 354 页。

公司负有一定的信义义务,其对公司所负的信义义务的要求与控股股东相比明显更低。

公司制度中应然意义上的信义义务风险,一方面主要围绕经营者对公司和股东之影响(传统制度经济学语境中的控制权与所有权分离之典型代表),另一方面主要围绕具有控制力的大股东对小股东和公司之影响(强势产权方滥用产权之情形)。大股东作为具有选任董事会和对决定公司政策方针具有决定性影响力的实际产权人,其是否负有信义义务、对信义义务是否有效遵守,可能直接影响公司的命运。

(3)合伙人违反对其他合伙人的信义义务

由于合伙企业具有典型的人合性特征,合伙人之间(尤其是普通合伙人之间)的联系较为紧密,执行合伙企业事务的合伙人被赋予为其他不执行合伙企业事务的合伙人的利益行事的期望,因而他们对其他不执行合伙企业事务的普通合伙人或有限合伙人负有信义义务。我国《合伙企业法》并未比照《公司法》将合伙人的信义义务的内容加以界定,但执行合伙企业事务的合伙人的信义义务仍散见于《合伙企业法》的条文中——第32条涉及合伙人忠实义务的内容,第49条则涉及合伙人注意义务的内容。执行合伙企业事务的合伙人也是承担信义义务的主体,但现行的《合伙企业法》对合伙人的信义义务的规定,仍需进一步整合并加以明确。另外,合伙人虽同样负有忠实和勤勉的信义义务,但其承担义务的标准是否与典型的如董事对公司的信义义务相同,值得探究。一个很重要的区别是,普通合伙人之间的信义义务是相互的,不同于董事对公司这种单方的信义义务。

在制度经济学的委托代理理论中,执行事务的合伙人比有限合伙人和一般不频繁执行事务的普通合伙人的道德风险更为显著。笔者认为,有限合伙人基本上可以排除在信义义务的主体之外。在解释信义义务的时候,需要区分执行事务的合伙人与不频繁执行事务的合伙人和有限合伙人等合伙主体之情况。一般而言,执行事务的合伙人其工作领域之内信义义务的要求较高,负有较高的忠实义务和勤勉义务,对不频繁执行合伙事务的合伙人要求则稍微有所降低,有限合伙人几乎无须承担信义义务——或者仅需承担保密等少数被动的所谓的信义义务,笔者认为这属于对信息义务过度的扩张解释。

有观点认为,对合伙人之信义义务,应该区分其作为经营者和所有者之情形。[①] 基于对这种观点的引申,笔者认为,对于经营者视角中的合伙人,其对其他的合伙人和合伙企业,显然负有信义义务,因此其既要注重忠实于其他合伙人和合伙企业之利益,也需要勤勉履职以实现企业营业之目标。其制度经济学逻辑在于普通合伙人在经营者和所有者身份上的混同,并一定场景下存在互为"经营者—所有者"分离之情况(如在特定的事务中,特定合伙人为实质执行人,而在另一事务中其身份更接近于所有人)。前述信义要求甚至是一种具有法定性和强制性的要求——最基本的信义义务不能为双方之约定所排除。但是作为企业所有者的合伙人——典型的如在退出合伙企业,或者转让其合伙权益的情形中,不宜要求其作为财产所有人负担过多的信义义务。合伙人的退出固然受到《合伙企业法》等退出制度的限制,但是其规则的正当性并非源于信义义务,而是一种强人合性的企业法特质,以及对合伙企业债务连带责任的延伸。

由于有限合伙人不能执行合伙企业的事务,其往往处在一种信息不对称之迷雾中,可能仅能获取少量信息(与公司中的小股东类似),因此普通合伙人对有限合伙人信义义务之遵循至关重要,尤其是在普通合伙人作为执行事务的经营者之时。有限合伙人更多地具有财产所有者和投资者的属性——在存在一定人合性的合伙企业制度中,有限合伙人实乃资合性特质之代表,因此对有限合伙人的信义义务的讨论意义不大。

---

① 合伙人作为经营者和所有者的区分理论,参见[美]皮特·纽曼主编:《新帕尔格雷夫法经济学大辞典》(第3卷),许明月等译,法律出版社2003年版,第15页。

在特殊情况下,如果有限合伙人违反法律的强制性规定,实际上在管理合伙企业事务,在法解释学上,可以认为在其突破有限合伙人身份的行为范围中,参照普通合伙人信义义务的要求考虑其责任范围之大小。但这种思路更多的是一种参照适用,而不应该理解为有限合伙人被赋予了一般性的信义义务。

(4)律师、会计师等专业服务人员违反对委托方的信义义务

律师、会计师等专业服务人员作为信义义务方时,对其委托人的信义义务也被广泛认可,"律师通常是委托人的受信人(fiduciary),因此在每种情况下都应承担某些职责"。[①] 但在我国法律规范中并未详细提及律师作为信义义务方时的信义义务,仅在《律师法》第四章"律师的业务和权利、义务"中较为笼统地规定律师应当维护委托人的合法权益,律师信义义务的内容大多是通过律师协会的行业规范进行规定。例如,全国律师协会印发的《律师执业行为规范》对律师的行为规范和义务以及律师与委托人或当事人关系进行了相对系统的规定,会计师行业也存在类似的制度安排。但律师等专业服务人员与委托人的关系与上述公司董事等之间的信义关系存在不同,其与委托人也即信义利益享有方之间还存在明确的委托代理合同,双方的权利义务是以合同为基础建立的,对于律师与委托人在委托代理合同中约定的事项能否构成律师信义义务的内容,或者双方能否在合同中约定排除信义义务的内容,存在较大的讨论空间。

会计师事务所、律师事务所、资信评级机构等专业服务机构同时也作为金融中介机构,其所出具的报告如会计师事务所出具的对上市公司的审计报告、律师事务所出具的法律意见书、资信评级机构出具的信用评估报告经过公开程序后,能够影响整个证券金融市场,该类主体除对其委托人负有信义义务之外,还应当对受其公开的报告影响的不存在委

[①] Maguire v. Makaronis [1955-95] P.N.L.R. 933, 1997, p. 35-109.

托关系的其他投资者负有一定的信义义务,因为其在作出相关报告、意见时,能够预见或者应当能够预见相应的影响,这是由相关报告、意见的行业和法律性质决定的。

值得注意的是,根据《合伙企业法》的规定,会计师事务所和律师事务所等可以以特殊的普通合伙的方式进行组织。由于特殊的普通合伙,对一般过失或故意、重大过失的责任承担方式与一般的合伙企业制度存在差异,因此在这些组织内部讨论专业人士的信义义务,主要考虑其在组织法上责任承担的特殊之处。这就意味着其对外部服务对象的信义义务,更多是基于其专业身份,而对合伙内部的其他合伙人和合伙企业的责任承担,更多的是基于组织法上的身份,即可能存在两种信义义务的违反,例如,律所的合伙人因重大过失把当事人的证据弄丢了,这当然意味着违反了律师对当事人的信义义务,也可能同时违反了对律所其他合伙人共同执业与信任意义上的相互间的信义义务。但对于律所中其他的律师合伙人,其责任承担方式会基于律所是普通合伙抑或是特殊普通合伙而存在差异。

(5)资产管理人违反对委托人的信义义务

资产管理业务中的信义义务方对委托人的信义义务在判例法上已经获得认同。[①] 资产管理业务中的信义义务方主要包括各种资产管理机构,如信托机构、银行、基金管理公司等以及具体从事资产管理业务的人如投资顾问、投资咨询人员等。在我国,对各类资产管理业务的信义义务方的信义义务散见于对应的资产管理的法律规范中,例如,《中华人民共和国信托法》(以下简称《信托法》)第25条、第26条规定的受托人承担的信义义务的内容,《中华人民共和国证券投资基金法》(以下简称《证券投资基金法》)第19条也涉及基金管理人有关信义义务的内容等。但是,这些规定仍然存在比较粗略且缺乏系统性的问题,"实务操作中根

---

① See 15 U.S.C.A. § 80a-35 (West) (2006).

本无法判断受托人谨慎注意义务的标准与程度,更无法明确受托人投资自由裁量权的范围",①这也会直接影响对信义义务方侵权责任的判断。

笔者认为,资产管理中的信义义务关系是特殊法和相关单行法中最重要的信义义务关系,其具有悠久的历史,而且系人与人之间信义关系的一种十分基础的范式和结构——基于财产进行信任的一种信义关系。这种法律制度的安排直接涉及人类社会财富的增值,同时超越了相对人之间的关系,可以基于信托等法律传统分析和讨论基于财产等意义上相对独立的信义义务关系。基于资产管理、人工智能探索相关的信义义务关系,可能这是法律未来的重要发展方向。

二、违反信义义务型商事侵权的认定:《民法典》与商事单行法的互动

(一)违反信义义务型商事侵权的构成要件

违反信义义务型商事侵权行为作为侵权行为的一种,受到一般侵权行为中 4 个构成要件理论的影响——要满足违法性、损害后果、过错与因果关系 4 个要件。在行为违法性的具体表现上,与侵犯权利说观点不同的是,我国最高人民法院采用的是违反义务说的观点,"行为违法就是指行为人实施的行为在客观上违反法律规定,主要表现为违反法律规定的义务、违反保护他人的法律和故意实施违背善良风俗而造成他人损害的行为",②而在解释违反信义义务侵权行为的违法性问题上,违反义务说的观点具有一定的合理性且便于解释。我国《民法典》和商事单行法,虽然并未对违反信义义务型商事侵权的构成要件进行过系统性的规定,但是对该类行为构成要件的分析需要在结合民法基本理论以及各商事单行法特别规定的基础上,完善信义义务型商事侵权的请求权理论体系。

---

① 高达、王鹏:《中国信托法的发展完善》,载《学术探索》2014 年第 1 期。
② 最高人民法院民法典贯彻实施工作领导小组主编:《中华人民共和国民法典侵权责任编理解与适用》,人民法院出版社 2020 年版,第 28 页。

1. 实施了违反信义义务的行为

依照前文所述，根据信义义务二分说的观点，违反信义义务的行为可以分为违反忠实义务的行为和违反勤勉义务的行为两大类，根据行为人具体实施违反信义义务行为的不同，也可能会出现同时违反上述两类义务的情形；无论是违反忠实义务还是违反注意义务，都存在作为和不作为两种行为模式。在探讨违反信义义务行为的典型表现时，对于不同主体是否实施了违反信义义务的行为，在构成要件上也会有所差别。

(1) 违反忠实义务的典型表现

违反忠实义务的典型表现，是负有信义义务的主体实施了与信义利益享有方的利益相冲突的行为。禁止利益冲突这一原则在信义义务领域被广泛认可，也是忠实义务最典型的表现形式，"它包括两个规则，利益冲突规则(the conflict-of-interest rule)禁止受托人在接受委托中使个人利益与受益人利益发生冲突；职责冲突规则(the conflict-of-duty rule)禁止受托人在接受委托中使第三方利益与受益人的利益发生冲突"。① 这两个规则分别是对受托人即信义义务方追求个人利益与追求除受益人即信义利益享有方以外的第三人利益的约束，约束的重点体现在行为的"冲突"上，但信义义务方在为信义利益享有方行事的过程中对行为对象的或有利益并不一定会使自身陷入该利益冲突——在理论上行为人不一定会做出违背信义利益享有方利益的行为，但在实际处理的过程中，往往很难把或有利益与实际行为分别考虑，很难在该种情形下认定信义义务方行为的正当性，即使该行为并未使信义利益享有方的利益受到实际损害，这同时也涉及对侵权行为造成损害后果的必要性的探讨。例如，信义义务方在拍卖中购买其管理的信义利益享有方的财产，被法院认定为违反信义义务的行为，② 即使该行为并不会造成信义利益享有

---

① Paul B. Miller, *Justifying Fiduciary Remedies*, The University of Toronto Law Journal, Vol. 63:570, p. 585 (2013).

② See Ex parte Lacey, 6 Ves. Jun. 626, 31 Eng. Rep. 1228 (Ch. 1802).

方利益的损害。这点在董事、监事和高级管理人员的信义义务上表现得较为明显,有的法官对这类主体的信义义务要求较高。

我国法律也对董事、监事和高级管理人员在禁止利益冲突这一点上的信义义务作出规定,当董事、监事、高级管理人员违反《公司法》第180条"应当采取措施避免自身利益与公司利益冲突,不得利用职权牟取不正当利益"的规定时,可能涉及实施违反忠实义务的行为。我国法律对普通合伙人在这方面也有类似的规定,普通合伙人不得从事与合伙企业具有竞争关系的业务,一般也不能与合伙企业本身进行自我交易。

此外,这里还涉及另一个问题:即使董事、监事和高级管理人员以及普通合伙人原则上不得从事与信义利益享有方利益冲突的行为,但是经过公司章程规定、股东会同意或合伙协议约定、全体合伙人一致同意仍然可以打破禁止利益冲突原则的适用,也就是说,"对于某些特定信义关系而言,只要当事方事先有约定,法律允许利益冲突的存在",[1]由此我们可以引申出一个结论——当事方的事先约定如章程、合伙协议或是委托代理合同等能够约定信义义务的具体内容,例如禁止利益冲突原则可能在一定程度上被排除适用(但这又涉及在特定国家法律中是否允许选择信义义务范围之命题)。"在许多情况下,基本合同关系的存在为建立信义关系奠定了基础……信义关系如果要存在,就必须适应合同条款,使其与合同条款相一致,并符合合同条款。"[2]至于当事方的约定能否排除信义义务方全部信义义务的内容,或约定排除信义义务是否要受到一定的限制,我们需要把其放在法定信义义务的框架中,即是否允许当事人对信义义务之内容进行意思自治上。

违反忠实义务的典型表现还包括信义义务方实施了欺诈行为(与欺

---

[1] [美]安德鲁·S.戈尔德、[美]保罗·B.米勒编著:《信义法的法理基础》,林少伟、赵昤译,法律出版社2020年版,第212页。

[2] Hospital Products Ltd. v. United States Surgical Corporation [1984] HCA 64, p.35.

诈性侵权存在竞合),信义义务方的欺诈行为通常表现为故意不向信义利益享有方披露信息或者故意披露虚假信息而使信义利益享有方陷入认识错误。信义义务方与信义利益享有方的信息不对称状态致使在信义关系中信义义务方在法律拟制的层面处于优势地位,就可能与一定程度上的披露义务和知情权的法律规则存在竞合——为了保护信义利益享有方的利益,避免信义利益享有方在不知情的情况下不知悉信义义务方从事的不符合信义利益享有方利益的行为——特别是在涉及对信义义务方的信义义务的具体内容的约定时,信义义务方可能会隐藏信息欺诈信义利益享有方,这让信义义务成为重要的法律渊源解释基础。

不同的信义义务方在信息披露方面的信义义务也不尽相同,较为典型的具有较高信息披露义务的信义义务方主要是资产管理人,例如,我国《证券投资基金法》规定,"基金管理人在向潜在投资人推销或路演时须承担'禁止欺诈义务',即要求其承担'最大限度的善意,完整和公平地披露所有关键事实'以及'采取合理的注意来避免误导'潜在投资人的积极义务"。[①] 证券投资中还会出现数个信义义务方之间互相通谋欺诈信义利益享有方的情形,如上市公司的董事、高级管理人员与金融中介机构通谋实施的不披露信息或信息造假欺诈投资者的行为,也是典型的违反忠实义务的欺诈型侵权行为。信义义务方的同一个行为也有可能既涉及欺诈信义利益享有方,同时该行为又与信义利益享有方存在利益冲突。又如,信义义务方在处理与自身利益有关而与信义利益享有方利益相冲突的事项时,需要获得信义利益享有方的知情同意,而其故意隐瞒信息或用虚假信息欺诈信义利益享有方使其作出有瑕疵的意思表示,此时信义义务方的行为就同时涉及欺诈与利益冲突,系对信义义务的违反。笔者认为,包括商法在内的道德基础要求,要把违反诚信

[①] 肖宇、许可:《私募股权基金管理人信义义务研究》,载《现代法学》2015 年第 6 期。

原则和信义义务作为一种基本的违法性和过错参考标准,即使原告在案件中的请求权基础是关于虚假陈述等的具体法律规则。

对于信义义务的违反没有争议的情形,往往和特定的主体身份需承担的忠实义务有关,这种主体身份往往存在于特定关系中——董事对公司、律师对当事人、普通合伙人对其他合伙人,都是这种关系的重要法律背景。违反忠实义务的行为,通常具有非常明确的法律规定的行为特质(同时也基于行为人的特殊身份)。控股股东或者公司董事的自我交易,在许多国家就具有不正当性和可归责性,更是违法性的判断依据——违反了信义义务,进而可以推定具有违法性。从法经济学原理来看,这种法律明文规定禁止特定关系中特定身份主体从事的行为,实际上是基于制度经济学意义上的委托代理理论——在特定的交易结构下,代理人的行为已经明显具有效率意义上的不正当性,且作为不当行为在司法实践中多次出现,法律也予以明文规定。公司法中对董事违反信义义务具体行为类型的明文规定,就属于这样的情形,虽然其诉的本质是一种侵权之诉。

(2)违反注意义务的典型表现

违反注意义务,是指在履行职责过程中因故意或者过失未尽审慎注意义务或者该审慎注意未达到标准。注意义务通常通过积极的作为形式施加于信义义务方,与信义义务方的专业能力密切相关,因此违反该义务的行为方式一般表现为不作为。值得注意的是,该不作为是针对信义义务方对注意义务的忽略,而不是针对注意义务的忽略方式。关于信义义务方具体忽略注意义务的行为方式,可能会以作为的方式体现。具体而言,例如,公司董事、监事和高级管理人员怠于履行职责,滥用管理权限决定公司重大事项致使公司的利益受损,典型案例如吉林辉隆贸易有限公司与姚某损害公司利益责任纠纷案、[1]王某某与中地不动产评估

---

[1] 参见吉林辉隆贸易有限公司与姚某损害公司利益责任纠纷案,吉林省高级人民法院(2018)吉民终645号民事判决书。

有限公司等损害公司利益责任纠纷案①等,案件中公司的高级管理人员都是未尽审慎注意义务以不同的作为方式使公司财产遭受损失;又如,资产管理人未能持续关注信义利益享有方的财产价值的变动而作出错误决策使信义利益享有方的财产遭受损失的行为,也是违反注意义务的行为,在违反注意义务的具体方式上,是以作为的方式呈现的。不同信义义务方的注意义务的标准一般与同类职业(行业等因素)的信义义务方的审慎标准相同,不能要求不同职业或行业采取相同的标准,"在刻画管理人注意义务基本表象后,需结合受托管理人个体情形,如其资质条件、所处行业、磋商之中形成的合理期待、给付均衡等,对管理人注意义务的面向予以具化与充实"。②

信义义务方在信义关系中实施了违法行为可被归类为违反注意义务的典型表现之一。此处的信义义务方的违法行为主要是指信义义务方在履行职责时违反了强行法上的义务,信义义务方做出违法行为的主观动机可能是出于对信义利益享有方利益最大化的考量,并未与信义利益享有方有利益冲突,但信义义务方的行为客观上违反了强行法致使信义利益享有方的利益最终受到损害。这种情形下信义义务方的行为显然也是违反信义义务的行为,只是会与强行法上的违法行为产生竞合,特别是在涉及刑法上的违法行为时,信义义务方往往没有能力再承担因违反信义义务而产生的责任,但不能因此而否定信义义务方在信义关系中也违反了对信义利益享有方的义务。对特定案件,信义义务方对注意义务的违反在理论上可能是没有争议的,但对于信义义务方的违法行为究竟违反了哪种信义义务,理论上存在争议,有学者认为,或可将其归入

---

① 参见王某某与中地不动产评估有限公司等损害公司利益责任纠纷案,北京市高级人民法院(2016)京民终 210 号民事判决书。
② 叶熙昊:《公司债券受托管理人信义义务的厘定与法律构造》,载《南方金融》2020 年第 7 期。

违反忠实义务的行为之中①——这也意味着早期研究对相关理论的把握较为混乱。

在不存在违背信义利益享有方利益的主观故意的情况下,将信义义务方的违法行为认定为违反注意义务的行为更加符合广义注意义务与信义义务方自身能力(预期)的相关内涵。董事、监事和高级管理人员是负有注意义务的典型代表,但在我国《公司法》中并未将"注意义务"与董事、监事和高级管理人员的忠实义务并列,而是规定了另一个"勤勉义务",该勤勉义务的具体含义可以解释为既包含为信义利益享有方的利益积极奉献的义务,也包含积极运用信义义务方自身的能力履行职责的义务,甚至包含了从法律经济学看来"最大化"不计成本的思路(在经济学上不具有效率价值)。

2. 违反信义义务行为造成损害后果

(1)损害后果在违反信义义务侵权中的特殊性

依据传统的侵权法理论,"唯有被侵权人因侵权行为遭受了损害,方能要求侵权人负损害赔偿义务,即成立损害赔偿责任",②但在违反信义义务的商事侵权领域,信义义务方对信义义务的违反并不一定会导致损害后果的发生,例如,在信义义务方与信义利益享有方存在利益冲突的情形下,信义利益享有方可能不会有实际的财产损害,无法主张损害赔偿责任,且此种情况下请求信义义务方返还得利的正当性也值得进一步探讨。笔者认为,无损害则无赔偿责任的传统侵权法理论的逻辑严密,应当遵循损害后果是侵权行为的必备要件之一这个原则。信义义务方若仅违反信义义务而未使信义利益享有方受到实际损害,则只是违反了信义义务本身,不能构成违反信义义务侵权,自然也不能请求信义义务方承担侵权赔偿责任。

---

① 参见梁爽:《董事信义义务结构重组及对中国模式的反思——以美、日商业判断规则的运用为借镜》,载《中外法学》2016 年第 1 期。

② 程啸:《侵权责任法》(第 2 版),法律出版社 2015 年版,第 362 页。

但是,在损害实际发生之前,信义义务方的行为有可能对信义利益享有方的利益造成一定的危险,此种状态下的信义利益享有方可以事先采取一定的措施约束信义义务方以提前保护自己的利益不被不当侵害。例如,信义义务方与信义利益享有方在某一事项上存在潜在冲突(如竞争利益)时,信义义务方对利己行为的正当性需要予以证明,此时可以赋予信义利益享有方启动诉前程序的权利,在举证责任上要求信义义务方提供证据证明在信义利益享有方的利益存在危险的情况下信义义务方行为的正当性——不存在信义义务方继续其行为会导致信义利益享有方利益受损的可能性,或者要求信义义务方证明其行为与信义利益享有方的利益不存在直接的关联性。

(2)损害后果的类型

在侵权法领域,侵权行为造成的损害后果包括对人身权益的损害和对财产权益的损害,在商事领域违反信义义务的侵权行为所造成的损害后果,通常表现为对财产权益的损害。本书提及的信义义务方须为了信义利益享有方的利益行事,该利益主要涉及信义利益享有方的财产权益,因此信义义务方违反忠实义务或注意义务导致的损害后果,一般也仅涉及财产上的损害,且该财产上的损害更多地表现为财产利益的损害,尤其是纯经济损失。对物权等属于绝对权的财产权的损害,不是违反信义义务侵权的损害后果的重点内容,但其也存在《民法典》中物权制度竞合之情形。

很多信义义务方都对信义利益享有方的财产具有管理的权限,如公司董事、高级管理人员、合伙人、资产管理人等。信义利益享有方财产的变动在信义义务方的管理范围之内,信义利益享有方财产的增加有赖于信义义务方忠实地履行义务并在管理财产时作出合理的判断(基于时机和条件等要求)。这类信义义务方对信义义务的违反所造成的信义利益享有方的损害,通常体现为纯经济损失。例如,公司的高级管理人员违反忠实义务,未经公司股东大会同意,利用职务便利谋取属于公司的商业机会获取私利,本质上属于违反忠实义务中的禁止利益冲突原则,公司利益受到的损害就属于纯经济损失的范畴。① 又如,律师、会计师等专业服务人员作为信义义务方时,其对信义利益享有方也负有忠实义务,若该类专业服务人员故意或过失披露虚假信息或者出具虚假报告,导致信义利益享有方因信赖而作出错误判断从而遭受经济利益的损失,也属于纯经济损失的范畴。

3. 违反信义义务行为与损害后果之间的因果关系

违反信义义务并不必然导致损害后果(至少是法官认定的损害后果)的发生,而未造成损害后果的信义义务方的行为不构成侵权法上的侵权行为,因此也不存在司法意义上对因果关系的探讨;而在信义利益享有方受到损害时,则需要考虑该损害与信义义务方违反信义义务的行为之间是否存在因果关系,该层因果关系"在德国等大陆法系国家侵权法上被称为责任成立上的因果关系,在普通法系侵权上被称为事实因果关系"。② 在特定情形下,信义义务方即使存在违反信义义务的行为,信义利益享有方也会受到损失,但二者之间不存在事实上的因果关系或者信义利益享有方无法证明这二者之间存在因果关系时,信义义务方对该损失也不承担侵权责任。例如,某公司董事违反竞业禁止的信义义务,但公司无法证明损失与该董事行为之间存在因果关系,故该董事不承担公司的该损失。③ 一旦竞业的规则被打破,受损方最大的风险之一在于内部的信息被他人掌握。竞业信义义务的本质在于在事前维系一种状态,以避免企业内部信息的非正常传递。

在违反信义义务型商事侵权中,信义义务方违反信义义务的行为造

---

① 参见深圳市达士科技股份有限公司与高某损害公司利益责任纠纷案,广东省深圳市南山区人民法院(2016)粤0305民初7691号民事判决书。
② 程啸:《侵权责任法》(第2版),法律出版社2015年版,第369页。
③ 参见李某甲、李某乙损害公司利益责任纠纷案,湖北省高级人民法院(2017)鄂民终3078号民事判决书。

成的损害后果中很大一部分都表现为纯经济损失,对纯经济损失这类损害后果与侵害行为之间的因果关系的证明较有难度;而且信义义务方的同一个行为有可能涉及信义利益享有方的数个不同种类财产利益的损害,可能涉及不同种类的纯经济损失,这些损失与信义义务方的同一个加害行为之间的因果关系的距离通常是不同的,这就涉及另一个层次的因果关系——责任范围的因果关系或法律上的因果关系的判断。对该层因果关系的判断存在多种学说,笔者认为,在对违反信义义务的行为造成的损害后果,特别是在纯经济损失的法律上的因果关系的判断上,为了减小侵权的信义义务方责任范围的不确定性,应当将直接损害后果认定为与加害行为有法律上因果关系的损害后果。例如,高级管理人员长期不履行职务的行为造成公司营业额下降的损害,但由于仍然有其他高级管理人员管理公司,公司在此期间营业额下降的损害后果就不能被认定为该违反信义义务的高级管理人员的行为造成的直接损害后果。[①]

4. 信义义务方主观上存在过错

在违反信义义务型的商事侵权行为的构成要件中,主观要件即信义义务方的过错也是成立违反信义义务型侵权行为的重要构成要件。由于信义义务方所负的信义义务往往和特别法结合,其在履行义务的过程中在特定情形下信义利益享有方财产的损失不可避免,信义义务方在做出行为时主观上并不存在过错,既无故意也无过失,只是履行对信义利益享有方应尽的义务——此时即使信义利益享有方有财产损失,也不应由信义义务方承担该损失赔偿责任,信义义务方的行为并不构成侵权。商业判断对信义义务主体的免责,也包含亏损的结果不等于行为上具有可归责性的思想,只是大陆法系和英美法系对其的演绎存在一定的形式差异。

[①] 参见广东品鸿装饰工程有限公司、周某某损害公司利益责任纠纷案,广东省广州市中级人民法院(2020)粤01民终19538号民事判决书。

负有信义义务的不同主体,在选择和从事该种行业壁垒较高的职业之前,通常已经通过系统的学习知悉(或被推定知悉)其所从事的职业对不同的信义利益享有方负有的信义义务——不同的信义义务方都可以被推定知道或者应当知道其所负有的信义义务的内容,因而信义义务方做出违反信义义务的行为时至少在主观上具有过失,在多数情形下,信义义务方违反忠实义务时主观上一般都存在故意(虽然探究过失违反忠实义务可能具有某些理论价值)。不同的信义义务方违反信义义务侵权的主观表现并不相同,以违反信义义务的具体表现为例,信义义务方在违反忠实义务时,主观上通常表现为故意,如信义义务方的欺诈行为,故意实行欺诈且希望使信义利益享有方陷入错误认识而进行决策;信义义务方在违反勤勉义务时,主观上通常表现为故意或过失,如信义义务方怠于履行职责主观上通常为故意(至少是放任的故意),在从事具体事务时未尽审慎注意义务则可能表现为过失。是否具有过失,往往需要结合信义义务方所在行业的行业标准以及个案的具体情况进行判断。例如,高级管理人员未能识别出网络诈骗将公司的钱款转账给诈骗分子,公司因网络诈骗遭受了损失,法官认为,该高级管理人员的行为在主观上不存在过失,也即在该案中法官认为高级管理人员的审慎注意的标准并不需要达到识别网络诈骗的程度。[1] 探究对注意义务的违反行为的主观要件时,尤其要注意区分行为的动机和行为的主观性,信义义务方从事违法行为的主观动机可能并非为了损害信义利益享有方的利益(如单纯只牟利或懈怠)。

(二)违反信义义务型商事侵权的抗辩事由

1. 侵权中的商业判断规则(经营判断规则)

商业判断规则又称经营判断规则(business judgement rule),是判例

---

[1] 参见北京东方网信科技股份有限公司与何某某损害公司利益责任案,北京市第一中级人民法院(2016)京01民终5551号民事判决书。

法国家的法院在实践中发展出来的对公司董事、高级管理人员或股东是否违反信义义务进行审查时所依据的标准,"这项规则以假定董事的决议是正确的作为前提,只要董事与公司及股东没有利益冲突,并且他们的决议是以被通知和审慎的方式作出的,那么法院将不会从价值上来判断这些决议"。① 商业判断规则原则上是为了保护董事或高级管理人员,防止法院不当介入公司的经营,"该规则保护董事和高级职员免于承担无利可图或有害的公司交易的责任,如果这些交易是在董事或高级职员的授权范围内真诚地、谨慎地进行的"。② 若公司认为董事或高级管理人员违反了信义义务而起诉,则由公司承担举证责任,若公司作为原告不能举证证明,则法院推定董事或高级管理人员的行为并未违反信义义务;若公司提供了相应的证据证明,则此时由董事举证证明其行为具有正当性与合理性——举证责任在进入一定程序后才会在当事人之间转移。

因此,商业判断规则不仅是诉讼中的一项举证规则,同时也是董事、高级管理人员或股东等的一项抗辩事由。"法官运用商业判断规则作为其拒绝介入公司经营的理由,而董事运用商业判断规则以保护自己不对经营行为承担个人责任。"③笔者认为,这种制度安排的本质是司法系统对自身在商业领域专业水准的反思。就本质上而言,一个工作多年的法官,一般很难深耕其裁判涉及的特定行业,至少不可能对商业决策具有和商事主体一样的专业水准。因此,法律规则允许借助商业判断规则,也允许法官"撤回"自己的专业领域,以避免在商业领域作出过于精细和直接的判断。

---

① [美]皮特·纽曼主编:《新帕尔格雷夫法经济学大辞典》(第2卷),许明月等译,法律出版社2003年版,第143页。
② Bryan A. Garner (ed.), *Black's Law Dictionary*, 8th ed., Thomson Reuters Press, 2004, p.596.
③ 容缨:《论美国公司法上的商业判断规则》,载《比较法研究》2008年第2期。

2. 约定排除义务

信义义务方与信义利益享有方作为当事人,通过事先约定可以减轻甚至免除信义义务方的某项信义义务,"信义法绝大部分由默认规则(default rules)构成,除非当事人双方另有约定,否则自动适用"。① 当事人可以事先通过协议约定信义义务方不受或在某些具体情形下不受某项信义义务的约束,此时当事人关于放弃某项信义义务的约定就成为信义义务方的一项抗辩事由。但是,该事先约定放弃信义义务的程序受到较为严格的限制。为保障信义利益享有方的利益不受损害,信义义务方必须确保信义利益享有方在与信义义务方约定放弃某项信义义务时知情同意,即信义义务方必须全面地向信义利益享有方披露相关信息,以确保信义利益享有方并未作出有瑕疵的意思表示,否则,对某项信义义务的放弃就是无效的。

通过意思表示的方式(含决议性质的意思表示)允许利益冲突在我国法律中也有所体现,如《公司法》第182条第1款规定,"董事、监事、高级管理人员,直接或者间接与本公司订立合同或者进行交易"并不为法律绝对禁止,但是"应当就与订立合同或者进行交易有关的事项向董事会或者股东会报告,并按照公司章程的规定经董事会或者股东会决议通过"。我国《合伙企业法》也规定,经合伙协议约定或者全体合伙人一致同意,普通合伙人也可同本合伙企业进行交易;在信义义务方和信义利益享有方之间存有委托代理合同的情形下,例如专业服务人员或资产管理人与信义利益享有方,即可通过双方的委托代理合同事先约定信义义务方信义义务的范围,可以放弃某项信义义务。上述章程约定或者事先同意、约定等构成了信义义务方的一项抗辩事由。

但是,对约定排除义务的限度问题,即当事人事先约定放弃的信义

---

① [美]安德鲁·S.戈尔德、[美]保罗·B.米勒编著:《信义法的法理基础》,林少伟、赵吟译,法律出版社2020年版,第234页。

义务的范围是否有限制的问题,理论上存在争议,有学者认为,当事人的约定可以排除信义义务全部内容的适用,"所有的规则都可以通过事先的合同自由变更,但信托成立后的变更是非常困难的"。① 笔者认为,对此问题需要分阶段讨论。在还未进入信义关系之前的阶段,双方可以通过事先约定放弃所有的信义义务,这时双方的关系就不是信义关系,而是合同的权利义务关系;与之相对,双方也可以事先约定由原本的信义关系变更为仅涉及合同关系或者终止双方的所有关系,但该阶段的权利义务关系的变动牵涉范围较广——例如原信义义务方在信义关系终止之后是否有类似于后合同义务的相关义务;如何避免原信义义务方滥用原信义关系中获得的信息(商业秘密等),滥用信息后如何承担责任;等等。对于还处于信义关系中的双方,可以就具体某个事项约定放弃某信义义务,但是只要处于信义关系中,就必须遵守信义义务中的强制性规则(mandatory rules),即使排除了具体的信义义务。例如允许信义义务方自我交易,但其仍然不能以恶意或不公平的方式行事。② 这意味着以约定排除的方式对信义义务进行抗辩,也需要对约定的部分进行基于诚实信义原则的解释。

3. 其他抗辩事由

除上述两类在违反信义义务侵权领域具有特殊性的抗辩事由外,根据传统侵权法的理论,被侵权人过错、第三人行为(介入)、不可抗力、情势变更等抗辩事由信义义务方是否可以主张也值得探究。

对于被侵权人存在过错的情形,需要考虑被侵权人故意与过错相抵两种情况。由于信义义务方对信义利益享有方的利益负有照管的义务,即便信义利益享有方有过失行为,信义义务方所负有的注意义务也应当

---

① Frank H. Easterbrook & Daniel R. Fischel, *Contract and Fiduciary Duty*, The Journal of Law and Economics, Vol. 36:425, p. 432 (1993).
② 参见[美]安德鲁·S. 戈尔德、[美]保罗·B. 米勒编著:《信义法的法理基础》,林少伟、赵吟译,法律出版社2020年版,第225~239页。

包括对信义利益享有方过失行为的审慎注意义务。因此在信义利益享有方有一般过失甚至重大过失的情况下,信义义务方没有尽到注意义务时仍将承担侵权责任,第三人的行为造成损害时也是如此。在满足其他违反信义义务型侵权的构成要件后,信义义务方仍要承担侵权责任,可以结合个案情况适当减轻信义义务方的责任;但在被侵权人故意时,即其在明知会使自身的利益受损的情况下做出特定行为,"该故意的行为与损害之间具有全部的因果关系,受害人的故意是导致损害发生的唯一原因",①笔者认为,此时就不能以信义义务方未尽审慎注意义务为由要求其承担侵权责任。

不可抗力与情势变更,都可以作为信义义务方的抗辩事由。对于信义义务方而言,不可抗力通常体现为不作为的抗辩事由,出现不可抗力致使信义义务方无法履行忠实和注意义务,且该不可抗力是不履行义务的唯一原因时,信义义务方可因此而免责。不可抗力在实践中最大的困难在于,法官可能倾向于避免不可抗力的认定,除非事实过于明显。传统理论认为"情势变更是一项独立而具体的合同履行例外规则",②但在信义关系中,即使当事人之间不存在合同关系,出现了在建立信义关系时不可预见的重大客观情况的变化时,为了避免信义义务方因继续履行义务而造成显失公平的后果,也应当允许信义义务方援引情势变更原则脱离信义关系,不再负担信义义务——这种情势变更作为抗辩规则的引入,需要在法律规则中直接规定。另外,如果信义义务是基于契约关系,则即使在侵权之诉中,对情势变更问题的讨论仍然不能完全回避。因为特定合同的效力和变更,虽然不等于认定侵权本身,却是其中的重要事实。因为如果把信义关系的正当性来源看作包含契约,则契约本身因为情势变更,同样会影响义务本身之遵守,进而影响对相关侵权之诉的

---

① 程啸:《侵权责任法》(第2版),法律出版社2015年版,第465页。
② 李颖轶:《作为规则的合同情势变更》,载《探索与争鸣》2020年第5期。

裁判。

三、违反信义义务型商事侵权救济中的财产规则与责任规则

根据前述卡拉布雷西和梅拉米德划分的财产规则和责任规则两种法律救济规则,财产规则主要以禁令为其表现形式,而责任规则主要以损害赔偿为其表现形式。[1] 这两种法律救济规则在我国《民法典》承担民事责任的方式的规定中也有所体现,如《民法典》第 179 条规定的停止侵害、排除妨碍、消除危险就属于财产规则的类别,赔偿损失则是责任规则的典型表现。在违反信义义务型侵权中,信义利益享有方的权益可能受到信义义务方的侵害,法律救济规则对实务具有重要的影响,这体现在财产规则和责任规则作为两种法律救济规则,在保护享有信义利益方的权益方面能够发挥不同的作用。

(一) 财产规则:禁令与终结

在违反信义义务型商事侵权的救济规则中,可以应用财产规则和责任规则以对不同损害采取不同救济方式,在违反信义义务型侵权领域,对禁令的财产规则的适用并不如损害赔偿的责任规则那样普遍,因为信义义务方在履行职责时为信义利益享有方的利益从事的行为通常涉及商业领域。例如,董事、高级管理人员基于信义关系经营公司的行为或者合伙人经营企业的行为,他们作为信义义务方都对信义利益享有方的利益有一定的自主决策(甚至是处分)的权限,在信义义务方尚未造成信义利益享有方的损害,或者即使已经造成了信义利益享有方的损害时也可以在学理上基于商业判断规则(同样倾向于让经营者具有一定的自主权)排除法院对其正常商业经营行为的干预。

只有信义义务方从事持续性的侵害行为时,作为财产规则表现形式的停止侵害、排除妨碍、消除危险才有适用的空间。在信义义务方的行

---

[1] See Guido Calabresi & A. Douglas Melamed, *Property Rules, Liability Rules, and Inalienability: One View of the Cathedral*, Harvard Law Review, Vol. 85:1089, p. 1089 – 1128 (1972).

为尚未造成实际损害后果时,若信义利益享有方认为信义义务方的自利行为或者其他不作为的行为对其权益的损害有较高的危险,应在法律程序中要求信义义务方提供证据证明其行为的正当性,在信义义务方不能证明的情况下,信义利益享有方有权诉请法院采用停止侵害、排除妨碍的禁令制止信义义务方继续行为。若信义义务方的持续性侵害行为已经造成了损害,则可以在诉请信义义务方承担侵权行为的赔偿责任的同时要求信义义务方停止侵害和排除妨碍。

这里还存在一个根本性的问题,即信义权益方应在法律制度(尤其是在特别法)中获得退出信义关系的必要权利。有的法律规则,例如专业人士的委托代理中,信义权益方应该享有一种接近于任意解除信义关系的权利。这种权利的行使效果,可以在很大程度上弥补单纯停止侵害等财产规则的不足。因为当信义权利主体对义务方不信任,尤其是其确信信义义务方违反忠实义务时,解除信义关系是比法院的指令更为有效的一种思路。当信义义务方违反勤勉义务时,很难用指令的方式要求其认真地履行勤勉义务,这就让财产规则的救济很可能集中在不侵害意义上的要求上。在涉及商事主体的信义义务中,公司的股东可以通过股东(大)会的方式,终结信义关系;合伙企业在其他合伙人一致同意的情况下,让特定合伙人退伙,本质上也是一种终结信义关系的方式。

(二) 责任规则:赔偿与归入

1. 填平损害的赔偿

在信义义务方构成违反信义义务侵权并造成信义利益享有方的财产损害时,首要的救济方式就是适用责任规则的损害赔偿方式,这也是传统侵权法上侵权人承担侵权责任的方式之一。在诚信语境下,"在涉及经济上的不忠诚时,为违反信义义务提供金钱赔偿是被广泛接受的,也是没有争议的"。① 损害赔偿的主要功能是弥补受害人所遭受的损害,侵权法上对损害赔偿这一责任承担方式的实施原则主要有两项:完全赔偿原则与禁止得利原则。完全赔偿原则要求侵权人的赔偿弥补受害人遭受的全部损害,禁止得利原则要求受害人获得的赔偿不能超过其遭受的损害,即不允许受害人通过损害赔偿的方式获得利益。② 在对违反信义义务的救济中,首先需要讨论的是具有填平性质的损害赔偿。总的来讲,法律制度设计在理想化地考虑一种基于信义关系受损的情形,并期待司法程序能够较为精准地在广义的侵权之诉中认定客观损失。

在违反信义义务侵权领域,若受害人的损失可以明确计算,则侵权人损害赔偿的数额也就十分明晰。例如,合伙人之一违反信义义务未将另一合伙人付给他的款项通过银行汇入合同另一方的账户,该违反信义义务的合伙人所要赔偿的数额就是另一合伙人付给他的款项的总额。③ 公司的股东未在约定期限内向公司履行出资义务,则此时损害赔偿的数额就是股东尚未履行的出资的数额。又如,未经事先约定,信义义务方违反信义义务的自我交易价格与正常市场交易价格的差额,就是损害赔偿的数额。

信义义务方与信义利益享有方存在合同关系,若双方事先约定了信义义务方违反信义义务后的损害赔偿的计算方式或数额,则在不违反相关法律规定的情况下,应当尊重当事人基于合同的意思自治,允许当事人自行约定损害赔偿的计算或者数额——这种约定不是单纯契约或意思自治理论的体现,其中的赔偿算法可以看作一种信义关系的延伸。当受害人的损失无法明确计算,或者损失过于巨大难以计算时,例如在侵

---

① Caroline Forell & Anna Sortun, *The Tort of Betrayal of Trust*, University of Michigan Journal of Law Reform, Vol.42:557, p.576 (2009).
② 参见程啸:《侵权责任法》(第2版),法律出版社2015年版,第1044页。
③ See Brosseau v. Ranzau, 81 S.W.3d 381 (Tex. App. 2002).

害商业秘密或是掠夺商业机会的场合,是否可以参考其他法律的规定①直接以被侵权人所获得的利益进行赔偿,也即转入返还得利的赔偿方式,或是否可以设置一个损害赔偿的上限问题,都值得进一步探讨。

2. 返还得利(归入权)

在违反信义义务侵权领域,责任规则的救济方式除了损害赔偿之外,返还得利也是信义法上突出的救济方式,特别是在公司法领域,返还得利的规则表现为公司归入权。归入权的实质就是信义义务方在违反对公司的信义义务时承担的返还得利的侵权责任。返还得利的救济方式在返还的数额上没有严格的限制性规定,甚至可以超出信义利益享有方的实际损害数额,相较于损害赔偿而言,其对信义义务方的惩戒效果更具有威慑力。"不可否认的是,返还得利(disgorgement)是一种强有力的救济措施。它剥夺了不法行为人在其不法行为过程中获得的所有收益。如果信义义务方从其失职行为中获利,则返还得利是对其不忠诚行为的推定的补救办法。很少有对减轻处罚的考虑。"②笔者认为,违反信义义务不仅是公司制度中的信义关系具有讨论归入权的必要,在合伙关系、律师服务等专业关系中,充分考虑对恶意夺取信义权益方利益的行为,进行返还得利性质的救济,是一种具有正当性的责任规则。

在一般情形下,信义利益享有方的损害与信义义务方违反信义义务获得的利益是同时存在的。例如,当信义义务方违反忠实义务抢夺本属于公司的商业机会,从事与信义利益享有方利益相冲突的行为时,那么

---

① 例如,我国《商标法》第63条规定:"侵犯商标专用权的赔偿数额,按照权利人因被侵权所受到的实际损失确定;实际损失难以确定的,可以按照侵权人因侵权所获得的利益确定;权利人的损失或者侵权人获得的利益难以确定的,参照该商标许可使用费的倍数合理确定。对恶意侵犯商标专用权,情节严重的,可以在按照上述方法确定数额的一倍以上五倍以下确定赔偿数额。赔偿数额应当包括权利人为制止侵权行为所支付的合理开支。"

② Paul B. Miller, *Justifying Fiduciary Remedies*, The University of Toronto Law Journal, Vol. 63:570, p. 622 (2013).

信义利益享有方遭受了纯经济损失,而信义义务方因违反信义义务的行为获得了收益,在学理上无论数额多少该收益都属于信义利益享有方(公司)所有;还存在某些情形,如信义义务方实施了违反信义义务的行为,但是信义利益享有方的利益并未受到实际损害,或者信义义务方违反信义义务,但与信义利益享有方共享了收益,典型表现为我国《公司法》对公司归入权的规定,其要求将违反信义义务所得的收益返还公司但并未明确违反信义义务的行为要给公司造成损害后果。从侵害信义利益享有方权益的角度解释该返还得利的理论正当性,"……获取财产、利润或获取相同的机会,他都违反了受益人对这些收益的默示权利,他的错误必然涉及剥夺受益人因其主要权利而有权享有的权利。因此,返还得利在这些情况下,应当被理解为一种恢复原状的补救措施(restitutionary remedy);它恢复了受益者因其主要权利和该权利的法律依据而有权获得的收益"。[1] 该观点在探讨返还得利的正当性问题时值得参考——返还得利作为违反信义义务领域较为特殊的救济手段,其目的不同于一般的损害赔偿的救济方式,具有一定的惩罚信义义务方的作用(获益很少则未必有惩罚性),也能规制信义义务方违反信义义务的行为,是较优的救济方式。

另外,对于违反信义义务方返还得利的范围,有学者认为"返还获利应以受托人的实际利益为计算标准,而非期待利益、可得利益",[2]但是若信义义务方违反信义义务的行为——例如抢夺商业机会的行为获得的利益是长期的,该实际利益应当计算至信义义务方因该违反信义义务所获的利益终止之时,还是在信义利益享有方因信义义务方违反信义义务而诉至法院时,存在裁判和执行上的协调问题,也对证据规则提出了

---

[1] Paul B. Miller, *Justifying Fiduciary Remedies*, The University of Toronto Law Journal, Vol.63:570, p.617 (2013).
[2] 徐化耿:《信义义务的一般理论及其在中国法上的展开》,载《中外法学》2020年第6期。

更高的要求。

3. 惩罚性赔偿

惩罚性赔偿不同于普通的损害赔偿,普通的损害赔偿的目的限于弥补被侵权人遭受的损害,而惩罚性赔偿则系"在一定要件下,尤其是加害人的行为出于恶意,轻率不顾他人权益时,为惩罚加害人,令其应对被害人支付一定的金额,此系英美法所创设的制度"。① 惩罚性赔偿是在侵权人进行了损害赔偿之外需要额外支付给被侵权人的金额,在法律上通常表现为以倍数增加赔偿金额。惩罚性赔偿相较于普通的损害赔偿具有惩戒性,惩罚性赔偿的目的就在于吓阻侵权人再做出侵权行为,同时吓阻不特定的第三人做出类似的侵权行为。② 惩罚性赔偿作为一种侵权救济制度,须由法律明确规定才可适用,这散见于我国《民法典》侵权责任编以及其他单行法或类型化的规定中,例如,欺诈消费者的经营者须承担惩罚性赔偿责任;又如,《民法典》第1207条规定,故意生产、销售存在缺陷的产品的生产者、经营者的惩罚性赔偿责任;再如,《民法典》第1232条规定,故意污染环境的侵权人的惩罚性赔偿责任。

在违反信义义务侵权领域,虽然我国法律并未明文规定该类侵权行为的惩罚性赔偿责任,但是参考其他需要承担惩罚性赔偿责任的侵权行为,对类似的严重恶意违反信义义务的侵权行为规定惩罚性赔偿存在法律经济学上的必要性,惩罚性赔偿的责任承担方式对信义义务方有更强大的威慑作用,降低其做出侵害信义利益享有方的行为的可能性,对于稳定信义关系具有很大的作用。

我们假设违反信义义务造成的损害为 D,行为人的获益是 I,承担侵权责任的概率 p(一般会远小于100%)。经常会出现违反信义义务(主要是忠实义务)的行为人的预期收益大于预期进行损害赔偿的情况(I >

---

① 王泽鉴:《损害赔偿》,北京大学出版社2017年版,第355页。
② 参见王泽鉴:《损害赔偿》,北京大学出版社2017年版,第364页。

pD),而归入权其实也必然处于救济不足之情形(I>pI)。因此无论是将损害本身,还是将违反信义关系之收入作为基数,都需要通过惩罚性赔偿,才能对恶意违反信义义务的主体施以足够的惩戒,使其不再做出侵权行为。

本质上,对于恶性违反信义义务的侵权行为,因被发现并承担责任的概率较小,仅要求行为人承担损害赔偿或者返还得利的责任,不足以实现侵权责任对行为人再次做出类似侵权行为的有效吓阻的效果。将惩罚性赔偿作为严重侵权行为的责任承担方式有其必要性,且将惩罚性赔偿作为信义义务方违反信义义务的救济方式在其他国家也有应用。例如,在合伙人违反对其他合伙人的信义义务时,法院认为信义义务方故意违反其对另一合伙人的信义义务并造成另一合伙人的损失,其行为在很大程度上违背了公平正义原则,且信义义务方在事后对其行为并无任何悔意也并未作出任何解释,因此法院判决该信义义务方承担惩罚性赔偿责任;[①]再如,信义义务方欺诈信义利益享有方订立合同的行为,"以伤害原告为目的而实施的故意欺诈行为,构成了应当判处惩罚性赔偿的行为类型。例如,通常的规则是诱导订立合同的欺诈性虚假陈述,加上虚假陈述造成的损害,将致使支持惩罚性损害赔偿的裁决"。[②] 笔者认为,我国亦可以将严重违反信义义务的行为(主要恶意违反忠实义务)纳入需要承担惩罚性赔偿责任的范围,以促使信义义务方积极履行告知及披露信息的信义义务,更大程度上避免信义义务方的侵权行为。

四、制度目的与限制

(一)设置信义义务的目的

1.制度经济学意义上的"委托—代理"问题及其法律调整

信义关系的经济特征可以应用制度经济学上的"委托—代理"经济

[①] See Brosseau v. Ranzau, 81 S. W. 3d 381 (Tex. App. 2002).
[②] Carr v. Weiss, 984 S. W. 2d 753, p. 768 (Tex. App. 1999).

理论进行解释。制度经济学上的"委托—代理"关系,①是指交易一方雇佣另一方为其服务并给予报酬,且另一方通常对交易一方的事务有一定的自主决定权,交易双方分别属于制度经济学上"委托—代理"关系中的委托人和代理人;而委托人和代理人之间的关系结构同样也是信义关系的核心结构,因而可以将制度经济学上的"委托—代理"理论应用于信义关系中以便对信义义务进行法律经济分析。信义关系中的信义利益享有方也就是"委托—代理"关系中的委托人,信义义务方则可视为"委托—代理"关系中的代理人,从制度经济学的角度来看,信义关系的本质是制度经济学上的"委托—代理"关系。"在委托代理关系中,一个常见的现象是代理人不按照委托人的利益最大化行事,甚至损害委托人的利益,即出现所谓代理问题。"②"委托—代理"问题主要表现为道德风险、逆向选择问题以及委托人难以完全监督代理人的行为问题,而法律为信义关系中的信义义务方即"委托—代理"关系中的代理人一方设定信义义务在本质上是缓解上述"委托—代理"问题的一种对策。

信义义务制度本质上是利用国家司法权力强化市场中的信义行为,并通过法律制度增加违反信义义务行为的成本。这种运用立法和司法减少信义权益享有人的风险,并增加违反信义义务行为主体成本的模式,实际上是运用司法制度,促进市场主体遵守信义。从制度经济学角度来看,这种效应利用国家立法的规模经济和司法裁判稳定预期的规模经济,对不特定主体互动结构当中的信义行为进行调整,进而扩大至涉及信义行为市场交易的规模。③ 我们可以理解为通过国家整体的立法和司法运作,力求减少整个市场经济运作当中的信义义务承担者的道德

---

① 本节中涉及的"委托—代理"关系等相关表述,主要指制度经济学意义上的"委托—代理"关系。
② 袁庆明:《新制度经济学》(第2版),复旦大学出版社2019年版,第143页。
③ 关于信义义务制度扩张市场规模的观点参见[美]皮特·纽曼主编:《新帕尔格雷夫法经济学大辞典》(第2卷),许明月等译,法律出版社2003年版,第141页。

风险行为。

(1)道德风险与逆向选择问题及其法律调整

在"委托—代理"关系中,委托人和代理人的利益并不完全一致,且委托人和代理人掌握的信息不对称,故会发生道德风险与逆向选择的"委托—代理"问题。例如,合伙企业中负有信义义务的合伙人在执行合伙企业事务时,与交易的相对方签订的合同致使合伙企业遭受了利益损失,在该种情况下,合伙企业的其他合伙人也即"委托—代理"关系中的委托人由于信息不对称,难以确定合伙企业遭受的损失是因为负有信义义务的合伙人即"委托—代理"关系中的代理人在签订本次合同时并未审慎注意、未能尽到管理的职责,还是因为合同的相对方做出了欺诈等违法行为,或是存在其他不能归责于该负有信义义务的合伙人的事项,此时就会产生"委托—代理"关系中的道德风险问题。道德风险通常发生在"委托—代理"关系成立之后,是代理人在为委托人行事的过程中利用委托人无法获取的信息而从事的背离委托人利益的行为,属于事后信息不对称产生的代理问题。再如,委托人在寻找律师或者会计师等专业服务人员为其服务时,委托人对某个专业服务人员的了解有赖于其对外展现出来的相关信息,而专业服务人员都知道自己(至少比信义权益方更了解)所披露的信息是否全面或者真实,此时引发的就是逆向选择的"委托—代理"问题,代理人利用其信息优势使委托人处于不利的决策地位,逆向选择通常发生在"委托—代理"关系成立之前,属于事前的信息不对称产生的代理问题。道德风险和逆向选择问题在"委托—代理"关系中不可避免地发生,因此这两者也是在处于同样经济结构的信义关系中需要解决的问题。

为信义关系中的信义义务方设定信义义务,能够在一定程度上缓解信义关系中的道德风险与逆向选择问题。信义义务的设定以及违反信义义务造成侵权行为后信义义务方需要承担的法律责任,形成了威慑信义义务方的效果,因为"虚饰和偷懒盛行于一切人们能如此做而不受惩罚的场合"。① 信义义务方在从事与信义利益享有方相关的事务时因信义关系的特性而能够拥有自主决定的权限,同时施加于信义义务方的信义义务又能够促使信义义务方不做出与信义利益享有方利益相悖的行为,从而较为有效地规范信义义务方的行为,这是直接从限制信义义务方的角度减少道德风险与逆向选择的代理问题的发生;信义利益享有方也可以在事后运用有关信义义务的法律规则判断信义义务方是否存在违反法律规定的义务的行为,信义义务方的行为不当时即可以追究信义义务方的法律责任,这是从信义利益享有方的角度间接督促信义义务方积极履行信义义务,也能够达到缓解道德风险与逆向选择的代理问题的效果。

(2)委托人监督代理人的困境及其法律适用

在"委托—代理"关系中,由于委托人和代理人掌握的信息不对称,委托人难以监督代理人从事的有关委托代理事务的全部行为,委托人本身也并不具备完全监督代理人行为的能力,"委托人委托代理人执行某些任务,当出现问题时,他不能完全(或免费)监督代理人的行为,或者说,代理人的情况是如此复杂,以至于对其涉及相关目标的行为进行明确的评价是不可能的";② 代理人普遍都拥有一定的自主决定委托代理事务的权限,委托人也因代理人在从事具体事务时的专业判断而获利,若委托人完全监督代理人的行为,代理人就丧失或者部分丧失了基于自身的专业能力进行判断的自由,进而会使委托人的利益受到影响,同时也会限制委托代理制度发挥应有的作用;另外,委托人若要积极地监督代理人的各项行为,必然会付出时间和金钱等成本,由此可能会导致监督成本过高,而影响委托人最终获益。委托人监督困难的问题容易引发

---

① [德]柯武刚、史漫飞:《制度经济学:社会秩序与公共政策》,韩朝华译,商务印书馆2000年版,第74页。
② [德]斯蒂芬·沃依格特:《制度经济学》,史世伟等译,中国社会科学出版社2016年版,第51页。

代理人的机会主义行为,代理人可能利用委托人的监督困难而罔顾甚至损害委托人的利益。

信义义务的设定同样能够缓解信义关系中的信义利益享有方难以监督信义义务方也就是代理人的难题。一方面,在法律上为信义义务方设定了其在从事信义利益享有方的事务时必须履行的义务,能够加强对信义义务方的约束(实质是一种事前视角的激励,至少明确了信义要求的边界),提高了对信义利益享有方利益的保障程度;另一方面,信义利益享有方可以通过事后审查判断信义义务方的行为是否有违信义义务,并可请求违反信义义务的行为人承担法律责任,信义利益享有方因此不必全程监督信义义务方的行为,这给信义利益享有方节约了监督信义义务方的成本,降低了信义义务方损害信义利益享有方利益的行为的发生概率。制度安排的底层逻辑是,信义权益享有方在监督信义义务方时付出大量的成本——这种成本可能是专业背景差异、是否在处理事务的现场(如跨国的信义关系)等基于信息不对称的原因造成的。

2. 为制度经济学"委托—代理"问题的解决提供法律上的激励机制

制度经济学上对"委托—代理"的激励机制的设计,是为了"使代理人能够使自身利益最大化选择的最终结果与委托人给出的标准或目标相一致",[①]但是在信息不对称的背景下,无论是为了解决道德风险还是为了解决逆向选择问题,委托人若要通过经济学上的激励机制(如通过工资或者分红等激励代理人不做出违背委托人利益的行为),必然要付出不少的成本以激励代理人,但这同样不能达到完全解决代理问题的效果。委托人本身可能并不愿意以较高的成本激励代理人为其利益而工作,因为这种方式一定会减少委托人的最终获利,在信息不对称的情况下如果激励努力的成本增加得过多,或者说让代理人承担风险所需要的

---

① 蔡岩兵主编:《新编信息经济学》,中国经济出版社 2014 年版,第 115 页。

风险补偿过高,那么激励代理人努力就有可能不是委托人的最优选择。①

即使是在委托人愿意付出很高的成本激励代理人的情况下,可能也无法达到激励代理人全心全意为委托人的利益而努力的效果,因为代理人自身的利益始终不能与委托人的利益达到完全一致。例如,公司的高级管理人员以公司名义对外签订合同时,激励机制只能激励其在成功签订合同后获得一定的奖励,而这可能远远比不上其利用职务的便利通过违反忠实义务暗中夺取该公司与交易方的交易机会而获得的利益;再如,委托人将自己所有的资产交给资产管理人并基于其专业能力获得投资收益,此时对作为代理人的资产管理人为委托人的资产升值付出努力的激励效果不可能与资产管理人为自己的资产升值付出努力的激励效果等同。代理人对自己拥有私人产权(自身拥有全部的剩余索取权)且不会与其他人共享收益的财产的管理所付出的努力,显然会比管理委托人的财产所付出的努力更多。因为存在信息不对称、委托人的监督困难的问题,只使用激励机制激励代理人无法阻止代理人优先追求自身利益最大化。

制度经济学上的"委托—代理"激励机制的不足使得用法律上的强制手段约束代理人的行为变得十分必要。信义义务方与信义利益享有方之间信任的建立以及信义关系的维持需要通过法律制度加以保障。②这种广义的信义制度价值远远超越了一般信义义务理论。在法律中设定信义义务促使作为信义义务方的代理人不得不为作为信义利益享有方的委托人的利益而努力,信义义务方也不能做出违背信义利益享有方利益的行为,这是在利用法律的强制手段激励信义义务方为信义利益享有方谋取利益,同时也保持了信义关系的经济特征即"委托—代理"关系能够继续发挥其优势作用。

---

① 参见袁庆明:《新制度经济学教程》,中国发展出版社2014年版,第196页。
② 参见[美]罗伯特·库特、[德]汉斯-伯恩特·谢弗:《所罗门之结:法律能为战胜贫困做什么?》,张巍、许可译,北京大学出版社2014年版,第36页。

3. 侵权责任的体系化：实现立法调整的规模经济

"规模经济"是经济学上的一个重要概念，"规模报酬递增（increasing returns to scale），也叫规模经济（economies of scale），发生在所有投入的增加导致产出水平以更大比例增加的时候"。[1] 产出增加的同时，单位生产的成本也在下降，这就是规模经济所带来的效益。对信义关系中的信义义务方同时也是"委托—代理"关系中的代理人施加信义义务的立法，不仅是缓解信义关系的经济特征所带来的"委托—代理"问题的重要方式，同时国家对信义义务的相关立法，如《公司法》《证券法》等实际上是一种基于立法的规模经济，具有降低私人契约谈判确定信义义务的交易成本的作用。

具有信义关系的经济特征的"委托—代理"关系是一种直接或者隐含的契约关系，具体而言，这种契约属于关系型契约，该契约的特征是注重对持续性关系的维持，且无法事先将契约执行过程中的所有事项进行约定，因此关系型契约也属于不完全契约，契约当事人无法在契约签订时预测到一切可能发生的情况，由此造成了契约条款的不完全性。"在面对不确定性但协商成本、缔约成本给定的情况下，契约永远不可能列举和控制一项要延续一段时间的交易活动的所有方面，在关系型契约中尤其如此。"[2] 交易成本的存在是契约条款不完全的重要原因，若契约双方在签订契约时考虑到所有可能发生的情况，则此时的谈判成本、缔约成本等交易成本就会过于高昂，因而关系型契约的双方也不会付出过高的交易成本追求契约的完全性。国家利用法律统一对关系型契约的代理人一方设定信义义务的同时也起到了降低签订契约的交易成本的作用，契约双方在签订该类型契约时不必再事无巨细地约定代理人在可能

---

[1] [美]保罗·萨缪尔森、威廉·诺德豪斯：《微观经济学》（第18版），萧琛主译，人民邮电出版社2008年版，第98页。

[2] [德]柯武刚、史漫飞：《制度经济学：社会秩序与公共政策》，韩朝华译，商务印书馆2000年版，第233页。

面临的各种情形时应当采取的行为,信义关系中代理人的信义义务就在一定程度上填补了不完全契约对有关事项约定的空白、完善了双方的契约内容,因此也降低了双方签订契约时的交易成本。国家通过法律确定的代理人的信义义务有利于减少订立该类契约的各方须为此投入的资源,因此,从社会总量来看,法律规定信义义务更为经济,它将个人投入在确定代理人信义义务方面的成本转化为社会的资本,扩大了社会资本积累的规模,是一种立法调整的规模经济。

(二)信义义务制度的限制

1. 契约约定的限制

在信义关系的双方之间存在合同、章程或者合伙协议等情况下,信义义务方和信义利益享有方可以在合同(传统契约)中约定、在公司章程(组织决议型契约)或合伙协议(传统与组织决议混合型契约)中规定信义义务方需要负担的信义义务的范围,但是通过信义利益享有方和信义义务方的约定界定信义义务范围的方式仍需受到一定的限制,其系对双方在相关契约中约定排除信义义务的适用或是约定排除一部分信义义务的适用的限制。法律上对信义义务的设定约束了信义义务方的行为,若在信义关系中约定过重的信义义务能否达到理想的效果或具有法律效力,也需要进行斟酌。在我国《民法典》合同制度中,对违约金过高制定了司法介入调整之规则,虽然违反信义义务可以被理解为侵权之诉,但在审判中不能完全不考虑信义关系方限制责任大小约定条款的证据意义。①

信义义务方应当履行的信义义务是"合理"的忠实和注意义务,若信义利益享有方和信义义务方在契约中约定了过于严苛的信义义务,将会导致信义义务方在信义关系中承担的风险过高,其不会愿意承担过高的

---

① 有趣的是,违约作为一种严格责任,法官在判断责任大小时在逻辑体系上也存在来源于侵权的过错判断思维。

风险,此时为了激励信义义务方,信义利益享有方就要为其提供补偿以激励其继续为信义利益享有方的利益行事,而这会使信义利益享有方的成本过高;同时,约定信义义务方承担过高的信义义务有可能使其为了履行这种义务而付出过高成本,若信义义务方付出的成本高于给信义利益享有方带来的利益,则双方对信义义务的约定就是没有效率的。因此,"在委托代理契约中,存在风险分担和激励努力或适当承担风险之间的权衡"。① 另外,在双方的约定中,对信义义务的内容也不宜约定得过于明确,过于明确的信义义务将不利于信义义务方在面对不断变化的情势时作出灵活的判断与处理,最终也将影响信义利益享有方的利益。

信义义务有时意味着对合伙契约自由的限制。在一些国家的立法思路中,虽然允许合伙人之间对合伙的条款和协议进行约定,但是法律也会基于信义义务进行解释——这种对信义义务的解释,不得通过意思自治的契约方式进行排除,这意味着信义义务是一种无法排除的强制性规范,具有法定义务的特性,因此其对这种义务的违反须承担侵权责任,在法律体系结构下显得更为自然。② 但总体而言,作为默认标准规则的法定信义义务规定,在当事人的谈判中,起到了一种科斯意义上当事人之间类似于产权初始界定的效果。

2. 法定责任承担的限制

信义义务方违反信义义务造成侵权时,信义义务方作为侵权行为人承担停止侵害、排除妨碍、消除危险,或者损害赔偿、返还得利、惩罚性赔偿等责任——从信义权益方的角度来看,信义义务方违反信义义务的侵权行为所要承担的责任越重,对信义义务方造成的威慑就越大,信义义

---

① Robert Cooter & Bradley Freedman, *The Fiduciary Relationship: Its Economic Character and Legal Consequences*, New York University Law Review, Vol. 66:1045, p.1068 (1991).

② 关于信息义务和忠实义务在合伙中的强制性规则,参见[美]皮特·纽曼主编:《新帕尔格雷夫法经济学大辞典》(第3卷),许明月等译,法律出版社2003年版,第12页。

务方也会因此更加勤勉地为信义利益享有方的利益行事,惩罚力度最大的惩罚性赔偿的责任承担方式对信义利益享有方而言最为有利。但从制度经济学的角度分析,并非要求所有违反信义义务的信义义务方都承担惩罚性赔偿的责任才是最符合信义制度社会成本的考虑,如果信义义务方在履行义务过程中的成本很大部分在试图为自己符合义务要求而保留证据(如邀请咨询公司进入决策过程),则相关成本可能未必最有利于信义权益方,也不利于社会总体的福利改进。

对于在信义关系中作为代理人的信义义务方而言,其在违反信义义务之后可能要承担的责任也属于代理人在进入该"委托—代理"关系之后所要承担的风险,信义义务方同时也是制度经济学意义上的代理人,其违反信义义务需要承担的责任越重,则意味着信义义务方所要承担的风险(自证清白成本)越大。信义利益享有方为了使未来的信义义务方愿意与其建立信义关系因而需要为未来的信义义务方事先提供更多的风险补偿(事前视角),若该补偿过高,为信义义务方违反信义义务的行为设定最严厉的惩罚措施就不再是国家立法中对信义利益享有方的最优选择;但是,"如果有更多的不法行为者受到惩罚,而不是对较少的不法行为者进行更严厉的惩罚,对不忠诚的威慑可能会更便宜和更有效"。① 这种观点体现了一种利用少量司法成本,换取更多威慑效果的思路。显然,更多的违法者需要承担违法行为导致的责任更能体现社会的公平,对维护社会整体秩序也更为有效;对少数违法者施加更严厉的惩罚意味着花费更多的时间制裁某一个违法行为人,这不利于节约司法成本。因此,是否运用惩罚性赔偿需要考虑其平衡点。要在过度激励付出过高预防成本,与真正进入司法程序案件只占很少比例之间,寻求平衡点。

---

① Robert Cooter & Bradley Freedman, *The Fiduciary Relationship: Its Economic Character and Legal Consequences*, New York University Law Review, Vol. 66:1045, p.1071 (1991).

不同的交易结构的法律关系,以及整体不完全契约的复杂程度,会在相当程度上影响司法实践中对信义义务范围和责任承担范围的认定。如果我们只是简单地判断律师对当事人的证据原件保管问题,对其信义义务的违反及其责任承担是比较好认定的。但是如果判断一位董事乃至整个董事会的成员,对公司未来5~10年具有深远影响的商业决策是否符合信义义务,则是一个高度复杂且涉及商业判断的问题。

笔者认为,从制度效率和公平法律价值平衡的角度出发,信义义务人作出更加复杂的、需要有专业素养的、具有不确定性的决策,证明其违反了信义义务的举证标准应当更高,且应当允许行为人在其事前行为选择当中保持一定的灵活性——只要行为人能够采取在当时看来符合理性之措施降低信义权益享有主体的风险和不确定性,则在法律制度设计上应当避免违反信义义务责任之扩大化。

五、不可减损的信义义务

违反信义义务型侵权的制度涉及激励信义关系双方在经济活动中以最有效的方式使用自己的资源争取最大限度的利益,在总体上基于平衡的思路探讨减少社会成本的最佳法律激励方式,促进资源配置效率的提升。

(一)法律对信义义务方的激励作用促进经济效率的提升

1.对信义义务的范围的规定提升社会的经济效率

具有信义关系经济特征的"委托—代理"关系又属于关系型契约的范畴,而关系型契约的不完全性使得法律制度在对该类关系规范的同时具有促进该类关系运行效率乃至社会经济效率提升的效果。"制度有助于使契约中的特殊做法转变为标准化的惯例,并因此而节约信息成本和再协商成本。这会在财产所有者的影响范围内增加大量的财产运用机会。"①对于单个信义关系的双方而言,法律的规定减少了某个信义关系双方的成本,提升了该关系在双方当事人之间运作的效率——这种效率的提升同样可以扩大至整个社会,从整体上来看,减少社会对信息成本以及再协商成本等的投入,促进了社会经济效率的提升。

同时,法律对信义义务范围的总括性规定只涉及信义义务的核心内容,属于较为笼统、抽象的规定,例如在《公司法》中只规定了董事、监事以及高级管理人员具有忠实和勤勉的信义义务,并未明确表明何为忠实和勤勉义务或者该如何履行信义义务等针对信义义务内容的具体规定,这是因为信义关系的类型多种多样,在不同类型的信义关系中信义义务方的信义义务会存在一定的差别,而法律只对信义义务的核心内容进行规定,使之能够普遍适用于各个种类的信义关系,同时起到提升各种信义关系效率,进而提升社会的经济效率的作用。

针对多种不同的信义关系,在调整不同主体之间法律关系的法律规范中也规定了各自相对细化的信义义务的范围;在特定部门法中也对违反信义义务的方式进行了列举,从反面对不同的主体的信义义务作了具体化的规定。例如,我国《公司法》第183条规定,"董事、监事、高级管理人员,不得利用职务便利为自己或者他人谋取属于公司的商业机会",但有两种情况是可以的,一是"向董事会或者股东会报告,并按照公司章程的规定经董事会或者股东会决议通过";二是"根据法律、行政法规或者公司章程的规定,公司不能利用该商业机会"。《合伙企业法》规定,合伙人不得从事与本合伙企业同类的业务。通过部门法的细化规定(尤其是但书加列举的方式),使法律规范能够适应不同特质的信义关系,为信义关系的当事人节约交易成本,满足信义关系当事人的个性化需求,并促进经济效率的提升。

---

① [德]柯武刚、史漫飞:《制度经济学:社会秩序与公共政策》,韩朝华译,商务印书馆2000年版,第233页。

2.法定责任影响信义义务方的行为选择

法律规定的合理的责任承担机制同样是对信义义务方的一种激励机制,它可以引导信义义务方作出正确的行为选择,信义义务方可以通过比较违反信义义务时所要承担的成本与通过违反信义义务的行为所获得的收益判断何种行为的效率更高。法律对信义义务方在违反信义义务构成侵权行为时所要承担的侵权责任的规定,对激励信义义务方遵守信义义务为信义利益享有方的利益行事,促进信义关系的平稳运行、提高经济效率具有很大的作用。这同时也降低了信义利益享有方与信义义务方的事前协商等缔约成本,以及已经处于信义关系中信义利益享有方监督信义义务方的成本。"侵权法通过让施害人补偿受害人来实现成本内部化。当潜在的犯错者内部化了他们所造成的伤害的成本时,他们就有动力去在有效率的水平上进行安全的投资。"[1]对此,包括违反信义义务在内的商事侵权并不存在本质上的区别。

法律对信义义务方违反信义义务所要承担责任的规定,必须平衡好信义关系双方的利益,对信义义务方责任的规定要适当,否则就会影响最终的激励效果。从法律的经济学分析来看,严格责任对法律关系的双方而言都不能起到有效率的激励作用(但具有很强的再分配意义),在双方都是理性谨慎的假定下,过失责任原则可以使双方都采取有效率的预防措施以避免承担损害成本。"假定完全赔偿条件和每一个法律标准都与符合效率的最优谨慎水平相同,则过失责任原则的任一形式都能够为施害人和受害人提供有效的预防激励。"[2]在采取过失责任原则确定了信义义务方违反信义义务构成侵权之后,还要根据信义义务方行为时的主观恶性、行为导致后果的严重程度等具体判断侵权责任的大小——通

---

[1] [美]罗伯特·考特、托马斯·尤伦:《法和经济学》(第6版),史晋川、董雪兵等译,格致出版社、上海三联书店、上海人民出版社2012年版,第178页。

[2] [美]罗伯特·考特、托马斯·尤伦:《法和经济学》(第6版),史晋川、董雪兵等译,格致出版社、上海三联书店、上海人民出版社2012年版,第198页。

过合理设计违反信义义务的成本,以及法律所期待的当事人付出的信义成本,达到激励信义义务方的效果。

(二)维护信义义务中的强制性规则促进经济的规范运行

信义义务中的强制性规则主要包括两大类:一是信义义务的核心强制性规则(学理共识),二是法律规定的其他强制性规则(渊源规定)。这两类都属于信义关系中的信义义务方必须遵守的规则,且不得经由信义关系双方的意思而变更。信义义务中的强制性规则存在的意义在于维护与信义关系相关的社会经济活动的基本秩序,保障信义关系双方利益的基本平衡,以此促进社会公平价值的实现。信义义务方一旦进入信义关系就会受到这些强制性规则的约束与指引,其在从事与信义利益享有方的相关事务,特别是在从事经济方面的事务时,这些强制性规则就会起到规范所有信义义务方行为的作用,在对个体行为的规范的基础上,达到规范整体社会经济运行的效果。

信义义务和相关侵权责任法律规则的运用,不能替代市场竞争、交易结构中的相互监督和企业治理结构等其他制度。信义义务的违反及其侵权责任之承担,在法律适用中应当充分考虑与其他市场经济制度的相容性。"交叉控股"、"买卖关系连接"和"公司联合体"等非诉讼手段,①在特定国家同样可以作为信义义务法律制度的有效补充。这些"纵向一体化"的手段通过改变产权结构的方式,有效地缓解了侵权之诉事后救济的低效问题。

1. 信义义务的核心强制性规则

信义关系的双方可以约定信义义务方需要承担的信义义务的范围,既可以约定较轻的信义义务,也可以约定较重的信义义务。一般情况下,在双方对信义义务的范围有约定时,优先适用双方的约定,因为这是

---

① 参见[美]皮特·纽曼主编:《新帕尔格雷夫法经济学大辞典》(第2卷),许明月等译,法律出版社2003年版,第31页。

法律关系双方对各自权利义务进行安排的意思自治的结果。尽管如此，该约定的内容也不能违背信义义务的核心强制性规则，这些核心强制性规则能够使信义义务在一定程度上"标准化"，减少信义关系以及信义义务的随意性与任意性，起到维持双方信义关系的作用，同时也能在一定程度上平衡信义义务方和信义利益享有方的利益。信义义务的核心强制性规则也被称为"不可减损的核心"（the irreducible core），它描述了信义关系中必然存在的一部分信义义务的内容，无论信义关系双方的主观意图如何，这部分信义义务都将一直存在于信义关系中，也是确保信义关系能够发挥其作为调整双方权利义务法律关系的最低限度的功能。[①]

信义义务的核心强制性规则体现了信义关系的本质，从信义义务的两项核心内容即忠实义务和注意义务中能够将其提炼出来，它体现了信义义务方最起码的义务内容。该核心强制性规则可以理解为，信义义务方不得违背为信义利益享有方利益行事的根本目的，不能恶意损害信义利益享有方利益。从所谓核心强制的角度看，这一规则不能由双方通过约定变更，否则双方之间的关系就不能归于信义关系的范畴。例如，双方通过事先约定信义义务方可以从事与信义利益享有方同类型的业务，隐含的前提其实包括信义义务方在从事该同类型的业务时不能恶意损害信义利益享有方的利益。这实际上也是为信义关系中的信义利益享有方提供了一种目的性的实质性保护，约束并间接限制了信义义务方的行为。

2. 法律规定的其他强制性规则

除信义义务的核心强制性规则能够规范信义关系外，各类商事单行法对各种不同的信义关系中信义义务方需要承担的信义义务的细化规定，也属于不同的信义关系中信义义务方要遵守的强制性规则。与核心

[①] See Daniel Clarry, *The Irreducible Core of the Trust*, Ph. D. diss., McGill University, p. 10 – 16 (2011).

强制性规则不同的是,这类强制性规则明文规定在法律文本或其他规范文本中,是明确具体的强制性规定,且属于特定种类的信义关系中信义义务方所需遵守的信义义务的独有规定;而信义义务的核心强制性规则则是从所有信义关系的本质特征中提炼出来的,它可能并未被法律明文规定,但属于信义关系中所有信义义务方都需要普遍遵守的义务的内容(学理共识)。其他强制性规则可以从更明确的实体的角度对信义关系进行规范,在创造激励的同时实现对信义义务方也就是代理人的控制。"这些规则创造出激励,使代理人出于自身利益的考虑而追求委托人的利益(间接控制)。"[①]本质上,前者属于立法,后者属于学理共识,但其根本价值都在于激励信义行为维持在合理的限度。

  法律规定的其他强制性规则涉及不同的方面,且约束不同信义义务方的规定也会有所区别。这些规则有涉及对信义义务方在信义关系中行为的限制,如我国《合伙企业法》规定的普通合伙人不得从事与本合伙企业相竞争的业务、我国《信托法》规定的受托人不得利用信托财产为自己谋取利益等;也有涉及对信义义务方违反信义义务时要承担责任的规定,如《信托法》规定受托人利用受托财产为自己谋取利益的,所得利益归入信托财产,这就是要求信义义务方承担返还得利的责任条款,《公司法》规定,相关主体违反信义义务,承担损害赔偿责任也是对信义义务方行为的限制。这些其他强制性规则与核心强制性规则类似的是,其中的许多规则都不能由信义关系双方之间的约定而变更或者放弃,也属于不同的信义关系双方各自必须遵守的法律规则。其他强制性规则也构成了不同的信义关系中另一部分的"基准"规则,即使是在双方都有意愿变更的情况下,法律也不允许对该"基准"进行重新约定,因为这样有可能

[①] [德]柯武刚、史漫飞:《制度经济学:社会秩序与公共政策》,韩朝华译,商务印书馆2000年版,第79页。

会动摇从标准权利义务内容中获益的所有各方的立场。① 在信义法的未来发展中,最重要的研究主题是如何运用一般性的信义理论,统摄特别法和单行法中的信义规定,以达成立法与理论之共识。

---

① 参见[美]安德鲁·S.戈尔德、[美]保罗·B.米勒编著:《信义法的法理基础》,林少伟、赵吟译,法律出版社2020年版,第56页。

第五章　侵害营业型商事侵权的法律经济分析

一、侵害营业型商事侵权的内涵与外延

(一)侵害营业型商事侵权的界定

1.作为基础的营业

妨害经营侵权和侵害合同侵权是商事侵权的典型类型,其本质是对侵害营业的反制,也体现了对具有一定范围内共识意义的营业状态(可能产生社会福利的状态)的保障,提供了一种侵权法客体意义上的讨论空间。

营业是商法最基础和核心的概念之一。营业标准是一个判断商事主体的基本标准,[1]德国、日本等许多大陆法系采用民商分立立法体例的国家都使用"营业"之概念界定商人或商行为。例如,《德国商法典》第1条规定,"本法典所称的商人是指经

---

[1] 参见徐强胜:《商法导论》,法律出版社2013年版,第181页。

营营业的人,营业指任何营利事业,但企业依种类或范围不要求以商人方式进行经营的,不在此限",第343条规定,"商行为是指属于经营商人的营业的一切行为"。①《日本商法典》第4条规定,"本法中'商人',指以自己名义从事商行为并以此为业者",第503条第2款规定,"商人为其营业所实施的行为为商行为",第502条还具体列举了12种法定的营业性商行为类型,意在说明这些行为被行为主体作为营业实施,即行为主体以营利的意思经常性、反复地实施时,则构成营业性商行为。② 用营业阐述商人或商行为的概念时,营业架起了商人和商行为概念之间的桥梁,此时语境中的"营业"可以理解为商事主体的一种具有营利性的事业或职业活动。这是学者从经济活动方面进行解释并赋予营业主观层面的意义的结果。除从主观意义的层面理解外,学者认为营业还具有客观意义上的含义,法国、日本等国家的商法中的相关规定亦体现了营业所具有的客观层面的含义。如《日本商法典》第16条关于营业转让的竞业禁止的规定,③其中涉及的"营业转让"语境下的营业就是客观意义上的营业。当然,日本学术界对客观意义上的营业的具体含义观点并不统一,存在"营业财产说""营业组织说""营业行为说"等不同的学说,根据目前日本学术界的通说"有机性营业财产说",客观意义的营业"是指无知性财产与营业中固定下来的各种事实关系的组织化、总括性的组

---

① 杜景林、卢谌译著:《德国商法典》,中国政法大学出版社2000年版,第3、169页。
② 参见刘成杰编:《日本最新商法典译注》,中国政法大学出版社2012年版,第6、13、81、90页。
③ 《日本商法典》第16条规定:"当事人若无特别的意思表示,转让营业的商人,自营业转让之日起二十年期间内,不得于同一县乡村或者与其相邻的县乡村区域内从事同一营业。转让人作出不进行同一营业的特别约定时,自营业转让之日起三十年期间内,该特别约定有效。转让人不得无视前两款之规定,以不正当竞争的目的从事同一营业。"参见刘成杰编:《日本最新商法典译注》,中国政法大学出版社2012年版,第38页。

织体"。① 不同于德国商事立法中在主观意义上理解营业,法国商事立法只在客观意义上理解营业,②并使用"营业资产"(Fonds De Commerce)的概念,《法国商法典》商事总则将营业资产作为专门的一编,对营业资产的买卖、设质、租赁经营等事项进行了一系列的规定,但该法典中没有对营业资产进行明确的定义,法院判例与学理认为,营业资产是"商人用于从事某项经营活动的全部动产"。③

在我国的商法学理论中,绝大多数学者亦认为"营业"一词具有双重含义,可以从主观意义和客观意义两个层面进行理解。④ 主观意义上的营业,在我国的日常用语中也作"经营"一词理解,⑤其与营利性的活动相关联,而且一般是持续性、有组织的活动。客观意义上的"营业"具有

---

① [日]莲井良宪、森淳二朗:《商法总则·商行为法》,法律文化出版社2006年版,第125页。转引自刘成杰编:《日本最新商法典译注》,中国政法大学出版社2012年版,第6页。

② 参见丁凤玲、范健:《中国商法语境下的"营业"概念考》,载《国家检察官学院学报》2018年第5期。《法国商法典》在界定商事行为和商人时并没有使用"营业"以及相关的概念,而是首先分别在第L110-1条和第L121-1条以列举的方式规定了10种商事行为和7种同样被视为商事行为的行为,进而在第L121-1界定商人是实施商事行为并以其为经常性职业的人,参见《法国商法典》(上册),罗结珍译,北京大学出版社2015年版,第4~5、10、15页。

③ 参见《法国商法典》(上册),罗结珍译,北京大学出版社2015年版,第82页。

④ 参见谢怀栻:《外国民商法精要》(增补版),法律出版社2006年版,第257页;王保树:《商法总论》,清华大学出版社2007年版,第183页;朱慈蕴:《营业规制在商法中的地位》,载《清华法学》2008年第4期;童列春:《营业的性质与商法构造》,载《武汉理工大学学报(社会科学版)》2009年第1期;王艳华:《以营业为视角解释商法体系》,载《河北法学》2010年第5期;徐喜荣:《营业:商法建构之脊梁——域外立法及学说对中国的启示》,载《政治与法律》2012年第11期;徐强胜:《商法导论》,法律出版社2013年版,第275页;丁凤玲、范健:《中国商法语境下的"营业"概念考》,载《国家检察官学院学报》2018年第5期;刘文科:《商事一般法若干基本问题研究》,载《法治研究》2020年第1期。

⑤ 参见丁凤玲、范健:《中国商法语境下的"营业"概念考》,载《国家检察官学院学报》2018年第5期。亦有学者在阐释商事主体和商行为的概念时直接使用"经营"的表述,并指出,"经营是以营利为目的的、独立的、持续的、不间断的职业性经济活动"。参见赵忠孚主编:《商法总论》,中国人民大学出版社2009年版,第108~110页。

名词属性,学者对其具体含义的解释存在差异。有学者认为,客观意义的营业指营业财产,"即供进行营业活动之用的有组织的一切财产以及在营业活动中形成的各种有价值的事实关系的总体","企业"一词基本相当于客观意义的营业;[1]有学者认为,营业是指"为了一定的营利目的而运用全部有组织的财产",是"集合多数的物和权利的一定的有机组织体";[2]又有学者认为,客观意义上的营业指营业资产,是"用以营业活动之需且有组织的财产和事实关系的总体,即其是用于生产经营活动而被有机组织地运用的全部资产的集合";[3]还有学者认为,营业是经营之事业,从动态的角度理解就是商人所经营和掌管的全部要素的综合——营业组织,从静态的角度理解则是指商人为了开展经营活动所组织起来的全部财产——营业财产。[4] 无论客观意义的营业的具体内涵应如何界定,作为经营活动的主观意义上的营业,以及作为营业财产抑或营业资产的客观意义上的营业,在商事实践中都是紧密联系的。

我国作为民商合一之国家,没有"商法典"和"商事通则"的立法,《民法典》虽然有对"营利法人"之专门规定,但未对营业、商人、商行为等商法核心概念进行明确的界定,而各种商事单行法中却存在对"营业执照""营业""营业事务""营业场所""营业性分支机构"等具体概念之运用。[5] 主观意义上的营业是指营业或者经营活动,以营业作为界定商人和商行为的核心要素是商法学界的共识。对于客观意义上的营业,虽然商事单行法中与营业相关的表述可以从客观意义上进行理解,但目前

---

[1] 参见谢怀栻:《外国民商法精要》(增补版),法律出版社2006年版,第257页。
[2] 王保树:《商法总论》,清华大学出版社2007年版,第183~184页。
[3] 参见徐强胜:《商法导论》,法律出版社2013年版,第275~276页。
[4] 参见顾功耘主编:《商法教程》(第2版),上海人民出版社、北京大学出版社2006年版,第55页。
[5] 有学者总结了我国部分商事主体法和商行为法对"营业"一词的使用情况,梳理出相关法律分别在主观意义和客观意义上使用"营业"一词的具体次数。参见徐喜荣:《营业:商法建构之脊梁——域外立法及学说对中国的启示》,载《政治与法律》2012年第11期。

我国在法律上仅是在《企业破产法》第69条第3项中有关于"营业的转让"的表述,除此之外没有针对客观意义上的营业设计系统、完整的物权或债权保护规则。因此有学者主张,结合我国的立法现状和日常用语习惯,将"营业"一词纯化为仅在主观意义层面进行理解的概念,使用"营业资产"代指客观意义的营业。① 如果在商事侵权的客体中考虑营业之状态,在时间的加持下,其当然具有很强的财产权属性,也让纯经济损失具有了现实意义的显现空间。

2. 侵害营业型商事侵权的性质

前文介绍了商法中的营业的概念,其在各国的商事法律或商法学理论中可以从主观层面和客观层面进行理解。本书讨论的侵害营业型商事侵权中的营业,偏向于主观意义上的营业,即商事主体的营业活动或者说经营活动。对于商事主体以营利为目的开展经营活动所利用的各种有形或无形的财产,法律上可能存有针对性的财产权保护规则——除了各种有价值的资产外,商事主体的营业自由和营利性动机亦值得维护。商事主体有权在法律规定的范畴内自由开展营业、参与商事交易以获取经济利益,侵权法也应当承认和保护商事主体的这种财产性利益;从社会的角度来看,商事主体的营利性活动可以创造社会财富,对其提供保护,具有经济上的正当性和效益性。若商事主体持续创造财富价值、从中获取经济利润的营业活动受到干扰、妨碍,无疑会使从事商事活动的市场主体遭受营业损失。针对这种营业损失,我国的救济规则并不清晰。我们主张构建侵害营业型商事侵权制度,满足当代经济社会中营业保护的迫切现实需求,即使其不能作为一种明确的侵权类型,也需要在学理和司法解释中进行研讨。

侵害营业型商事侵权理论是基于解决侵害商事主体营业的侵权行

---

① 参见徐喜荣:《营业:商法建构之脊梁——域外立法及学说对中国的启示》,载《政治与法律》2012年第11期;丁凤玲、范健:《中国商法语境下的"营业"概念考》,载《国家检察官学院学报》2018年第5期。

为带来的社会损失、保护营利性商事主体营业利益的现实问题而提出的。侵害营业型商事侵权,是指侵害商事主体的营业利益的商事侵权行为。而其中涉及的法律关系具有很明显的商法因素,一方面体现在法律关系是商事法律关系,当事人至少有一方是商事主体;另一方面体现在商事主体的营业活动或一段时间内的持续营业状态遭到他人的干扰或破坏,结果造成商事主体无法实现获取预期利润的营利目的,遭受实质上的经济损失,而直接物质损失和具有明确权利客体类型的司法救济可能只占损失的较小比例。如果这种侵害只是针对商事主体以营利为目的签订的某个或某些特定的契约,使他人从该契约中获得的经济利益丧失,则构成侵害合同侵权;如果侵害行为对商事主体的持续营业状态造成了妨害,如使用各种手段干扰、妨碍商事主体的经营活动,阻碍其通过开展经营活动获取经济利润,则构成妨害经营侵权。可见,虽然都是对商事主体的营业利益造成侵害,但是二者的行为方式和损害后果有所不同。侵害合同是以侵害特定契约的方式,干扰、破坏受害方商事合同的正常履行,进而使受害方的营利目的无法实现,遭受经济损失;妨害经营侧重的是侵害行为对受害方持续营业状态的侵害,强调侵害的持续性,即对一种持续营业状态的侵害,因而在损害方面更多地体现为受害方在一段时间内经营利润的持续损失。

(二)侵害营业型商事侵权的典型类型

1. 侵害合同

所谓第三人侵害合同,是指通过劝说、引诱或者行动干扰等方式故意造成合同一方当事人与其相对人之间具有商事性质的合同无法履行、失去法律效力,或者导致合同相对人违约,致使其以合同为载体的商业利益遭受损失的行为。侵害合同侵权(tort of inference with contract)起初仅存在于封建主仆身份关系的合同类型中,其向非主仆身份关系合同类型扩张最早可追溯至英美法系的拉姆利诉盖伊案(Lumley v. Gye)。①该案中被告某剧院的经理盖伊(Gye)明知原告剧院的经营者与歌唱家瓦格纳(Wagner)订立了有效的排他性演出合同,在合同存续期间诱使该歌唱家未如约履行合同,并与之另行订立表演合同使其在自己的剧院演唱,致使原告剧院的经营者遭受经济损失。随后的帝国埃思柯公司诉罗西尔案(Imperial Ice Co. v. Rossie②),汉尼根诉西尔斯·罗巴克公司案(Hannigan v. Sears Roebuck & Co.③)和温莎证券公司诉哈特福德人寿保险公司案(Windsor Securities, Inc. v. Hartford Life Ins. Co.④)等经典判例,使侵害合同制度逐步确立。

在英美法系国家,侵害合同被作为一种独立的侵权行为类型,在大陆法系国家则是以侵害债权的形式予以适用。第三人侵害合同的行为,严格意义上可能会对当事人的营业权益造成更深层次的不利影响,第三方的过错行为致使当事人的合同相对人不履行已经成立的合同,从而对当事人的营业造成破坏。当前我国《民法典》总则编尚未明确保护营业权,侵权责任编也暂未将第三人侵害合同的侵权行为作类型化的制度安排,但是其中作为侵权一般条款的第1165条第1款⑤保留了原《中华人民共和国侵权责任法》"保护民事权益"的思想进路,为合同这种债权性权益得以通过侵权法路径获得保护提供了法律依据。尽管当前我国《民法典》采用将无因管理和不当得利作为"准合同"形式设置在合同编的立法模式,从体系解释的角度上讲,侵害无因管理之债、侵害不当得利之债似乎均可被解释为侵害合同,但是以侵害合同指代侵害债权不甚妥当。一方面,狭义的侵害合同具备有侵害无因管理之债、侵害不当得利

---

① Lumley v. Gye, 118 E. R. 749(1853).
② Imperial Ice Co. v. Rossie, 112 P. 2d 631(Cal. 1941).
③ Hannigan v. Sears Roebuck & Co., 410 F. 2d 285(1969).
④ Windsor Securities, Inc. v. Hartford Life Ins. Co., 986 F. 2d 655(3d Cir. 1993).
⑤ 《民法典》第1165条第1款规定:"行为人因过错侵害他人民事权益造成损害的,应当承担侵权责任。"

之债所不具备的商事特质,这种商事特质往往体现在其构成要件、特殊抗辩等具体规则当中;另一方面,我们在此讨论的侵害合同系一种典型的商事侵权类型,诸如遗嘱、婚姻等人身性的合同应当排除在外。

侵害合同之行为和侵害营业之行为在商事侵权的分类中存在共性,这与它们对营业之影响有关。"营业是在合同基础上进行技术设计而产生的交易形式,通过营业活动在商事主体之间建立权利义务关系,营业是商事交易的专业形式和现代交易的主导形式,借助这种形式实现商业的社会化运作。"[1]破坏商事主体在商事活动中形成的合同(尤其是对行为人明知的合同),无疑会侵害商事主体的营业和以合同方式确定下来的经济利益。侵害合同制度具有很强的现实价值:一是侵害合同责任能够充分尊重原告的商业目的,避免将自己的合作伙伴作为被告,弥补了违约责任的不足;二是侵害合同责任有利于保护债权性利益,实现诉权自由,避免法律限制当事人的自由处分权利;三是侵害合同责任可在一定程度上满足合同一方相对人基于合同解除或者免责而无须承担违约责任,第三人又存在过错侵权的制度需求;四是侵害合同责任有利于降低交易成本,提高经济效率,相较于违约之诉而言,在一定情境下,侵害合同之诉更有利于在事前减少市场上对合作剩余的重复谈判。

2. 妨害经营

妨害经营侵权[2]是发生在商事领域的典型侵权行为类型之一,且属于侵害营业型的商事侵权范畴。妨害经营侵权行为,即指行为人因故意

---

[1] 童列春:《营业的性质与商法构造》,载《武汉理工大学学报(社会科学版)》2009年第1期。

[2] 鉴于"营业"一词在大多数国家和地区的商事立法和商法理论中含义的多重性,既可以从主观层面进行理解,表示商事主体持续性的营利活动,也可以从客观方面进行理解,表示商事主体的营业资产,而我们在此处所要讨论的妨害商事主体的持续性营业的侵权行为中的"营业"更多是在主观意义上理解的营业,且主观意义上的营业在中国的日常观念中也作"经营"理解。为避免混淆和在用语上更加精确地进行表述,我们将此类干扰、妨碍商事主体以营利为目的开展的营业活动,造成其经济利益受损的侵权行为,统称为"妨害经营商事侵权行为"。

或重大过失实施的妨害他人合法经营活动,致使他人营业利益遭受损失的侵权行为。经营活动是市场中的经营者实现营利目的、不断创造财富的最主要途径,经营活动遭到他人干扰和妨碍而无法正常地继续开展甚至面临停止的境地,经营者从中获取利润的目的必然受挫,无疑会给经营者带来相应的经济损失。

如前所述,妨害经营侵权行为导致他人营业的困难甚至中断,通常会造成经营者的顾客减少、经营收益下降,这种针对经营者营业上的侵害更多地体现为一种"对他人持续经营活动或营利状态的侵害行为"。[1]从商自由是各国商法的基本原则之一,这种自由包含了商事主体可以在法律允许的范围内自由开展营业活动而不受他人不当干涉的自由。许多国家亦承认和保护商事主体的营业自由和与营业有关的权益。例如,德国在审判实践中创造出营业权,并将其作为《德国民法典》第823条第1款侵权法所保护的权利中的"其他权利"之一,对已经设立并运作的企业提供保护。[2] 法国、荷兰、葡萄牙、意大利等欧洲国家虽然并未像德国那样专门设立营业权这一权利类型以保护营业权益,但这些国家根据各自侵权法的一般条款或是特别领域的规范对侵害他人经营的行为进行规范,为企业或经营提供保护。[3]

在妨害经营侵权案件涉及竞争因素的时候,妨害经营的行为也同时受到竞争法的规制和调整。我国《反不正当竞争法》第2条第1款和第2款规定:"经营者在生产经营活动中,应当遵循自愿、平等、公平、诚信的原则,遵守法律和商业道德。本法所称的不正当竞争行为,是指经营者在生产经营活动中,违反本法规定,扰乱市场竞争秩序,损害其他经营者

---

[1] 张瀚:《商事侵权构成要件研究》,法律出版社2020年版,第123页。
[2] 参见[德]马克西米利安·福克斯:《侵权行为法》,齐晓琨译,法律出版社2006年版,第69~70页。
[3] 参见[德]克雷斯蒂安·冯·巴尔:《欧洲比较侵权行为法》(下卷),焦美华译,法律出版社2001年版,第69~72页。

或者消费者的合法权益的行为。"遭受侵害的经营者可以依据《反不正当竞争法》的相关规定诉至法院,请求侵权人承担相应的民事责任(本质为侵权之诉)。德国法上的营业权保护规则是兜底性的,是为了填补法律责任中的漏洞,因此当存在其他请求权基础时应当优先适用其他条款的规定,不允许补充援用保护营业权的规则。例如,在由于竞争的原因而侵害企业经营的情形下,德国法院认为应当按照反不正当竞争法律规范的相关规定进行判决。[①] 这意味着妨害经营侵权救济规则和反不正当竞争法存在一定的竞合关系。

然而在竞争因素不明显时,适用反不正当竞争法存在困难。因此确立妨害经营侵权责任,为营业权益遭受他人非法侵害的主体提供侵权法上的救济,显得尤为重要,其可以充分保护营业遭受他人侵害的商事主体的合法权益。关于我国商事主体营业权益的保护问题,部分学者在学理上对营业权益保护和妨害经营侵权的相关理论问题进行探讨,目前立法上并未有针对妨害经营这一侵权行为类型的侵权救济规则。一方面,司法实践中涉及妨害他人经营的案件,案件类型大多是排除妨碍纠纷,法院大多是按照适用相邻权和物权保护规则的思路进行裁判;另一方面,针对原告请求赔偿营业损失的主张,各法院在确定营业损失和赔偿数额方面存在较大的差异,主要是依靠法官行使自由裁量权进行酌定,没有形成一个相对确定和统一的裁判标准。

笔者认为,在《民法典》侵权责任编保护民事权益的功能框架下,作为商事主体的经营者的合法营业权益亦属于民事权益的范畴,不正当地妨害他人的正常经营活动、损害他人营业利益的行为,将构成妨害经营侵权,应当在制度设计中讨论承担相应的侵权责任的可能性。

[①] 参见[德]马克西米利安·福克斯:《侵权行为法》,齐晓琨译,法律出版社2006年版,第71页。

二、侵害营业型商事侵权的认定:《民法典》与商事单行法的互动

(一)侵害合同之商事侵权的认定

1. 侵害合同行为及其违法性

(1)侵害合同之行为方式

传统的英美法中侵害合同的行为方式,主要分为直接干预和间接干预①两种类型。我国侵害合同的行为方式主要是直接干预型。直接干预型又可以分为劝说、引诱型,行动干扰型这两种。其中劝说、引诱型是侵害合同最主要的行为类型,指第三人明知合同双方当事人之间存在合同关系,直接劝说、促使或者引诱合同一方当事人违反与其相对人间所订立的合同。在劝说、引诱型中,需要特别区分劝说、引诱型侵害合同与正常商业推广活动。笔者认为,即使第三人明知当事人之间存在合同关系,仍向合同一方运用市场行为中惯常的商业推广行为以谋取缔约机会,如对其自身的商品进行广告宣传、颂扬、折扣处理、推销等行为,均属于正常的商业竞争行为,不应被认定为侵害合同。行动干扰型,主要是指第三人为了使合同一方当事人与其相对人之间的合同无法履行或者履行困难,故意与一方当事人签订与前合同无法相容的合同;或者通过对合同一方当事人的人身自由加以干扰,阻止或者妨碍其履行合同的行为。

(2)侵害合同行为的违法性

侵害有效合同的行为才具有违法性。侵害合同要求第三人明知他人之间存在有效的合同,而无效合同由于自始无效,不发生有效合同的法律效果,因而针对无效合同所进行的行为无所谓侵害之说,侵害无效

---

① 间接干预型侵害合同,由英国判例法在 D. C Thomson & Co. Ltd. v. Deakin 案中首次确立。随后在 J. T. Statford & Son Ltd. v. Lindley 和 Merkur Island Shipping Corp. v. Laughton 案中逐渐确立了该种类型的侵害合同制度。其主要是指工会为了谋取会员利益,利用组织罢工活动使得已经与雇主签订了雇佣合同的工人无法履行合同并给雇主带来纯经济损失的情形。

合同不具有违法性。但是,侵害有效合同的合同类型可能涉及附条件、附期限、效力待定或者可撤销的合同。就附条件合同而言,其可分为附生效条件的合同和附解除条件的合同,在条件成就与否尚未确定之前,当事人享有期待权,并且这种期待权受我国法律的保护。对于效力待定和附期限的合同而言,同样涉及期待权利保护的问题,因而第三人也应当尊重并维护该种期待关系,不得为了自己的利益劝说、引诱或者阻止、干扰他人之间的附条件合同,否则应当承担侵权责任。可撤销的合同,在未被撤销之前,本质上就是有效合同,故而应当包含在侵害合同的合同类型范围内。

如果是基于公共利益而侵害合同的,在认定侵害合同之政策目标中存在斟酌空间。行为人如果不侵害合同将使社会公共利益遭受重大的损失的,存在可阻却侵害合同行为违法性之可能。该规则在判例法中的布赖姆洛诉卡森案(Brimelow v. Casson)[1]中得到充分的诠释,马戏团的管理人严重拖欠团中女性团员的工资,并胁迫她们从事卖淫活动,演艺协会的秘书为了维护社会公共利益,劝说戏院的经营者解除与马戏团管理者之间的演出合同,除非管理者愿意给这些女性团员支付更高的工资。法官认为该案件中存在引诱他人违约的正当理由,即"如果被告干预他人契约的行为是合理的、无私的,是为了保护其他个人的或者公共利益",[2]则故意而为之也无须承担侵权责任。这种思路与我国《民法典》总则第1条、第3条和第8条[3]规定中的法理精神是相契合的,在民

---

[1] Brimelow v. Casson, 1Ch., 302 (1984).
[2] 张民安:《过错侵权责任制度研究》,中国政法大学出版社2002年版,第597页。
[3] 《民法典》第1条规定:"为了保护民事主体的合法权益,调整民事关系,维护社会和经济秩序,适应中国特色社会主义发展要求,弘扬社会主义核心价值观,根据宪法,制定本法。"第3条规定:"民事主体的人身权利、财产权利以及其他合法权益受法律保护,任何组织或者个人不得侵犯。"第8条规定:"民事主体从事民事活动,不得违反法律,不得违背公序良俗。"

商合一体例下,商事侵权的规则应当对《民法典》的基本规定有所回应。

在英美法判例帝国埃思柯公司诉罗西尔案(Imperial Ice Co. v. Rossie[①])中,法官认为,如果维护个人利益比维持合同的稳定性具有更大的社会价值利益,则个人具有干预他人合同关系的正当理由。法是调整人的行为的社会规范,而利益衡量作为重要的法的续造方式之一,[②] 并不仅仅体现在法的实施过程中,任何法律规定无不体现着立法者的法益权衡及其价值选择,人的身体及其生命安全的法益应当高于商事利益——第三人有权侵害那种如果放任合同履行将严重侵害合同相对人身体安全的合同,将排除其侵害合同行为的可归责性。

2.侵害合同之第三人的主观过错与行为动机

(1)主观心理状态

我国《民法典》侵权责任编虽然并未特别针对侵害合同作出安排,但是《民法典》第1165条可以理解为将合同这一债权性的权益归为侵权法保护的范畴。侵害合同之商事侵权作为特殊侵权的一种,在我国《民法典》侵权责任编的框架之下适用,行为人主观心理状态一般为故意。一方面,合同作为一种相对权,在第三人的主观心理状态为故意时,具有一定程度上基于明知的非相对性;另一方面,侵害合同可能导致间接(因果关系较远)的经济损失,要求第三人具备故意的主观心理状态能够有效地保护一般人的行动自由。因而,侵害合同的主观心理状态一般要求为故意,包括直接故意与间接故意。直接故意的心理状态,是指第三人明知他人之间存在合同关系,仍然积极主动地追求致使该合同无法履行或者无效的结果。间接故意的心理状态,则指行为人基于其他目的,已经预见自己的行为可能导致他人已然存在的合同无法履行或者无效的结果,仍然采取侵害行为的心理。

---

① Imperial Ice Co. v. Rossie, 112 P. 2d 631(Cal. 1941).
② 参见[德]卡尔·拉伦茨:《法学方法论》,陈爱娥译,商务印书馆2003年版,第286页。

第三人是否只在其为故意的主观心理状态下才能形成侵害合同这种商事侵权，值得商榷。例如，A 公司在与 B 公司签订合同之后，另行委托某会计师事务所对 B 公司进行调查，但是由于该会计师事务所的工作人员"玩忽职守"，未调查核实即将 B 公司不具备商事信誉等严重影响继续履行合同的结论报告给 A 公司，最终导致 A 公司与 B 公司解除了合同。在这个具体的事例中，某会计师事务所作为 A 公司、B 公司之间合同关系的第三人，其并没有侵害该合同关系的故意心理状态，但是该会计师事务所应当预见 A 公司对其作为专业人士所出具的报告所产生的合理信赖，也应当预见该份未调查核实相关情况所出具的报告将侵害 B 公司的合同性营业利益。笔者认为，在第三人具备专业人士这一特殊身份的情况下，其侵害合同的主观心理状态可以适当考虑放任故意和重大过失的情形。

(2) 主观认知及行为动机

在侵害合同之商事侵权的认定过程中，需要把握第三人的主观认知状态，一般而言，第三人须认识到自己的侵害合同行为及其所侵害的合同等事实，清楚地知悉自己侵害的对象以及行为本身，否则不成立侵害合同之商事侵权。但是，第三人对其所侵害合同的具体法律性质认识错误的，不影响侵权行为的认定。

侵害合同之商事侵权的动机，不仅限于第三人积极主动地追求侵害合同之目的，还包括其为了实现自身的其他侵害合同以外的目的，但预见可能产生侵害合同的情形。尽管侵害合同本身并非第三人的初始目的，但只要其明知在追求自身目的而为一定行为时可能产生侵害合同的结果的，仍然成立侵害合同之商事侵权。

(3) 行为外观推断规则

第三人的主观心理状态及其行为动机往往需要借助其行为外观进行判断，如在前述拉姆利诉盖伊案（Lumley v. Gye）中，法官认定被告某剧院的经理盖伊的主观心理状态为故意，甚至是恶意的依据，主要体现在被告盖伊在某剧院已经向公众销售歌唱家瓦格纳具体时间和地点的演出票,并且相关报刊公开宣传该盛大演出等"已为公众知悉"的情况下,仍然教唆歌唱家瓦格纳不履行具体的合同义务,并于相同的时间在自己的剧院安排其演出。法官在具体的个案中,必须通过分析行为人的行为,即通过其行为外观才能推断其是否具有故意的主观心理及恶意打击商业对手的主观目的。另外,对于适用《反不正当竞争法》,判断主观上的恶意和故意时,行为人是否存在与正常市场竞争不同的动机和目的,也是需要特别考虑之内容。

3. 相对性权益客体遭受侵害与损害后果

传统的侵权法理论通常认为侵权的客体仅限于对世的绝对权,像合同之债等相对权不应受侵权法的保护。我国台湾地区学者王泽鉴教授认为,合同之债这种相对性权益因"不具所谓典型的社会公开性,第三人难以知悉"无法成为侵权法的保护客体,但可以通过"公序良俗"追究行为人的侵权责任。[①] 美国学者波斯纳则认为,合同这种相对性权益可以成为侵权法保护的客体,"如果一个人引诱他人违约,他就应对违约的受害人承担赔偿责任,即使受害人可以只是就违约起诉契约的另一方当事人"。[②] 在比较法的视角中,从拉姆利诉盖伊案(Lumley v. Gye)及之后的一系列案件确立的裁判规则来看,侵权法保护的客体已然拓展至尚未缔结契约的商业关系。我国《民法典》第 1165 条开放性侵权客体保护的立法模式,使法官具有了对第三人承担侵害合同之侵权责任自由解释的权力,然而各地法院的裁判立场不一,有的法院遵循传统的侵权法,以合同之债不属于对世的绝对权为由拒绝基于侵权法提供救济保

---

① 参见王泽鉴:《侵权行为法:基本理论·一般侵权行为》(第一册),中国政法大学出版社 2001 年版,第 174~175 页。
② [美]理查德·波斯纳:《法律的经济分析》(第 7 版),蒋兆康译,法律出版社 2012 年版,第 59 页。

护。① 有的法院认为,合同之债"作为一种基本财产期待权利"不可侵犯,第三人负有法定不作为义务。② 有的法院则认为,合同之债属于"其他合法权益"之范畴,因而"第三人侵害债权,当然应当承担侵权责任"。③ 笔者认为,市场经济的商业活动中第三人侵害合同的行为无疑会对商事主体以合同形式确定下来的营业利益造成消极影响。因此,剥夺他人以合同确定的法律利益,其本质上应为非正当市场经济竞争行为。订立合同的行为并非限于合同当事人之间的互动,其效果辐射至市场活动的合同当事人以外的第三人。除违约制度外,运用侵权法评价第三人行为,是另一种救济思路。承认相对性权益或者承认营业权益系侵权法保护的客体范畴,可以避免当事人因第三人而遭受经济损失之后,不得已追究长期合作伙伴的违约责任致使未来的合作机会丧失,从而损失其潜在的合同利益。

违约通常是侵害合同之商事侵权导致的损害后果,然而在司法实践中,当事人一般是在效率违约的情况下所进行的违约。效率违约,是指合同的一方当事人因违反约定后所获收益比履约所获收益更大时选择违约之行为,即使承担违约责任也仍有收益(这本质上是一种接近于"卡尔多—希克斯"效率理论的思路)。实践中,效率违约情况有可能被第三人当作侵害合同之商事侵权的抗辩理由。至于效率违约是否可以成为有效的抗辩理由,笔者将在后文进行讨论。

侵害合同之商事侵权的损害后果并非仅体现为违约,例如,第三人的引诱、干扰或者妨碍行为触发了合同中约定的合同一方当事人任意解除权生效的事由。一方面,尽管任意解除权的合同具有一定的不确定

---

① 海南天邑物业管理有限公司与海南天邑国际大厦有限公司等案,海南省高级人民法院(2016)琼民终 72 号民事判决书。
② 澳莱朵企业有限公司诉鄂尔多斯市中北煤化工有限公司等案,北京市高级人民法院(2016)京民初 47 号民事判决书。
③ 万荣县农村信用合作联社与江西润泽药业有限公司等案,江西省高级人民法院(2017)赣民终 531 号民事判决书。

性,但不意味着该合同未成立和生效;另一方面,从欧若拉诉阿尔耶斯卡管道公司案(Aurora v. Alyeska Pipeline Co.)①来看也是如此,规定了任意解除权的合同本质上与附条件、附期限的合同一样,合同的一方当事人对该合同成立后能够顺利履行并获得预期的经济收益享有合理的期待,当事人的期待利益应当受到法律的保护,故而其仍为侵害合同之商事侵权所调整的范围。换言之,合同的正当解除,并不意味着当事人丧失提起侵害合同之商事侵权诉讼请求的机会。

4.侵权行为与所受损害之间的因果关系

(1)直接因果关系

直接因果关系较为清晰明确,通常认为侵权行为与损害结果之间具有"引起"与"被引起"的联系。在具体认定中,可以借助"若非"测试("but for"test)②进行排除性的判断,即如果没有第三人的侵害行为,合同的一方当事人就不会违反合同或者解除合同。前述拉姆利诉盖伊案(Lumley v. Gye)就属于典型的直接因果关系,即第三人明知双方当事人之间存在合同关系,仍然主动引诱一方当事人解除与另一方的合同。这种情形之下,第三人的行为动机通常在违约或者解除合同之前即已形成,并且在"引起"与"被引起"的因果关系链条中积极地发挥作用。《民法典》侵权责任制度中的直接因果关系,一般符合时间轴上的先后顺序,即引发合同方退出合同之行为是直接原因,进而引发退出合同造成损失等相关后果。

(2)"事后"因素的介入

法国的巴拉切特诉比戈案(Barachet v. Bigot)③即典型的该种情况,

---

① Aurora Air Service v. Alyeska Pipeline Inc., 604 P.2d 1090 (Alaska 1979).
② Steven L. Emanuel, *Torts*, 9th ed., New York: Wolters Kluwer Law & Business Press, 2011, p.143.
③ 参见张民安:《过错侵权责任制度研究》,中国政法大学出版社2002年版,第579页。

第一次诉讼时,被告因没有注意其雇员鲁菲特(Rouffet)所承担的"不得在同一地区从事同一类商事活动"的竞业禁止义务,因此无须承担侵害合同责任。但是在第一次诉讼之后,鲁菲特仍然为被告之利益继续在有争议的区域从事同样的商事活动,法院认为被告在第二次诉讼中根据《法国民法典》第1382条承担侵权责任,因其不能再主张不知道侵犯了原告的权利。在我国法律实践中也可能存在该类情形,如果北京捷通华声语音技术有限公司诉松下电器研究开发(中国)有限公司纠纷案①的被告在该案结束之后仍然与负有竞业禁止义务的雇员维持合同关系,即使原先可能真的不知情,但第一次诉讼之后已属明知,其事后知晓但仍然维持合同关系可以造成对他人合同关系的侵害,符合"事后"因素的介入情形,应当承担侵权责任。

(二)妨害经营之商事侵权的认定

1. 行为人实施了妨害经营的行为

行为人实施了妨害他人正常经营活动的行为并因此给他人的经营权益造成侵害,是其行为构成妨害经营侵权的前提。对他人经营权益的妨害,既可以是施加于经营者用于经营的营业资产,使经营者无法组织该营业资产进行生产经营活动,也可以是采取物理手段直接干扰、阻碍他人经营活动的开展,还可以是通过制造噪声、灰尘等污染、堆放杂物等手段使他人的经营环境恶化。行为人实施妨害行为时采取的具体手段,既可以是暴力手段,如在他人的营业场所实施打砸抢行为,也可以是非暴力手段,如故意在他人的商铺门口堆放杂物阻碍通行,专门雇"水军"在他人的网店评论区刷差评;等等。

任何直接对经营者开展的正常经营活动造成相当程度的干扰和阻碍的行为,都可能构成妨害经营的行为。在判断行为是否构成对他人经营的妨害时,至少可以从以下三个方面进行考察:一是妨害的程度不能

---

① 参见北京市海淀区人民法院民事判决书,(2007)海民初字第22110号。

过于轻微,妨害行为使他人的经营活动受到干扰或阻碍所带来的不利影响需要达到一定的程度;二是妨害行为须满足直接性的要求,应直接针对他人的营业;三是妨害行为须满足相关性的要求,妨害行为所采取的手段、直接针对的对象应当与被妨害的营业具有一定的关联。

行为人对他人经营的不利影响应达到量变引发影响质变程度。行为在客观上给他人的经营造成某种不利影响,并且这种不利影响需要达到一定的程度,即对他人经营的妨害必须"超出单纯的烦扰或社会上通常的阻碍",[①]才能定义为妨害行为。事实上没有给他人的经营活动造成任何影响,或者仅造成非常轻微的影响,不能认定该种行为构成对他人经营的妨害,而要求其承担侵权责任。如某商场中的一间商铺因在装修而时不时会发出一些较大的声响,使周围的环境比较嘈杂,甚至影响到隔壁商铺的生意,因为来商场的顾客不愿意在嘈杂的地方久待。在此种情形下,该商铺的装修虽然确实给周围的环境以及邻近商铺的经营造成不利的影响,但是这种不利影响较为轻微,尚未达到妨害他人经营的严重程度。通常的装修工程会产生一定的噪声,这是无法避免的现象,相邻的商铺经营者应当容忍这一烦扰,不能因为他人正常的装修影响自己的生意就禁止对方进行装修。这不仅是相邻关系中的合理要求,也是一种对妨害营业过度解读的限制。

妨害行为原则上应直接侵害营业。在妨害经营侵权中,"妨害行为针对的对象须是他人的营业,且妨害行为具有直接性,而不是间接对营业造成侵害"。[②] 例如,伤害企业的某个员工,致使该员工重伤住院且在较长一段时间内无法上班和完成既定的工作,企业可能会因人力资源不足而无法正常、高效地运转,此时固然会给企业带来损失。但在此种情形下,企业的利益仅是间接受损,相较于直接破坏企业的营利目的,这种

[①] [德]迪特尔·梅迪库斯:《德国债法分论》,杜景林、卢谌译,法律出版社2007年版,第671页。

[②] 张瀚:《商事侵权构成要件研究》,法律出版社2020年版,第136页。

伤害企业员工的行为并非直接针对该企业的经营。又如,施工中的挖掘机不慎挖断电缆导致电力中断,企业的生产经营活动因停电而被迫中断的情形中,虽然企业因停电而不得不中断生产,并因此存在生产资料受损、停业损失等经济损失的客观事实,该损失也确实因挖掘机挖断电缆的不当操作而引起,但是各国基本都不支持侵害营业权的赔偿请求。除了出于对纯经济损失救济的政策考量之外,在该类挖断电缆案件中,挖掘机挖断电缆导致停电的行为仅仅是间接地对企业的经营造成妨害,而不是直接针对企业的经营权益进行侵害。德国联邦最高法院在挖断电缆案的裁判中谈及侵害营业权的标准问题时,对侵害的直接性进行了定义:"直接对业已存在的营业的侵害……必须是以某种方式直接针对该项营业本身的,也就是说是与经营有关的,而不是仅仅针对可以与经营相分离的其他权利和法益。"①显然,德国联邦最高法院认为挖断电缆的行为并不构成对原告营业的直接侵害,最终也否认了原告以其营业权遭受侵害为由提出的赔偿请求。

妨害行为基于相关性要求,应对营业具有实质性影响。妨害经营的行为除了应当满足直接侵害的直接性要求外,其妨害行为所侵害的对象还须与受害方的营业具有内在关联性。德国判例法中关于侵害营业权的事实构成要件在于"对于已设立和经营的企业的直接的或与经营相关的侵犯",如今要求的是"经营相关性",其取代了此前不确定和不特定的直接性要求,据此,对他人或机构的侵犯或较远的事件,都与经营无关。②此外,"这种关联性应当能够从干涉的态势中得出,即企业的妨害

---

① [德]马克西米利安·福克斯:《侵权行为法》,齐晓琨译,法律出版社2006年版,第72页。涉及的案例刊载于联邦最高普通法院判例集29第65页(BGHZ 29,65),参见[德]马克西米利安·福克斯:《侵权行为法》,齐晓琨译,法律出版社2006年版,第71页。

② 参见[德]埃尔温·多伊奇、[德]汉斯-于尔根·阿伦斯:《德国侵权法——侵权行为、损害赔偿及痛苦抚慰金》(第5版),叶名怡、温大军译,中国人民大学出版社2016年版,第97页。

符合侵害人的意志方向"。① 在前述挖断电缆的案件中,挖掘机司机在操作过程中不慎挖断电缆并非出于干扰企业生产经营的目的,这条电缆既非该企业所有也并非专门为该企业供电,其与该企业的营业并没有直接的内在关联,挖断电力公司恰好给某企业供电的电缆的行为,亦不属于直接侵害该企业经营的行为。德国判例中已明确破坏电缆导致企业停工的事实不属于与经营有关的侵害——德国联邦最高法院在裁判中认为,"被告方挖掘机的司机铲断了通往原告企业的电缆,这种情况和伤害了原告的员工或者损坏了原告的卡车相比,与原告的经营并没有更多的联系"。② 在另一起案例中,法院肯定了针对受害方顾客资源的侵害与经营之间的相关性。③ 营业权益的内容本身具有广泛性,因此在妨害经营侵权的认定过程中,需要结合行为的表现形式,以及所针对的对象和所遭受损害的营业权益的具体内容等事实,判断妨害行为与营业是否具有关联性、侵害行为是否构成对他人经营的妨害。

2. 被侵权人的营业权益遭受侵害

(1)妨害经营侵权行为的客体:营业相关法律利益

妨害经营侵权行为侵害的客体是被侵权人与营业有关的法律权利和利益,即营业权益。开展营业是商事主体实现自身持续营利动机的重要的途径和手段,维护商事主体的合法权益,不仅要保护其营业自由,还要承认其通过合法开展营利性活动所获得的经济利益。营业权益即是

---

① 参见《联邦最高法院民事裁判集》第59卷,第30、35页。转引自[德]迪特尔·梅迪库斯:《德国债法分论》,杜景林、卢谌译,法律出版社2007年版,第671页。
② [德]马克西米利安·福克斯:《侵权行为法》,齐晓琨译,法律出版社2006年版,第72页。
③ 作为被告的保险企业在进行保险理赔的过程中,向被保险人指出从经营机动车出租业务的原处租车的费用可能不会被计算在保险赔付金额之内,并建议发生事故的被保险人租用另一家租金较为便宜的企业的车,法院认为交易关系和客户资源原则上也是营业权所保护的内容,被告的行为对原告的营业权造成了损害。该联邦最高普通法院判例刊载于《新法学周刊》1999年第279页(BGH NJW 1999,279),参见[德]马克西米利安·福克斯:《侵权行为法》,齐晓琨译,法律出版社2006年版,第73页。

保护商事主体的营利性活动和基于营利性活动所产生的经济利益的权益类型——其内涵在于,商事主体享有合法、自由地开展经营活动,不受他人的非法干扰,并依法从自身开展的营利性活动中获取各种经济利益的权利。

营业权益本质上体现为一种财产性的利益,但其不同于财产权,在权益的性质、内容以及保护方式和程度等方面均存在差异。财产权主要保护的是权利主体已经取得的现有财产,以保障个人排他地、自由地支配和处分财产;而营业权益更多的是面向未来的预期收益、营利机会和获利期望,尊重和保障基于营利性动机创造经济利益的活动。[1] 虽然商法理论中客观意义上的营业可以指代企业用于经营活动的营业资产,但营业资产的保护问题绝不仅仅是依靠财产权的保护规则就能够解决的。除有形的或无形的财产外,营业资产还包括信誉、顾客关系、销售渠道等在营业活动中产生的有价值的事实关系[2](不仅仅是相关信息),这些并不是传统意义上的财产,因而无法通过赋予传统民法意义上的财产权进行保护。营业资产对于企业而言,是作为一个有机的整体而存在和发挥价值的(如借助集合物等的形式),然而根据我国目前的法律制度,在营业资产上并不存在一种单独的概括性权利,也没有相应的针对营业资产的物权或债权保护规则。经营者的营业资产遭受他人侵害时,主要还是以具体遭受侵害的某项营业资产作为独立客体的形式受不同法律规则的保护。例如,毁损他人用于营业的机器设备、交通工具、厂房等,是侵犯他人物权的行为,应按照物权保护规则为财产权遭受侵害的受害方提供救济;侵害企业的顾客关系或交易关系,则可能涉及不正当竞争,需按照反不正当竞争法的特别规则处理。其他与营业有关但无法完全被财产权涵盖的财产性利益,如经营者持续的营业状态和基于正常开展营业

---

[1] 关于营业不属于财产权的保护客体的论述,参见周雷:《营业自由作为基本权利:规范变迁、宪法依据与保护范围》,载《中国法律评论》2020年第5期。

[2] 参见谢怀栻:《外国民商法精要》(增补版),法律出版社2006年版,第257页。

活动可能获得的预期利润,都可以涵盖在营业权益的范畴之中。

营业权益的保护,是对自由而不受妨碍地开展营利性活动,以及对基于营业活动所创造的财富和持续创造财富的可能性的保护。随着社会经济形式和商业模式的演进,商人的营业方式和营利模式也在实践中不断地创新和发展,因此与营业有关的、值得受法律保护的利益也具有广泛性和不确定性。营业权益的范畴也是广泛的、不明确的,权益的边界不如财产权那般清晰。德国法上的营业权,也是一种具有"事实要件不确定"特点的框架权利。① 笔者认为,只要是与商事主体的营业有关、可以体现为经济上价值的利益,原则上都可以归入营业权益的保护范围。在此意义上,营业权益作为独立的民事权益类型而存在是必然且有必要的。

(2)营业权益遭受侵害及损害后果

行为人实施的行为侵害他人的营业权益,是该行为构成妨害经营侵权行为的构成要件之一。如前所述,营业权益的范畴是广泛且不明确的,不同案件中妨害经营的行为方式、类型和其所具体侵害的营业权益内容亦各有不同。在妨害经营侵权中,无论行为人是损毁受害方的营业资产,干扰或阻碍受害方的生产经营活动,抑或破坏受害方的营业环境,都会使受害方的营业活动无法正常进行,导致受害方的经营利润下降、预期的营利目的无法实现,损害受害方的营业权益。

妨害经营侵权中受害方的营业权益遭受侵害,往往会给受害方带来经济损失,即因预期的营利目的落空而遭受经济上的不利益。这种经济损失并非直接侵害人身或财产所致,而是由于营利性活动遭受妨害无法正常进行甚至中断所带来的营业利润损失,其在性质上属于纯经济损失。例如,因私人纠纷对他人经营的商铺进行打砸抢后,商铺需要重新

---

① 参见[德]马克西米利安·福克斯:《侵权行为法》,齐晓琨译,法律出版社2006年版,第74页。

装修,在一段时间内无法正常开业,商铺经营者没有营利收入;或因地铁线路改造,使地铁修建施工附近的商铺经营环境恶化,前来消费者减少,销售额较之前下降许多。此种营业收入和利润下降给经营者带来的损失一般系纯经济损失。

对经营者营业权益的保护,并不仅仅体现在保护经营者营业的存续,维护经营者营业活动的正常运作,其他对经营者维系其持续获取利润能力的有价值的各种事实关系,如经营者的商誉、信用、顾客群体和交易关系等,也可以纳入营业权益的范畴进行保护。德国侵害营业权的司法实践中,并非仅限于对单纯的经营存续予以保护,德国联邦最高普通法院曾在裁判中指出,营业"应当包括在经济上能够使经营行为得以实施并发挥作用的一切情况的总和……不仅仅是营业场所及其所占有的土地,不仅仅是机器设备,也不仅仅是附属设施和储存的货物,还应包括商业渠道、客户和应收账款。应予保护的不仅仅是营业本身的存续,还包括营业的外在形式,只要这种形式关系到业主的与经济行为有关的形象和对外关系"。[①] 笔者认为,这种超越有形财产的对营业的理解有很强的参考价值。

在妨害经营侵权中,妨害行为通常表现为对经营者的营业活动和营利状态造成侵害。营业的方式系指"商人以获取利益为目的反复不断地从事同一性质的经营活动"。[②] 营业行为作为商事行为,具有反复性、不间断性与计划性的特点,是一种职业性的营利行为。[③] 偶然进行的营利性活动,并不构成营业行为,营业行为的主体应当是专门进行营利性活动的商事主体,而不是不具有营利性的或者偶然从事营利性活动的个人

---

① [德]马克西米利安·福克斯:《侵权行为法》,齐晓琨译,法律出版社2006年版,第72页。
② 参见顾功耘主编:《商法教程》,上海人民出版社、北京大学出版社2006年版,第35页。
③ 参见范健、王建文:《商法学》(第4版),法律出版社2015年版,第45、47页。

或组织。相应地,妨害经营侵权中遭受侵害的营业本身也需符合一定的要求,即作为妨害经营侵权行为典型的侵害对象的营业,应当是公开、持续和正在运作中的营业。① 如果不是持续进行的营利性活动,其本身不构成营业,对其侵害也就不是妨害经营侵权中侵害营业的行为,即使该种利益也值得法律保护,也应适用其他的保护规则而不是妨害经营侵权的制度规则。营业权益虽不似人身权、财产权等绝对性质的权利那般具有社会典型的公开性,但作为营业权益保护对象的营业,本身应具备一定程度的对外公示性,才具备相应的权利外观。商事主体的营业本就是一种向外公示的行为,其营业活动应对外展示。② 营业行为向社会公开进行,社会公众才能感知其存在,并合理安排自己的行为界限,以免使自己的行为无意中对他人的经营活动和营业权益造成损害。正在运作中的营业意味着,他人的妨害经营行为所侵害的应当是已经存在并且在正常运作中的营业。处于停业状态的营业,其营利性活动并没有正常开展,自然不具有相应的营利能力和营业利益保护的需求,对其进行妨害的行为也不会对营业利益造成现实的威胁和侵害。

(3)《民法典》法律适用中的营业权益保护

对营业进行保护是许多国家和地区的共识,但是在具体的保护方式和路径选择上各有不同。对营业进行保护的方式之一是设立营业权,将与营业有关的法益纳入侵权法所保护的范畴,如德国。德国法上的营业权是在审判实践中创造出来的一项权利,并被解释为《德国民法典》第823条第1款中的"其他权利",其目的在于保护已设立并且正在运作中的营业。德国联邦最高法院在裁判中认为:"对业已存在的自主经营的企业来说,不仅仅涉及企业按自己的意思行事,并且这些意思都具有具体的表现形式,这就构成了营业权这一主观权利的基础。所以,直接对

---

① 参见张瀚:《商事侵权构成要件研究》,法律出版社2020年版,第134~136页。
② 参见[德]C. W. 卡纳里斯:《德国商法》,杨继译,法律出版社2006年版,第32、36页。

企业经营的干扰和侵害可以看作违反了第823条第1款的规定。"①不同于德国侵权法中对法益进行区分的保护模式,法国的侵权行为和责任适用侵权法的一般条款。根据《法国民法典》第1382条的规定,一旦行为人实施的故意侵权行为引起他人损害的发生,应当就其故意侵权行为引起的损害对他人承担侵权责任。②《法国民法典》第1382条作为侵权法的一般条款,是以过错、损害作为侵权责任构成的要件,并没有限制受侵权法所保护的法益类型。因此,诸如对他人进行贬低的评价、违法罢工、声称知识产权不合法等典型的侵害他人经营的行为作为过错侵权的行为,可以直接适用第1382条的一般条款进行处理,③无须专门设立类似营业权这种独立的权利类型对营业进行保护。荷兰采取类似于法国的做法,适用《荷兰民法典》第6:162条(依据不成文的法律对社会生活有利者)对企业或经营进行保护的内容提供保障。④ 除以设立营业权和适用侵权法一般条款对妨害经营行为提供救济的路径外,还有一些欧洲国家并没有采取以上两种方式中的任何一种,而是针对不同类型的妨害经营行为适用特别的规范对法律的漏洞进行填补,也能够达到类似德国设立营业权那般保护营业的效果。例如,在没有一般条款的葡萄牙,违法罢工行为可以适用罢工法领域的特别保护规定;侵犯他人或企业信用的行为,可以通过加重加害人的责任予以解决;对于其他类型的妨害经营行为,则须通过适用《葡萄牙民法典》第70条关于保护尊严、自治和隐私

---

① [德]马克西米利安·福克斯:《侵权行为法》,齐晓琨译,法律出版社2006年版,第70页。
② 参见张民安:《法国民法》,清华大学出版社2015年版,第371页。
③ 参见[德]克雷斯蒂安·冯·巴尔:《欧洲比较侵权行为法》(下卷),焦美华译、张新宝审校,法律出版社2001年版,第69页脚注269。
④ 相关司法案例涉及:对购买者发出警告,伪称产品有知识产权问题;不当发表有关竞争对手的真实事实;不适当的商品检验;有损商品和服务的报道;非法罢工等类型。参见[德]克雷斯蒂安·冯·巴尔:《欧洲比较侵权行为法》(下卷),焦美华译、张新宝审校,法律出版社2001年版,第69~70页。

的一般条款,解决法律在保护营业方面存在的漏洞。① 意大利没有类似德国法律对营业进行专门保护的规定,但关于信用权和"对自己财产的完整性"的权利等相关规定涉及营业保护的因素,非法罢工行为在妨害他人经营时,可适用罢工法的相关规定,罢工法中涉及对已经设立公司的完整和机能的保护,对"企业组织的保护"和不能干扰"私人经济经营"自由等内容;在涉及联合抵制行为妨害经营的情形,可以适用《意大利民法典》第2598条第3款(将联合抵制定义为非典型形态的不正当竞争)的规定,在不能援引该条时,则适用《意大利民法典》第2043条推定行为违反《意大利宪法》第41条关于保护私人经济经营自由的规定。②

在营业的保护问题上,我国也有许多学者对营业权的相关理论进行研究,并提出确立营业权的主张。对营业权的概念,我国学者在界定时使用的具体表述各有不同,但基本都是从保障营业自由的角度出发进行界定。如有学者认为"营业权是指商事主体享有的依法营业而不受非法侵害的权利",③"营业权是主体基于平等市场主体资格自由地、独立地从事以营利为目的的营业活动的权利",④"营业权是商事主体基于平等市场主体资格自由地、独立地从事以营利为目的的营业活动的权利",⑤"营业权是指商事主体享有自主决定从事经营活动的自由权,国家不得

---

① 参见[德]克雷斯蒂安·冯·巴尔:《欧洲比较侵权行为法》(下卷),焦美华译、张新宝审校,法律出版社2001年版,第70页。
② 参见[德]克雷斯蒂安·冯·巴尔:《欧洲比较侵权行为法》(下卷),焦美华译、张新宝审校,法律出版社2001年版,第71~72页;杨立新主编:《类型侵权行为法研究》,人民法院出版社2006年版,第383~384页。
③ 徐强胜:《商法导论》,法律出版社2013年版,第284页。
④ 肖海军:《论营业权入宪——比较宪法视野下的营业权》,载《法律科学(西北政法学院学报)》2005年第2期。
⑤ 李建华、麻锐:《论商事权利理论体系的构建》,载《吉林大学社会科学学报》2014年第5期。

设置不当障碍"。① 还有学者主张我国应在立法上设立营业权,以"最大化地实现商事主体的营利目的",②更有学者主张尽快把"'营业权'(或'营业自由')或视为公民的基本权利,或视为一项基本国策,或作为一项基本的经济原则,载入我国宪法"。③ 学者杨立新也曾对妨害经营侵权行为及其民事责任的相关理论问题进行研究,主张对经营者的经营利益提供侵权法的法律保护。④

在我国,对经营者的营业和合法权益进行保护是优化营商环境、促进市场经济发展的重要课题,在民法典时代,与营业有关的权益受法律保护的地位也可以通过《民法典》得以确认。《民法典》侵权责任编保护的对象是民事权益,并且第1164条并未限制民事权益的具体类型,所以原则上来说,所有值得法律保护的民事权益都受侵权法的保护。如前所述,营业权益作为确认和保护经营者基于营业所享有的一系列经济上利益的一项权益类型,实属必要;且其在性质上亦是私法上的权益,因而属于《民法典》所保护的民事权益的范畴。

虽然营业权益的范畴是广泛而不确定的,不同的营业主体和营利模式所蕴含的经济利益各有不同,但对这些营业权益遭受不当侵害的经营者的保护不应给予法律上的歧视或区别对待。经营者合法的营利性动机和行为都应受保护,而与其是否经过商事登记、营业规模、营业时间和范围等因素无关。商事实践中有许多以从事营利性活动为业的市场主体,如流动小摊贩,其与企业等商事主体的主要区别在于,流动摊贩没有固定的营业场所,经营范围等事项也没有经过商事登记程序对外进行公

---

① 赵旭东主编:《商法总论》,高等教育出版社2020年版,第82页。
② 李建华、麻锐:《论商事权利理论体系的构建》,载《吉林大学社会科学学报》2014年第5期。
③ 肖海军:《论营业权入宪——比较宪法视野下的营业权》,载《法律科学(西北政法学院学报)》2005年第2期。
④ 参见杨立新主编:《类型侵权行为法研究》,人民法院出版社2006年版,第380~394页。

示。但流动摊贩的持续经营状态和营利性活动亦构成一个商事侵权法保护意义上的营业,其营利性动机和基于营利活动获取经济利益的期待亦属于营业权益的范畴,因此应当得到法律的承认和平等保护。只不过在妨害经营侵权的诉讼中,规模大、公开且长期持续经营的经营者通常在举证证明自己的损失方面具有优势,因其过往公开、持续的营业状态往往更有利于其在侵权诉讼中举证证明自己的损失,获得法律的救济。例如,某个存续中的已注册登记的公司,或是某个商场中开业的商铺,天然就是处于公开营业的状态,而流动摊贩往往还需向法官证明其确实在特定时间、特定范围开展经营活动,遭受了营业损失。但无论是公司、个体工商户还是流动摊贩,遭受同样的侵害行为并导致营业损失的经营者应当平等地受到法律的保护。此外,不同案件中妨害经营的行为方式、特点、持续时间和侵害结果各有不同,在妨害经营侵权的司法裁判中,尚需要考察个案中受害方遭受侵害的营业利益的具体内容及遭受侵害的程度,确定受害方的该种营业权益是否应当进行保护以及保护的程度和范围。

3. 妨害经营行为的违法性要求及认定

对于妨害经营侵权行为的构成和妨害经营侵权责任的承担规则,需要严格把握。虽然构成妨害经营侵权,需得行为人实施了妨害他人经营并给他人的营业权益造成侵害的行为,但并不是所有在客观上对他人的营业造成了妨害的行为都构成妨害经营侵权。妨害行为除了本身应具有侵害的直接性和与营业的关联性要求外,还需要具备违法性要件,并且应当在案件中综合考量妨害行为的性质、双方的利益,对妨害行为的违法性进行认定。违法行为主要可以分为三种类型:违反法律规定的义务的行为,违反保护他人的法律的行为,以及故意实施违背善良风俗而造成他人损害的行为。[①] 有关机关在认定妨害经营侵权行为的违法性

---

① 参见最高人民法院民法典贯彻实施工作领导小组主编:《中华人民共和国民法典侵权责任编理解与适用》,人民出版社2020年版,第28页。

时,也应当依照前述标准进行判断。

若妨害经营行为同时违反了保护他人的法律,即可认定该行为具有违法性。如《反不正当竞争法》中关于不得实施混淆、商业贿赂、侵犯商业秘密等不正当竞争行为损害其他经营者权益的相关规定,就是专门保护经营者的法律规定,如果行为人实施了违反《反不正当竞争法》的相关不正当竞争行为,并妨害了他人的经营,则其行为具备违法性要件,在符合其他构成要件的情形下构成妨害经营侵权。

故意以违背善良风俗的方式损害他人的,依照《德国民法典》第826条的规定需承担损害赔偿的责任,该条为侵权法上的一般性条款,且由于违背善良风俗行为始终不法,因此原则上认定侵权时无须对违背善良风俗行为的不法性作出特别检查。[①] 公序良俗原则是民法的基本原则之一,我国《民法典》亦明确规定民事主体从事民事活动不得违背公序良俗。所有参与民事法律行为的民事主体都应当遵守公序良俗原则,该原则对于从事商事交往活动的民商事主体来说,也同样适用。倘若行为人故意以违背善良风俗的方式妨害他人的经营,那么此种行为构成实质违法,亦具备违法性的要件。[②] "花圈案"就是一起典型的行为人故意以违背善良风俗的方式妨害他人经营的案件。[③] 在我国的文化中,花圈作为祭奠物品,总是与死亡、悲伤和哀思紧密相联,部分人看到花圈可能会感到恐惧、害怕和不吉利,也不会愿意在明显能看到花圈的地方就餐。花

[①] 参见杜景林、卢谌:《德国民法典——全条文注释》,中国政法大学出版社2015年版,第672页。

[②] 参见杨立新主编:《类型侵权行为法研究》,人民法院出版社2006年版,第384页。

[③] 周某和李某原先均经营快餐店且店铺相邻,周某的生意好而李某的生意不好,于是李某改卖花圈。李某将样品花圈放在与周某店铺相邻的一侧,周某为了不让生意受影响,在毗邻李某店铺的一方挂起薄席使店内客人看不到花圈。李某架高花圈,周某挂高薄席,李某最后将花圈吊在屋檐上,周某无法继续遮挡。周某的生意逐渐萧条,故周某起诉李某影响其正常经营,要求李某停止侵害行为,并赔偿其损失。参见杨立新:《侵权损害赔偿》(第5版),法律出版社2010年版,第87~88页。

圈案中的被告改营花圈店铺后,为了出气故意将花圈架高使隔壁经营餐馆的原告不能遮挡花圈,从通常情理来看,其行为不道德,存在故意以此种违背善良风俗的方式妨碍原告经营之可能性。

对于违反法律规定的义务行为的理解,这里的法律规定应当是指广义上的法律规范。如果妨害他人经营的行为同时违反了法律规定中的义务,则该行为构成形式违法,有助于法官对该妨害经营行为违法性的认定。例如,某店铺悬挂的巨型广告牌遮挡了他人店铺的广告牌从而影响他人经营的情形,如果设置该巨型广告牌事先经过有关部门的审批并且是按照审批内容悬挂的,法院倾向于认定被告投资和使用广告牌的行为合法,否认被告悬挂巨型广告牌的行为与原告经营受到妨害之间存在因果关系,不支持原告所主张的经营损失。[1] 但是,如果悬挂巨型广告牌的行为本身是违反相关行政管理规定,比如未经相关部门批准即悬挂或者广告牌实际的设置与审批内容不符,那么该行为不具有合法性,由于该行为在客观上也造成了妨害他人经营的结果,宜认定该行为具有违法性。

问题在于,若妨害行为本身没有违反其他法律规定抑或不存在违背善良风俗的情形,其违法性如何认定?换句话说,妨害经营侵权中,是否妨害经营行为本身就是违反法定义务的行为,那么其侵害营业权益的客观外在表现即可指示行为的违法性?对此有学者认为,一般情况下,妨害经营侵权行为的违法性应当是违反法定义务,原因在于妨害经营侵权行为侵害的客体是经营权,因此实施了该行为的行为人违反了自己作为经营权义务主体的不可侵的法定义务,构成形式违法。[2] 营业权益作为《民法典》规定的民事权益之一,受法律的保护。在妨害经营侵权行为

---

[1] 参见新疆维吾尔自治区乌鲁木齐市中级人民法院民事判决书,(2010)乌中民再字第49号。

[2] 参见杨立新主编:《类型侵权行为法研究》,人民法院出版社2006年版,第384页。

中,营业权益遭受他人妨害经营行为的侵害时,根据《民法典》第120条关于"民事权益受到侵害的,被侵权人有权请求侵权人承担侵权责任",以及第1165条第1款"行为人因过错侵害他人民事权益造成损害的,应当承担侵权责任"的规定,妨害经营行为可能违反了法律所规定的不得侵害他人的民事权益(具体是营业性质的权益)之规则,属于违法行为。这种逻辑表面上看似没有问题,实际上对营业权益的特性缺乏深入讨论。

在德国侵权法理论中,只有违法地损害法益才会导致损害《德国民法典》第823条第1款中损害赔偿请求权的产生。大多数情况下,原则上行为符合侵权的事实要件即可认定违法性,但这一原则并不适用于框架权利。① 因《德国民法典》第823条第1款特别提及的生命、身体、所有权等法益具有清楚的界限,以至于超越界限通常会引发不法性,营业权虽然归为该条款中的"其他权利",但是由于其作为一种框架权利,自身没有清楚的界限,致使不法性无法通过超越此种界限来引证。② 因此,在德国的司法实践中,侵害营业权的行为的违法性不能仅通过对营业权造成侵害的客观表现进行确认,而是要由法官进行积极的利益权衡——考察对营业权造成侵害的行为背后是否存在值得法律保护的法益,法院需要在这种法益与受害者的营业法益之间进行权衡,进而判定侵害行为的违法性是否成立。③

在我国,营业权益虽然也属于《民法典》所保护的民事权益范畴,但

---

① 参见[德]马克西米利安·福克斯:《侵权行为法》,齐晓琨译,法律出版社2006年版,第85页。
② 参见[德]迪特尔·梅迪库斯:《德国债法分论》,杜景林、卢谌译,法律出版社2007年版,第666页。
③ 在对企业经营造成损害的评价和与经营有关的商品检验领域,是典型的在判断违法性时需要进行利益权衡的侵害营业权的案件类型,具体案例及德国联邦最高普通法院的裁判观点,参见[德]马克西米利安·福克斯:《侵权行为法》,齐晓琨译,法律出版社2006年版,第74~76页。

营业权益所包含的具体权益内容过于广泛且不够明确，权利的边界不甚清晰，营业权益本身也不像物权、人身权等对世权具有典型的社会公开性和受法律绝对保护的地位。因此，大多数情形下，在妨害经营侵权的案件中不能仅凭营业权益遭受侵害的客观事实就认定行为具备违法性，构成妨害经营侵权。"妨害经营侵权行为违法性的认定关键不在于行为侵害他人经营利益的结果，而在于给他人经营造成妨害的行为本身具有相当程度的不法性。"①因此，对特定干扰、妨害他人正常经营活动的行为，除了具有侵害的客观外在表现外，尚需进一步考察妨害行为是否具备违法性。尤其是在妨害经营侵权案件中，经常会涉及不同利益冲突，如侵害方和被侵害方同为经营者的营业权益的冲突，抑或侵害方其他类型的权益和受害方的营业权益的冲突。此时需要在相互冲突的权益之间进行进一步的利益权衡，进而判定哪一方的权益更值得保护。

在妨害经营侵权案件中，经常会出现行为人的营业权益和受害方的营业权益相冲突的情形，此时通常涉及市场竞争的因素。双方当事人都是参与市场活动的经营者，其中一方在开展经营活动的过程中，可能会出现争夺客户群体或交易机会等现象——故意或过失地妨碍另一方经营活动的开展和经营利润的获取，侵害对方的营业权益。此种情形下，需要判断行为人给对方经营者造成妨害的行为，是不是其为了实现自身合法营利动机而实施的正当市场竞争。如果是正常的市场竞争行为，行为人并没有违背商业道德、故意损害竞争对手的合法权益，那么其通过自身的竞争优势获取相应商业机会的权利和能力应得到尊重和保障，即使其行为在客观上妨害了其他经营者的营业利益，也不能就此认定该正常市场竞争行为构成妨害经营侵权。但是，如果行为人的行为涉嫌不正当竞争，则可认定该妨害行为具备违法性要件。在法律的适用上，涉及竞争因素的妨害经营侵权案件会产生侵权法与竞争法的竞合问题。从

---

① 张瀚：《商事侵权构成要件研究》，法律出版社2020年版，第130页。

理论上来说,此种妨害经营行为既因构成妨害经营侵权,可以适用营业权益保护的侵权法律规则,又因涉及竞争因素构成不正当竞争,可以适用反不正当竞争的相关法律制度。此时,如何适用法律规则对受害方的营业权益进行救济,涉及制度选择的问题。德国的司法实践是适用反不正当竞争法的制度规则,因其最初设立营业权的目的就是填补法律责任中的漏洞,故依据营业权提出侵权损害赔偿请求是辅助性的,需考察是否还存在其他的请求权基础,因此在出现由于竞争的原因而侵害企业经营权的情况时,通常是按照反不正当竞争法律规范的相关规定进行判决,不允许补充援用保护经营权的规则。① 请求权基础理论,可以理解为防止广义上营业权过度扩张的重要理论限制。

在涉及受害方的营业权益与行为人的其他类型的权益产生冲突的情形时,行为人往往是在行使或维护自身的权益时实施了妨害经营的行为,此时需要衡量行为人的该种权益及其所侵害的经营权益,考察行为人行使或维护其自身权益的行为是否合法、适当,在二者之间进行利益保护的取舍。例如,在前述商场中某商铺因装修给相邻商铺的经营带来影响的情形中,商铺经营者进行装修,没有借装修之名故意制造超出一般装修活动所制造的噪声、灰尘、杂物等,以试图影响他人的生意或者实现其他不正当的目的,即使因装修给周围的商铺带来一定的不利影响,周围的商铺也应当容忍这种侵扰——这也符合相邻关系理论之一贯要求,只是在商法上还体现为物理上(也可能被扩张解释为元宇宙的虚拟空间中)毗邻的营业关系之间,也存在一定程度上的法律利益冲突之空间。又如,消费者因不满经营者提供的商品或服务的质量,而在商家的网络平台主页中进行负面评论的行为,由于发表意见也是消费者的一种衍生性权利,如果消费者发表的差评只是客观地陈述自

---

① 参见[德]马克西米利安·福克斯:《侵权行为法》,齐晓琨译,法律出版社2006年版,第71页。

己的主观消费感受,其行使发表评论的权利没有超过正当限度,此时应当保护该种权利,即使发表差评的行为在客观上确实会给商家的形象带来不利影响,使商家流失部分顾客。如果行为人行使或维护自身权益的行为不适当,甚至违反了相关的法律规定,同时给他人的营业权益造成侵害,则通常有助于对行为构成妨害经营侵权的认定。例如,原本欲进行维权的消费者,出于泄愤的心情或是以报复、敲诈勒索等为目的,持续在商家的主页上发表差评,且差评的内容存在歪曲事实、污蔑等成分,严重损害商家的形象和信誉,则其维权行为明显超出必要的限度,甚至构成违法,此时认定其妨害商家经营的行为具备违法性并不存在障碍。

4. 妨害经营行为与经营者遭受的损害之间具有因果关系

妨害经营行为与经营者所遭受的损害结果之间的因果关系,需要结合责任成立侵权构成要件意义上的因果关系,以及责任范围上的因果进行讨论。在责任成立的因果关系判定上,需通过"若非"(but-for)规则考察行为人实施的妨害行为是否属于导致受害方经营权益遭受侵害的必要条件,若二者存在不可或缺的条件关系,说明二者之间具有事实上的因果关系,在其他构成要件均具备的情形下,行为人实施的妨害他人经营的行为构成妨害经营侵权。

在一起妨害经营的司法案例中,被告将原告的经营通道封堵,并占用原告的一间经营用房,长时间干扰原告的经营活动,使原告不能正常管理其在花棚中养植的花卉,后来在被告停止侵权行为时气温突然下降,原告花棚中的花卉因未采取保温措施而大量死亡,法院认定被告的妨害行为与原告遭受的损失之间存在直接的因果关系。[①] 在该案中,天气突变是促成花卉死亡的直接因素,但若没有被告先前封堵道路、使原告长时间无法正常使用其经营性用房的行为,原告花棚中的花卉不会

---

① 参见河北省张家口市宣化区人民法院民事判决书,(2017)冀 0705 民初 311 号。

因为寒潮来临无人照料而大量死亡。被告的妨害行为是造成花卉死亡损害结果发生的必要条件,因此可以认定,花卉死亡以及由此带来的经营上的经济损失,与被告实施的妨害经营行为存在直接因果关系的盖然性。

妨害经营侵权中的因果关系形式可能是"多因一果",是损害结果的特殊性所致。妨害经营侵权的损害结果主要表现为经营者遭受经营利润损失,而经营者的经营利润受经营者的经营策略、供求关系、市场环境等多方面因素的影响。在具体案件中,受害方所遭受的损害后果,很可能是包括行为人的妨害行为在内的多种原因共同导致的结果。因此,在判断妨害经营的行为与受害方的经营权益遭受侵害之间是否具有事实上和法律上的因果关系时,还要考察有无其他原因导致受害方的损害结果的发生,客观地衡量行为人实施的妨害行为在最终损害结果的发生上是否发挥了作用、及作用的大小,进而确定该行为是否构成妨害经营侵权行为以及需要承担的侵权责任范围。

5. 主观上的故意或重大过失

(1)故意妨害经营

构成妨害经营侵权,要求侵权行为人在主观上具有过错。基于妨害经营侵权本身的特点,行为类型主要为故意侵权,故意的形态既包括直接故意,也包括间接故意。在妨害经营侵权案件中,行为人在实施妨害经营行为时,通常都抱有通过自身的行为干扰、阻碍他人正常生产经营活动的开展或者破坏他人营利目的的意图。这种主观上的意图可以从行为人的客观外在表现,即其实际采取的妨害手段中探知。实践中,妨害经营的司法案例也基本都是行为人故意实施的侵权行为,例如,将他人的商铺锁住不让他人营业,长期占据他人的摊位或经营性用房不让他人使用,停放车辆或堆放杂物堵住通道使他人无法正常出入营业场所,在他人的店铺内数次、长时间吵闹并阻止顾客进店的行为。① 从这些行为的形式、持续时间等可以看出,这些妨害经营的行为显然并非源于行为人的过失,而是出于故意追求,或者至少行为人对其行为可能对他人的经营活动造成妨害以及相应的后果有所预知并且持放任态度。

(2)重大过失妨害经营

行为人出于一般过失实施的导致他人经营权益遭受损害的妨害行为,不宜认定为妨害经营侵权行为并要求行为人承担侵权责任。作为妨害经营侵权客体的经营权益,不同于物权、人身权、知识产权等权利客体,其遭受他人过失侵害的现象是普遍存在的,如发生交通事故导致交通堵塞、工程队施工中不小心挖断电缆等,这些行为都可能直接或间接地妨害市场中的某一个或某些经营者的正常生产经营活动,使其遭受停业损失、利润损失等纯经济损失。如果对过失侵害他人经营权益的行为均课以侵权责任,一方面,将加重社会主体的注意义务,不合理地限制其行为自由;另一方面,会使过失行为人承担过重的赔偿责任。德国学者卡纳里斯在反对设立营业权时曾尖锐地指出,认定营业权将隐藏着一种在轻微过失情形下存在无限定责任之危险。② 出于适当限制加害人赔偿责任的政策考量,英国、德国等国的司法判决中均否认挖断电缆案件

---

① 参见陕西省西安市莲湖区人民法院民事判决书,(2017)陕0104民初5039号;重庆市第一中级人民法院民事判决书,(2017)渝01民终5293号;湖南省长沙市中级人民法院民事判决书,(2016)湘01民终8213号;四川省高县人民法院民事判决书,(2015)宜高民初字第498号;北京市海淀区人民法院民事判决书,(2015)海民初字第29938号;河南省息县人民法院民事判决书,(2015)息民初字第1914号;甘肃省陇南市武都区人民法院民事判决书,(2017)甘1202民初2431号;河北省张家口市宣化区人民法院民事判决书,(2017)冀0705民初311号;广东省佛山市南海区人民法院民事判决书,(2014)佛南法桂民三初字第94号;重庆市第二中级人民法院民事判决书,(2013)渝二中法民终字第01024号;湖南省长沙市中级人民法院民事判决书,(2017)湘01民终6897号;四川省蓬安县人民法院民事判决书,(2017)川1323民初853号;浙江省衢州市柯城区人民法院民事判决书,(2018)浙0802民初1380号。

② 参见[德]迪特尔·梅迪库斯:《德国债法分论》,杜景林、卢谌译,法律出版社2007年版,第670页。

中的侵权损害赔偿请求权,不认为过失导致电力中断进而使他人遭受不能营业的纯经济损失的行为需要承担妨害经营的侵权责任。[①] 笔者认为,这种理解过于绝对,对于重大过失情形下的妨害经营,不能简单地绝对排除侵权责任适用的可能性。

笔者认为,重大过失也可以构成妨害经营侵权中行为人的过错形态,基于重大过失实施的妨害经营行为,需要讨论承担侵权责任之可能。将妨害经营的过失侵权责任限制为重大过失,不仅可以缓解一般过失即可构成妨害经营侵权所带来的行为人注意义务过重、行为空间过度压缩的担忧,而且可以适当激励潜在的侵权行为人预防并避免损害他人的经营权益,平衡双方的利益。学者杨立新亦认为,妨害经营侵权行为的主观心理状态是故意和重大过失,由于重大过失而妨害经营的行为也能构成妨害经营的侵权责任。[②] 重大过失行为引致妨害经营侵权责任,与侵权法中预见性理论在妨害经营侵权中的应用密不可分。对侵害结果的预见性及可避免性是注意的必要条件,[③]行为人应预见其行为的侵害结果而未能预见和避免侵害结果的发生,说明其存在过失;行为人以一种"异乎寻常的方式"违背了必要的注意时,[④]则构成重大过失。经营者的营业一般是在市场上公开、持续进行的,其营利活动本身就具有一定的对外公示性,这为潜在的侵权行为人提供了预见的可能性。如果行为人连普通人的注意义务都没有尽到,本应当预见其行为对某个或某些特定的经营者的生产经营活动造成妨害,从而避免该行为所产生的侵害他人经营权益的损害结果,却没有预见,亦没有采取预防措施避免损害的发生,在主观上具有重大过失,该行为人的妨害行为在符合其他构成要件

---

① 参见王泽鉴:《民法学说与判例研究》(第七册),北京大学出版社2009年版,第57~66页。
② 参见杨立新主编:《类型侵权行为法研究》,人民法院出版社2006年版,第387~388页。
③ 参见王泽鉴:《侵权行为》(第3版),北京大学出版社2016年版,第298页。
④ 参见程啸:《侵权责任法》(第2版),法律出版社2015年版,第269页。

的前提下,可以构成妨害经营侵权。例如,某建筑工程队在闹市地区施工,工地周围有一些商铺在经营,由于商铺的营业状态是公开可见的,施工队对此显然也应当知情,可以预见如果其疏忽操作导致施工材料或起重机坠落等,会破坏周围的道路或通道,并影响商铺的经营,因此其在施工时理应尽到相应的注意义务,以免发生意外而影响周围商铺的经营——实际上此种预防措施应该适度地在一开始即纳入施工成本。如果工程队在施工时因重大过失封堵了商铺的门口,导致商铺的经营者无法正常营业,在此种情形下,施工队对事故的发生显然具有重大过失,应当为其不负责任操作机器导致妨害他人经营的行为承担责任。这与前述挖掘机在操作过程中不慎挖断埋在地下的电缆的情形存在一定情境上的差异,挖掘机在施工时不能直接观测到地下有电缆,也较难预见若其不慎挖断该电缆后将会给谁造成损失、造成多大的损失(虽然此观点可能随着技术的进步逐渐经不起推敲)。工程队在正式施工之初就明确地知悉施工地点附近有许多商铺在经营,即使从社会通常的情理出发,工程队在施工过程中也不能不顾及其在施工中发生意外并导致妨碍他人经营的可能性。因此,不考虑个案中行为人的过失程度和预见可能,一律坚持非故意妨碍经营的过失行为不构成侵权,无须承担赔偿他人营业损失的立场,过于绝对,也并不能很好地发挥侵权制度对行为人的预防激励、减少侵权事故发生的作用。笔者认为,重大过失并不影响将包含营业性质权益之客体纳入侵权责任范围理论范畴之内。

三、侵害营业型商事侵权救济中的财产规则与责任规则

(一)侵害营业型商事侵权中财产规则与责任规则的适用

在商事侵权中,无论是侵害合同的侵权行为还是妨害经营的侵权行为,都涉及对作为具有营利性的市场主体的营业和预期获利状态的侵害。从被侵害者的角度看,侵害合同或妨害经营的行为都不是出于本人意愿的侵扰和妨碍,且在大多数情形下会使其遭受不同程度的经济上的不利益。因此,提供财产规则和责任规则的救济对于被侵害者合法权益的保护具有重要意义,并且二者能够发挥各自的作用。《民法典》第179条第1款规定了包含财产规则之救济方式——其中,停止侵害、排除妨碍是典型的适用财产规则的救济方式,赔偿损失是典型的适用责任规则的救济方式。在侵害营业型的商事侵权中,需要根据被侵权方合法权益被侵害的状态和具体的损害后果,适用不同的法律救济方式。

1. 财产规则之适用:行为强制

(1)通常不适用财产规则的侵害合同侵权责任

侵害合同之商事侵权的行为往往与不正当的竞争行为存在交集,倘若针对相关法益的救济,当事人寻求的是竞争法,则有可能通过财产规则——行为强制的方式实现救济。然而,侵害合同之商事侵权的损害后果通常表现为违约或者合同被"合法解除",那么,在侵害合同的商事侵权之诉中,当事人可否通过要求原合同相对人或者第三人继续履行合同以获得救济？首先,我们认为侵害合同之所以有必要成为商事侵权的一种类型的重要原因在于,在遵循商事逻辑的情况下,尽管合同当事人向相对人提起违约之诉的举证责任更轻,但是基于其与相对人潜在的长期合作机会的考量,其有时很难作出起诉相对人的决定,而法律赋予合同当事人侵害合同侵权之诉的救济路径更能实现对当事人合同权益的保护。这时侵害的客体为已然以合同形式固定下来的交易,作为交易外的第三方,第三人基本上难以代替原合同相对人履行合同,即使第三人可以代为履行合同,其履行效果也难以保证完全相同。其次,当事人在交易被破坏以后企图通过要求第三人停止侵害、排除妨碍等禁令的形式获得救济已失去了现实意义。当然,如果第三人具备代为履行的条件(金钱债权除外),能否要求其基于法院的判决代为履行,具有很强的理论探讨价值。笔者认为,其中最大的问题在于保证质量的强制执行成本。最后,如果系金钱债权,则代为履行本质上就是一种接近于责任规则的救济方式。

(2)承担停止侵害、排除妨碍的妨害经营侵权责任

相较于侵害合同中对合同被侵害方的救济,妨害经营侵权中对经营被妨害方的救济更多地涉及财产规则的适用。《民法典》第179条规定了11种民事责任的承担方式,其中,妨害经营侵权案件中,涉及的对被侵权方适用财产规则的救济方式主要是停止侵害和排除妨碍。妨害经营侵权中,适用财产规则救济的核心思路是排除经营者的经营活动所承受的非自愿的干扰和妨害,法院可以通过行为强制的形式,要求行为人停止对经营者持续经营和营利状态的侵害,使经营权益遭受侵害的经营者恢复正常的营业状态、实现持续营利目的。如果在诉讼阶段被告的妨害行为仍在继续进行中,法院应责令其停止实施侵害行为,排除其行为给原告的经营活动带来的妨碍,避免原告遭受不必要的经济损失。

在妨害经营侵权中,被侵权方的经营权益遭受的侵害,具体体现为被侵权方的营业活动和正常经营秩序遭受干扰,导致经营在一段时间内难以正常进行甚至被迫中断营业。由于持续的营业活动是经营者实现营利进而获取经济利润的基础,妨害经营的行为通常会使经营者的营利目的受挫,带来相应的经济损失。对经营者遭受的经济损失,行为人应当承担赔偿责任,弥补经营者的损失。如果妨害行为只是短时间的持续,对受害方经营活动的开展造成了不当的干扰和妨碍,但不足以造成或者尚未造成经济损失,则适用损害赔偿之外的其他侵权责任承担方式——责令妨害行为人停止侵害、排除妨碍。

2.责任规则之适用:损害赔偿

(1)侵害合同行为造成的经济损失和赔偿范围

填补损失是侵权责任法重要的功能之一,侵害合同侵权行为给当事人造成的损失,理应由行为人承担。侵害合同的商事侵权中当事人的损失更多地体现为纯经济利益的损失,然而,其所遭受的纯经济损失既可

以是实际损失也可以是预期损失。① 当事人为准备履行合同所付出的或履行合同过程中已支付的相关成本等实际损失,毋庸置疑,应获得赔偿,相关的成本需通过经济的量化转化为相对确定的赔偿数额。笔者认为,当事人有获得侵害合同侵权行为所造成的预期损失赔偿的必要——此处的预期损失,指可得利益的损失。尤其是行为人的主观心理为明知故意的情形,例如,其所侵害的合同具有一定程度的公示性,此时的合同就具有一定程度上的对世效果,倘若不对该行为所造成的可得利益损失予以救济,就会侵害当事人的合同性营业利益。"预期损失的价值总是要小于实际损失的价值,因为预期损失的价值的实现只是一种可能性,其能否实现仍然取决于多种因素。"②但是,侵权法中对可得利益损失的救济应当与合同法对可得利益损失的救济有所区别。由于预期损失实际为一种可能性,如果由行为人对任何可能产生的预期损失均一概予以赔偿,将严重背离侵权责任法特有的逻辑,因此侵害合同侵权行为所造成的预期损失可以获得的赔偿必须限制在当事人可预见的范围之内,司法实践中针对侵权行为人对合同预期的可得利益损失的预见范围应当从严把握。换言之,侵害合同侵权行为所造成的预期损失赔偿数额可以参照合同法中可得利益损失确定的标准,但是不得超出行为人本来应当知道或可预见的范围。

(2)妨害经营侵权行为造成的经济损失和赔偿范围

第一,物质损失和营业利润损失。

妨害经营侵权行为给遭受妨害的经营者带来的损失主要是营业利润损失。有些妨害经营侵权的行为中,经营者的有形营业财产(如机器设备、正在生产中的产品或待出售的产品)可能会因行为人的破坏行为而毁损甚至灭失,经营者因此而遭受直接的物质损失。此外,经营者还

---

① 参见张新宝:《侵权责任构成要件研究》,法律出版社2007年版,第168页。
② 张新宝:《侵权责任构成要件研究》,法律出版社2007年版,第168页。

有可能会因修理、更换被毁损的有形财产或者为制止损害的扩大、恢复经营采取补救措施而支出相关的费用,这些损失是经营者因妨害行为遭受的直接财产损失,对此予以赔偿无争议。因妨害行为而损毁甚至灭失的营业财产由于无法正常投入使用或出售,也会给经营者带来间接的经济利润损失。这种损失体现为经营者财产权益被侵害导致原本应获得的利益无法获得。① 如经营者用于载货的车辆被行为人故意损坏而无法继续投入使用,由此造成相应的停运损失;又如,待售的商品或正在生产中的产品因妨害行为遭受毁损而无法出售,导致经营者丧失该部分的经济利润。此类损失属于经营者的财产权被侵害而导致的利益损失,②由于这种损失在没有发生妨害经营行为时,依照事物通常的发展进程被侵权方极有可能获得的经济利益,现在因妨害行为的出现,使被侵权方丧失该部分预期可获得的利益,因此侵权行为人应当予以赔偿。

除了物质损失以及财产受损导致的可预期的利润损失外,妨害经营行为通常情形下更值得讨论的是经营者的经营因遭受妨害而造成纯粹的营业利润损失。这种损失并非由于经营者的人身或财产受损而直接或间接导致,而是单纯的因持续营业状态遭受妨害产生的纯经济损失,③体现为一种与营业有关的、预期可获得的经济利益的损失。例如,将车辆故意停放在他人店铺门口遮挡住店铺,阻拦店员和客人进出,此

---

① 该种损失即所谓的"所失利益",也称"间接损失",属于被侵权人因侵害财产权益的行为所遭受的财产损失。参见程啸:《侵权责任法》(第2版),法律出版社2015年版,第699~701页。

② 因营业财产被毁损而无法投入使用,或者待售商品、正在生产中的产品遭到毁损无法出售,由此导致的营业利润损失,是因其财产权受到侵害而发生的经济上的不利益,亦即结果经济损失,区别于纯经济损失这种非因人身或所有权等权利受侵害而产生的经济或财产损失。参见王泽鉴:《侵权行为》(第3版),北京大学出版社2016年版,第362~363页。

③ 纯经济损失也称纯粹经济损失,其是不与受害方的任何身体或财产损害相联系而产生的损失,仅是受害者因特定事由而遭受的纯粹金钱上的不利益。参见张新宝:《侵权责任构成要件研究》,法律出版社2007年版,第164~165页。

种行为并没有对经营者的人身或财产施加侵害,但妨碍了经营者的经营秩序和经营活动,导致店铺无法正常营业、经营者的经营收入下降,遭受营业利润损失。

对妨害经营侵权行为损害被侵权人的营业财产和由此导致的直接或间接的经济损失予以赔偿,并无疑义。而非基于财产受损导致的无法营业所带来的营业利润损失,因具有纯经济损失的属性,其赔偿请求通常情形下不会被支持。例如,在英国著名的挖断电缆案件——斯巴达钢铁和合金有限公司诉马丁公司(承包商)有限公司案[Spartan Steel and Alloys Ltd. v. Martin and Co. (Contractors) Ltd.]中,对原告因被告出于疏忽挖断电缆致使停电而遭受的经济损失是否予以赔偿的问题上,丹宁法官(Lord Denning)认为,原告对锅炉中铁块受损价值367英磅和由此丧失的400英磅利益可以请求赔偿;原告主张的停电导致工厂停工不能营业所损失的利益,非基于铁块所有权受侵害产生,不得请求赔偿。[①] 该案中,法官基于避免行为人承担过重的赔偿责任、防止请求权漫无边际等政策考量,不支持因无法营业而遭受的经济上不利益这种纯经济损失,并认为只有基于人身或财产所有权遭受侵害而产生的经济损失才可以请求赔偿。[②] 事实上,由于纯经济损失具有发生的普遍性、广泛性和不确定性的特点,支持此种经济损失将产生打开诉讼闸门和侵权责任泛化的忧虑,许多国家和地区原则上对纯经济损失不予赔偿。[③] 这种思路是否为一种执着于裁判结果影响,进而解释构成要件的处理思路,也值得在法律适用上进行反思。

"纯粹经济损失是一个技术性的概念,它是法律实践为了确立损害

[①] 参见王泽鉴:《民法学说与判例研究》(第二册),北京大学出版社2009年版,第63~65页。

[②] 参见王泽鉴:《民法学说与判例研究》(第二册),北京大学出版社2009年版,第64页。

[③] 参见张新宝:《侵权责任构成要件研究》,法律出版社2007年版,第171页。

赔偿的界限而构造起来的理论工具。"①这种将被侵权方所遭受的经济损失划分为纯经济损失和非纯经济损失，进而确定损失是否属于法律救济的范畴，对不同法益实现区分保护、维护行为自由以及限制赔偿责任的做法，具有相应的制度基础和经济逻辑。妨害经营侵权行为造成的无法营业而产生的经营利润的损失，对这种纯经济损失性质的救济具有实务研讨的必要性和合理性。其一，妨害经营行为本身就是行为人基于故意或重大过失给他人的经营活动造成妨害，并使他人遭受经济损失的行为，行为本身具有可非难性。如果基于作为损害后果的与营业有关的经济利润损失区别于一般的物质损失的特殊性，就否认这种损失可以获得救济的可能性，并没有抓住问题的本质——尤其是在虚拟财产需要保护的现代语境中。单纯基于损失有形或是无形而认定是否予以赔偿，这样的制度安排显然不公平，不能实现对合法权益遭受侵害主体的救济和保护，也难以产生使潜在的侵权行为人积极采取措施预防和避免侵权事故发生的激励，无法实现卡拉布雷西语境中侵权法减少事故成本的制度目标。其二，妨害经营侵权行为本身有着严格的构成要件，例如，妨害行为本身系针对他人营业相关权益的直接侵害，行为人在主观上应当具有妨害经营的故意或重大过失，行为具备违法性等，只有行为符合妨害经营侵权的构成要件的，才需要对妨害经营行为给他人造成的营业利润损失承担赔偿责任。从构成要件的角度看，诸如交通堵塞、过失挖断电缆等行为并不构成妨害经营侵权，亦无须由此承担侵权责任。行为人如果故意挖断通往某企业的电缆或者水管，意图破坏该企业正常生产经营活动的开展，其有意实施的行为体现了妨害企业经营的动机，满足妨害经营行为的构成要件要求，对此没有争议，需要在司法中讨论给他人造成营业利润损失的承担责任问题。其三，即使妨害行为构成妨害经营侵权，需要承担赔偿责任，在被侵权方的营业损失数额以及赔偿范围的认定

---

① 张新宝：《侵权责任构成要件研究》，法律出版社2007年版，第172页。

上,亦需讨论责任范围的因果关系、可预见性等要求,结合被侵权方过往的营业收益状况和市场状况等因素综合考虑,而不是对被侵权方主张的营业损失不加考虑地全部予以支持。

第二,妨害经营侵权中营业利润损失赔偿的影响因素。

在侵权法上,侵权损害赔偿范围受因果关系和预见性理论的限制,通过这两种规则的适用,可以更为合理地确定侵权行为人的赔偿责任,防止侵权责任泛化。妨害经营侵权中的营业利润损失亦属于值得救济的损失范畴,满足责任范围的因果关系和可预见性相关要求的损失部分一般应纳入侵权损害赔偿范围。只是在确定营业利润损失的损害赔偿范围时,因果关系、可预见性判断等方面存在一些不同于财产损害的特殊之处,在救济条件的把握上应当更加严格。

从因果关系的角度考虑,妨害经营侵权行为直接或间接导致的营业利润损失,属于应当由侵权行为人赔偿的损失。在确定侵权行为人的赔偿责任范围时,需考察损失是否满足责任范围上的相当因果关系[1]的要求,即需要判断营业利润损失是否因其营业权益遭受侵害的客观事实而发生,只有经营者因营业权益遭受侵害产生营业利润损失,并且该损失是依常人的智识经验判断在通常情形下会给经营者造成同样的损失时,才属于可赔偿的范围。由于经营者的营业状况和营业利润受市场因素的影响,其本身存在不确定性,经营者所遭受的营业利润损失,除了因妨害经营侵权行为而产生,完全可能存在其他因素共同导致损害的发生或扩大。在判断侵权行为人是否要对某部分的营业利润损失负责,以及在何种程度上负责的问题上,需要考虑季节性因素、市场因素等其他影响经营者营利状况的因素,预估妨害行为不存在时经营者获得该营业利润的可能性,依据妨害经营侵权行为导致营业利润损失发生的原因力大小,合理确定经营利润损失的赔偿数额。

---

[1] 参见王泽鉴:《侵权行为》(第3版),北京大学出版社2016年版,第259页。

对纯经济损失不予赔偿的原因,还包括纯经济损失的发生具有偶然性,在大多数情形下行为人对遭受此种损失的受害者以及损害结果很难预见。[1] 但在妨害经营侵权中,被妨害的营业本身具有一定的公示性,其经营活动是在市场上公开进行的,对于经营者之外的社会主体来说,经营者营业利润损失的发生未必比其他财产损失的发生更难以预见。尤其是在故意实施妨害他人经营的侵权行为中,侵权行为人主动实施干扰、妨碍他人正常经营的行为,难以理解为行为人不能预见其行为会给经营者造成营业利润损失,因为从其故意侵害的行为中便可探知其至少存在追求或者放任经营者的经营活动不能正常开展以致营业收入下降的意图。笔者认为,倘若行为人能够预见其行为会给特定经营者带来营业利润损失,则应当赔偿其行为给被侵权方导致的营业利润损失——在具体的赔偿范围上,仅要求预见营业利润损失的大致种类和范围即可,并不要求预见具体的损失程度。

除了具备责任范围的因果关系和可预见性的要求外,营业利润损失的特性决定了经营者确定可得或极有可能获得的部分,且能够充分举证,才应当予以救济。不同于有形财产遭受损害带来的现实经济损失,营业利润对于被妨害的经营者而言,是一种预期的可获得的经济利益,经营者所丧失的该种利益应当是在通常情形下不存在妨害行为时其通过自身经营行为很有可能获得的利润,但该部分潜在利润由于妨害经营侵权行为而丧失。

对作为纯经济损失性质的营业利润损失进行救济,需要考虑救济规则的经济效率和社会效果。在对妨害经营侵权中属于纯经济损失的营业利润损失是否应当予以救济的问题上,需要考量其属于私人成本还是社会成本,只有对真正属于社会成本的营业利润损失进行赔偿,才具有

---

[1] 参见张新宝、李倩:《纯粹经济损失赔偿规则:理论、实践及立法选择》,载《法学论坛》2009年第1期。

救济的必要性。具体将在后文进行分析。①

(二)侵害合同中损失的确定

商事侵权法律规则的设计不仅需要遵循民法的逻辑,也要重视商法思维。商事侵权中对侵害合同损失予以确定时应该综合考虑诸多因素以贯彻侵权法的功能,同时尊重商业社会活动的规律。

司法实践中,要充分考虑重复救济的因素。当侵害合同的侵权责任得以确认,意味着在行为人具备侵害合同构成要件致使合同一方违约时,利益受损害的当事人可以选择依据《民法典》合同编向合同相对人提起违约之诉要求其赔偿损失,也可以选择依据《民法典》侵权责任编追究第三方行为人的侵权责任。这时会出现法律针对相同法益的重复救济问题,但侵权的被告与违约的被告并非同一主体。有观点认为,这种情形下当事人要求行为人承担侵权责任后又要求相对人承担违约责任的,均可获得支持,当事人无须择一行使其诉权,只是获得赔偿的数额应当酌情减少。② 另有观点认为,重复救济并无不妥,当事人不仅可同时获得侵权与违约救济,并且赔偿数额亦不应受影响。③ 还有观点认为,在行为人侵害当事人合同,未引起相对人违约却导致其无法履行合同时,当事人可以要求行为人对合同利润部分的损失予以赔偿。④

从侵权法的功能角度考虑,传统的侵权损害救济与赔偿均以填平损失为价值遵循,特别强调在法无明文规定的情况下不得进行重复救济或惩罚性赔偿。若法律使受害方因损害而获利,则有违"填平"损害的初衷。笔者认为,《民法典》法律适用中对侵害合同案件应尽量避免不必要的重复救济或赔偿。一是实体法层面,后诉的赔偿数额应以前诉裁判支

---

① 相关方法论参见张瀚:《纯粹经济损失的法经济学分析》,载《政法论坛》2020年第3期。

② See American Bar Association, *Business Torts and Unfair Competition Handbook*, 2nd ed., American Bar Association Press, 2006, p.148.

③ See The American Law Institute, Restatement 2d of Torts § 774A. Comment e.

④ See The American Law Institute, Restatement 2d of Torts § 774A. Comment b.

持的赔偿数额作为考量,特别是违约之诉在先、侵权之诉在后时,侵权行为人的赔偿责任应当以行为人在作出侵权行为时能够预见的可得利益损失部分为限,两诉的赔偿总额不得超出受害方事实上的损失。二是程序法层面,在案件受理阶段应先行防控当事人获得该种重复救济、重复赔偿的"风险",相关条件满足时,法官通知涉案主体对两诉进行合并审理以保障裁判结果充分考虑案件受害人的损失情况,确定合理的赔偿数额;或者在法庭审理阶段结束前,追加必要的第三人,充分考虑相关责任主体,以明晰赔偿责任,从而避免赔偿数额重复计算致使受害方因权益救济反而得利。

侵权损害的确定与可预见性存在关联,尤其是在分析经济利益的损失时针对预见性因素的考量至关重要。[1] 在侵害合同侵权案件中,应当重视预见性因素,受害方当事人在侵权之诉中所主张的损失应具有确定性——其所主张的损失无论是损失本身还是损失的范围大小、相关程度,均需有相应的证据支撑。行为人仅对受害方举证范围内证明的损失范围、侵权行为与该损失的相当,且符合特定环境影响下可能产生的相对确定的经济赔偿数额,承担相应责任。[2] 此系确定性理论之要求,也是确定性理论在侵害合同之商事侵权中的正确运用,其强调侵害合同商事侵权中,受害方不仅要证明行为人的行为符合侵权的所有构成要件,还需就其赔偿请求的赔偿数额与损害的大小、特定环境下的发生规律等承担举证责任。侵害合同类型的商事侵权案件中,受害方通常没有直接的物质损失而更多为纯经济损失,并且这种纯经济损失较多地体现为预期营业利益的损失,证明难度颇高,其不仅要证明其被侵害的权益具备营利的价值,而且还要证明其具有获利的可能。证明的重点还存在于受

---

[1] See Mauro Bussani, Vernon Valentine Palmer & Francesco Parisi, *Liability for Pure Financial Loss in Europe*: *An Economic Restatement*, American Journal of Comparative Law, Vol. 51:113, p. 124 (2003).

[2] See The American Law Institute, Restatement 2d of Torts §912.

害方被侵害的合同交易是否有获利的可能、可能性的大小,并且这种可能性是否会因行为人的侵权行为而完全消失或减少,同样需要纳入司法视野。《民法典》并未明确规定获利损失的计算标准,尽管第1184条规定了市场价格标准,①但该损失的计算标准仍有待司法解释予以明确。司法实践中,要求受害方承担其所遭受的预期营利损失的举证责任,很有必要。

商事侵权制度设计需要遵循商业市场规律。市场因素包括但不限于市场经济低迷、商业淡季等诸多情形——这些因素的介入,可能是受害方营利减少的主要原因。市场环境状况、交易背景的变化,影响交易的获利情况,市场因素有可能影响损害的范围及大小。有的发达国家允许行为人通过证明市场因素的介入从而实现其侵权责任的"减免",②在侵害合同的商事侵权损失的确定过程中,有必要清楚受害方所遭受的损失是单纯由行为人的侵害所致,还是由市场环境状况、交易背景的变化所致——特殊情况下甚至需要区分市场环境、经济周期造成的影响的大小。在适用《民法典》第1184条规定的"市场价格"计算损失赔偿的具体数额时,也应充分考虑诸如淡季等市场因素带来的受害方预期的合同经济收益减少情况。

(三)妨害经营中营业利润损失的确定

妨害经营侵权造成的营业利润损失,有可能是因财产损害带来的营业利润损失,但作为被侵权方的经营者大多数情形下丧失的营业利润是纯经济损失。虽然这两种营业利润损失都是一种预期的可得利益的损

---

① 《民法典》第1184条规定:"侵害他人财产的,财产损失按照损失发生时的市场价格或者其他合理方式计算。"这实际上涉及三个层面的问题:(1)第三人侵害合同侵权造成的获益损失是否是一种财产损失;(2)"市场价格"的文义应该指向的是传统的静态财产,但在计算获益损失时能否作为参照的基准和因素(如能否认为获益损失等于产品市场价减去产品成本市场价格);(3)如果"市场价格"的计算标准无法直接适用,"其他合理方式计算"是否是可以解释为接受会计意义上的利润损失计算标准。

② See The American Law Institute, Restatement 2d of Torts §912. Comment d.

失,但是在具体损失数额的确定和赔偿数额的计算上存在差别。

经营者的机器设备等用于营业的财产因遭受妨害经营行为的侵害直接或间接失去的经济利益,这部分营业利润数额的计算,需要综合机器设备被毁损的程度、该机器设备在单位时间内的生产率和生产量、因妨害行为停工的时间、经营者过往的生产情况等因素合理评估停工带来的损失。如果损坏的是经营者处于生产中或待售的商品,由于商品是经营者盈利的载体,除了商品本身因受损带来的价值贬损外,其潜在的利润价值也会减损,在计算经营者的营业利润损失时需要考虑商品的利润空间。在计算损失时需要综合待售商品的库存,经营者账簿中记载的商品成本、销售金额和数量等情况,与他人签订的交易合同,商品在当地的市场价格,季节性因素对商品销售的影响等因素,合理确定经营者因商品受损而丧失的预期利润。

持续经营行为无法正常进行甚至中断给经营者带来的具有纯经济损失性质的营业损失,其计算主要根据妨害行为持续的时间和经营者在遭受妨害前后的营业收入的变化情况确定。遭受妨害前经营者处于正常经营状态下的营业收入情况,可以根据经营者的账簿、备货单、销售记录中记载的营业额和成本等,计算出经营者过往的日均营业利润收入的大致数额。在此基础上,结合当地同类店铺的营业情况、季节性因素等影响市场价格和经营者盈利状况的因素,根据妨害经营侵权行为持续的时间,确定经营者在妨害行为未曾发生状态下本可以获得的营业利润数额。由于并非所有的妨害行为都会导致经营者的营业完全中断、陷入停产停业的境地,在经营者遭受的干扰和妨碍不是那么严重的情形下,遭受妨害的经营者仍然可以开展营业活动并实现盈利,因此,在依据前述侵权未曾发生状态下本可以获得的营业利润数额确定经营者的经济损失时,应把经营者在遭受妨害期间已然获得的经营利润扣除。这部分已然获得的经营利润,则是根据经营者妨害经营侵权行为持续期间的营业状况进行计算。

值得注意的是,在机器设备、待售商品等有形营业财产遭受损坏的场合,这部分有形财产受损导致的损失,既包括本身的价值贬损带来的财产损失,也包括其中蕴含的经营者的预期利润损失。在确定损失时如果考虑了其中潜在的营业利润损失,则在计算妨害行为给经营者带来的整体营业利润损失数额时,应当把这部分基于有形财产所蕴含的预期营业利润扣除,避免重复计算。《民法典》第1184条按照"损失发生时的市场价格或者其他合理方式"计算财产损失的规定,在法律适用的过程中,按照市场价格计算经营者被毁损的待售商品的损失数额,显然该数额不只是计算待售商品的生产成本或本身价值,还包含了商品被出售后经营者可以获得的利润。因此,我们可以通过计算未曾发生状态下本可以获得的营业利润数额,在此基础上扣除因确定营业财产受损导致的直接或间接损失数额时重复计算的营业利润数额,以及扣除经营者在营业活动持续期间仍然确定获得的营业利润数额,得出经营者所遭受的营业利润损失的大致数额。

计算经营者因妨害经营侵权行为所遭受的营业利润损失数额的公式为:①

赔偿金额=单位时间营利金额×妨害经营持续时间-重复救济-不可预见金额

并不是所有妨害经营侵权行为导致的经营利润损失实际上都能够获得完全的救济,侵权损害赔偿的范围和数额受预见性规则的限制,在司法裁判中确定损害赔偿数额需要考虑个案中侵权行为人的预见能力和预见程度。对明显属于行为人实施妨害经营侵权行为时无法预见的营业利润损失部分(不可预见金额),行为人无须承担赔偿责任,以避免对纯经济性质的营业利润损失的救济过分扩大化,从而合理限制侵权

---

① 公式原型参见张瀚:《纯粹经济损失的法经济学分析》,载《政法论坛》2020年第3期。

责任。

营业利润损失具体数额的确定和实际应当赔偿数额的计算,主要是针对持续营业状态被妨害并遭受纯经济性质的营业利润损失的情形。倘若侵权行为人并非在较长的时间内持续对经营者的经营活动和营利状态进行干扰,或者有证据证明经营者的正常生产经营无法展开导致无法进行某特定交易或履行某特定合同,此时该妨害经营侵权行为可能与侵害合同侵权产生竞合。有证据证明的行为人的妨害行为导致经营者无法进行某特定交易或履行某特定合同并因此而丧失的经济利润,可以基于合同条款中约定的合同价款、经营者的生产成本计算该合同正常履行时经营者预期能够获得的经济利益,由此确定损失数额。在对该种损失进行赔偿时,需确定此部分损失应当是行为人在发生侵权行为时可预见的范围,只有可预见范围内的损失才可赔偿。

(四)侵害营业型商事侵权的惩罚性赔偿适用分析

侵害营业型商事侵权通常发生在侵权行为人故意实施侵权行为的场合,甚至在有些情形下,行为人的主观恶性较为明显。通过行为人的陈述或行为可以观测其恶意干扰、阻碍他人营业和获利的态度,例如:在妨害经营侵权中,因心存不满,聚众到对方的营业场所喧哗打闹,张贴带有诋毁性质的标语、横幅;恶意在商品或服务的评价页面连续发表差评;出于打压报复恶意妨害对方的营业,通过造谣、诋毁竞争对手提升自身形象和销量等。侵害合同侵权中,行为人所侵害的合同具备公开性(该公开性仅要求合同为一定范围内的公众所知悉)的特质时,其多发生于行为人与被侵权人存在商业竞争关系的情形,此种情形下行为人的主观恶性极大。就前述的拉姆利诉盖伊案(Lumley v. Gye)而言,行为人所侵害的合同系其商业对手与著名歌唱家的商业汇演合同,该表演已在演出前进行了宣传而为一定范围内的公众所知悉,并且其引诱该歌唱家在原先宣传的时间为自己演出,可见其具有主观恶性。惩罚性赔偿在某种意义上是法律对具有不当行为的侵权人的否定和责难,通过使其承担比补偿被侵权方的实际损失更重的赔偿责任对其进行惩罚。在侵害营业型商事侵权中,对恶意侵害营业权益并给被侵权方造成严重损失的侵权行为人,也可以适用惩罚性赔偿,以提升法律的惩罚和威慑力度。

存在竞争关系的当事人之间,一方为了抢夺客户资源、打压竞争对手而实施侵权行为,损害竞争对手的商业信誉,给对方造成经济损失,同时也扰乱了正常的市场经营和公平竞争秩序,间接损害市场中的其他经营者和消费者的权益。从成本收益的角度来看,有些情形中行为人能够从营业侵权行为中获益,并且该收益远大于其为实施该行为所付出的成本,包括实施侵权行为的成本和侵权行为被发现后应当支付的损害赔偿金额。即使判决被告赔偿被侵权方的营业损失,但由于行为人打压竞争对手的目的已经达到,侵权行为带来的不良影响也不会在短时间内消除(主要是妨害经营侵权情形)。由于现实中营业损失较难确定和证明,其中纯经济性质的损失获得完全赔偿的可能性小,加上卷入诉讼程序耗时耗力(综合成本问题),被侵权方可能并不会起诉——或者即使被侵权方起诉,由于证据、诉讼时效等方面的问题,侵害营业型侵权行为最终并不一定都会得到法律的有效制裁。因此,存在一般损害赔偿无法有效在事前威慑行为人的问题。

适用补偿原则确定侵害营业型商事侵权损害的赔偿责任,仅能填补被侵权方所遭受的损失,相对于行为人从侵权行为中得到的收益,其为此所付出的成本小于其所需要付出的代价——行为人自然缺乏避免实施妨害经营侵权行为的动力。从法经济学视角来看,当行为人给社会造成的成本为 C,行为人不承担侵权责任的概率为 P 时,要使其侵权行为的成本完全被内部化,必须要求其承担 C/P 的惩罚性赔偿方可产生威慑效果。而在故意侵权的情形下,如果行为人给受害方造成的损害为 C,其因侵权获取利润为 B,那么意味着受害方在获得完全赔偿时,行为人仍可获得(B—C)的收益,显然威慑效果不佳。① 正如在信息型商事侵权部分讨论的商事欺诈的损害赔偿中所提到的,在实际损害的估价基础上增设一定程度的惩罚性赔偿,可以解决按照实际损害确定损害赔偿数额的制度规则中存在的对侵权行为人威慑不足的问题。在营业型商事侵权案件中适用惩罚性赔偿,也可以产生对潜在侵权行为人避免实施侵害他人营业权益的制度激励,有助于降低发生营业型商事侵权的概率,减少其行为给社会福利带来的损失。

四、效率法律价值的思考②

(一)侵害合同侵权的效率分析

1. 侵害合同侵权救济中"效率违约"作为抗辩的法经济分析

前文已述,毕肖普和波斯纳等学者较早开始通过社会成本这一经济视角对法律问题进行考察,其研究的理论③可以使我们更好地理解侵害合同侵权救济中的效率问题。行为人的侵害合同行为破坏了原先已形成的相对稳定的特定交易,使该交易难以继续进行,甚至完全无法进行而终止,从而给私人造成利益上的损失。但从整个市场来看,原先被破坏的交易产生的基础——合同相对方的交易需求——并未因该交易的失败而丧失,即该需求未被市场供给所满足,这意味着合同相对方将在市场中继续搜索交易对象以达成新的交易。当行为人以引诱的方式,致使相对方解除合同,再以更优的条件与之达成交易时,新的交易产生的合作剩余要高于原有交易,相对人因解约能获得更多的利润。

这在经济学中被称为卡尔多—希克斯效率,根据卡尔多—希克斯改

---

① 参见魏建:《法经济学:分析基础与分析范式》,人民出版社2007年版,第122~123页。
② 相关纯粹经济损失的分析,参见张瀚:《纯粹经济损失的法经济学分析》,载《政法论坛》2020年第3期。
③ See W. Bishop, *Economic Loss in Tort*, Oxford Journal of Legal Studies, Vol.2:1, p.1 - 29 (1982); Richard A. Posner, *Common-Law Economic Torts: An Economic and Legal Analysis*, Arizona Law Review, Vol.48:735, p.735 - 747 (2006).

进的标准,行为的介入使部分人获利、部分人利益受损;当行为人的介入使该部分人的获利大于部分人的损害时,该介入行为具有经济意义上的效率。① 故而该情形在法律中被称为"效率违约"。当行为人以恶意目的引诱相对方解除合同,但新的交易并未产生高于原先交易的合作剩余时,当事人所获得的利润缩减。

由此出发,侵害合同侵权至少可以简单区分为"效率违约"与非"效率违约"情形。从社会整体福利角度看,"效率违约"情形下侵害合同侵权只是导致了财富的转移,即行为人获取了被侵权人本来可以获得的利润,而合同相对方的解约反而使社会福利有所提升。在商业活动中,在没有欺诈的前提下提供更优交易条件的侵害合同行为,客观上却实现了社会总体的合作剩余的提升,从而实现了社会整体福利的改进。可见,"效率违约"下的侵害合同行为在某种意义上是寻找更佳交易的过程。② 而非"效率违约"情形下的侵害合同行为本质上追求的是打压、报复竞争对手,即使产生了新的交易也难有合作剩余,这种行为具有社会危害性,严重损害合同制度所保护的合同交易的稳定性与期待价值。笔者认为,行为人在侵害合同侵权之诉中提出的"效率违约"抗辩理由应当成立。

2. 侵害合同侵权损害之确定性因素与市场因素考量的法经济分析

同样,毕肖普和波斯纳等学者的经济学理论,可以用来解释侵害合同侵权损失确定时需要进行市场因素考量的重要性。如前所述,侵害合同侵权中,被侵权人往往可能在合同被解除前已经为合同的履行做了准备,或者已经部分履行合同;实际发生该类成本时,责令行为人对该成本予以赔偿能够增加行为人的违法成本,避免该类成本的继续增加导致被侵权人的利益损失继续扩大,故侵害合同侵权制度对该类损失的救济在经济学意义上是有效率的。侵害合同侵权给被侵权人造成的损失并不

---

① 参见冯玉军:《法经济学范式》,清华大学出版社2009年版,第218~219页。
② 参见张瀚:《商事侵权法律制度研究——法律经济学的视角》,中山大学2013年博士学位论文,第127~128页。

局限于该类成本的损失,其经常表现为预期利益的损失或者可得利益的损失,这类损失具有间接的特性。侵害合同侵权制度对这类损失的救济应当设置必要的合理的条件,避免行为人行动自由过度受限从而影响商事主体从事商业活动的活跃度。故而,在对侵害合同侵权损害进行认定时,需要充分考虑确定性因素,被侵权人需要对其所主张的损失及范围、大小承担举证责任。[1]

法律对侵害合同商事侵权的救济制度的设计,不仅需要法学思维,也需要经济思维。故而,在侵害合同侵权发生后,结合市场因素考量社会成本变化情况具有重要的意义。以产能闲置状况这一市场因素为例,当市场中产能尚有闲置时,侵害合同侵权中的被侵权人的合同相对人尚未实现的市场需求,相较于产能不足的情况,更能被市场无差别化地满足,此时侵害合同侵权行为无实质性社会成本发生,市场本身足以承担被侵害合同项下的交易,被侵权人本来应得的财富只是"转移"到其他市场主体。这通常与"效率违约"下的侵害合同侵权相关,前文已有叙述,在此不再赘述。但是,当市场中的产能不足,甚至严重不足而存在地域垄断的情形时,被侵害人的合同相对人可能需要付出更多的成本,以满足其原有市场需求,此时即产生了实质性的社会成本。当市场处于淡季,但市场中的产能仍有闲置时,不宜对侵害合同商事侵权进行救济,否则该救济就不符合经济意义上的效率,甚至会因此增加更多的社会成本。

(二)妨害经营侵权中营业利润损失救济的效率分析

1.妨害经营侵权中纯经济性营业损失及其救济的法律经济分析基础

妨害经营是发生在商事领域的非涉及人身性的侵权,其给作为经营者的被侵权方带来的损害也是财产性的损害,通常会造成营业利润损

---

[1] See The American Law Institute, Restatement 2d of Torts §912.

失。这种损失往往具有纯经济性的特点,其产生与被侵权方的人身或财产没有太大的关联,因而在各国侵权法的理论和司法实践中较难得到救济。在我国涉及妨害经营侵权案件的司法裁判中,妨害经营造成的营业损失的确定、赔偿是重点和难点,由于缺乏相关的法律规则,主要依靠法院的自由裁量加以解决。传统的侵权客体和损害赔偿责任、预见性规则的理论,对妨害经营侵权案件中的经济损失,特别是具有纯经济性质的营业利润损失的救济问题,无论是在理论界还是实务界都未得到应有的重视和妥善的解决。

基于妨害经营商事侵权所侵害的客体和可能造成的损失的特殊性,其主要是涉及与人身权益无关的经济损失和经济效益问题。可以考虑从效率视角对妨害经营侵权及其损害赔偿规则展开经济分析,在法学逻辑和经济效率的双重维度中,探讨纯经济性质的营业利润损失救济的可能性和救济路径。如此不仅可以关照妨害经营侵权行为不同于一般民事侵权的特殊性,还可以促进妨害经营商事侵权制度的合理安排和效率改进,使司法实践中对相关侵权纠纷案件的法律适用产生正向的社会经济效果。

我国已有学者关注并研究妨害经营侵权的制度理论和纯经济损失救济等方面的问题,但基本是从法学的角度进行规范研究,尚未运用法律经济学的分析方法进行交叉学科的研究。[1] 国外的毕肖普和波斯纳等学者较早从法律和经济双重视角就对侵权中的经济损失问题进行分析和讨论,他们的研究成果可以为我们对妨害经营等商事侵权的损害赔

---

[1] 参见杨立新、蔡颖雯:《论妨害经营侵权行为及其责任》,载《法学论坛》2004年第2期;朱广新:《论纯粹经济上损失的规范模式——我国侵权行为法对纯粹经济上损失的规范样式》,载《当代法学》2006年第5期;张新宝、李倩:《纯粹经济损失赔偿规则:理论、实践及立法选择》,载《法学论坛》2009年第1期。

偿等相关问题提供丰富的理论和经验借鉴。[1] 结合毕肖普和波斯纳的法律经济分析理论,侵权案件中的经济损失可以理解为侵权行为带来的社会成本,即侵权行为的发生导致社会总财富或社会整体福利水平有所下降;也可能并未导致社会总财富的减少,仅是导致社会财富在社会成员之间的非自愿转移,这种财富的转移即遭受侵害方因侵权行为承担的私人成本。

在妨害经营侵权案件中,由于被侵权方往往是在市场中从事营利性活动的经营者,侵权行为可能造成的损失类型具有多样性。其既有可能损毁被侵权方的机器设备、生产资料、待售商品等营业财产,给被侵权方造成直接的物质财产损失;也可能使被侵权方被迫停业,丧失预期的营业收入和经济利润。有形财产的损害所遭受的物质损失,是真实的社会成本,在现实中也可以通过物权制度实现对被侵权方损失的救济。妨害经营侵权行为通常产生的损害后果,在于他人的营业和持续营利的状态无法正常维持乃至造成营业利润丧失,这种营业利润损失具有纯经济损失的属性,其赔偿问题是我们重点关注和讨论的司法实践问题。并非所有的营业利润损失都是纯经济损失,部分是基于营业财产被毁损而丧失的预期销售利润损失。笔者主要结合纯经济性质的营业利润损失的经济实质和救济问题进行法律经济分析。

通过对一则妨害经营案例的分析,可以更好地理解前述毕肖普和波斯纳的经济损失理论,也有助于对后文将展开的纯经济性质的营业利润损失救济问题的理解。假设甲经营一家店铺,乙是建筑商,乙在店铺旁边施工建造大楼时由于疏忽,使起重机掉落在甲店铺前方的公共人行道上,堵住了通往甲的店铺的入口,使甲不得不停业一段时间,在人行道修

---

[1] See W. Bishop, *Economic Loss in Tort*, Oxford Journal of Legal Studies, Vol. 2:1, p. 1 – 29 (1982); Richard A. Posner, *Common-Law Economic Torts: An Economic and Legal Analysis*, Arizona Law Review, Vol. 48:735, p. 735 – 747 (2006).

好之后甲才恢复了正常的经营。[①] 倘若起重机掉落从而砸坏甲的店铺,由此产生的财产损失无疑是一种社会成本。但在前述情形下,起重机的坠落并没有直接给甲带来财产的损害,而是导致甲因店铺停业而丧失相应的营业利润,这种纯经济性质的利润损失未必是社会成本。

波斯纳认为,甲的店铺关门后消费者会去别的店铺消费,甲所丧失的营业利润将由其竞争对手获得,甲的损失和别的店铺的获益相抵销,因此甲因店铺停业所遭受的利润损失只是其私人成本而非社会成本。但波斯纳同时也指出,甲的营业利润损失仅是未导致社会总财富减少的私人成本,前提是甲店铺损失的全部利润刚好是其他店铺所获得的全部利润,这意味着其他店铺需具有本身无须花费额外的成本吸引消费者的需求的能力。[②] 如果案发当地甲店铺的其他同类经营者存在闲置的产能,在甲的店铺停业无法提供商品或服务时,其他店铺无须通过付出额外的成本增加进货、雇用更多的员工,就能够满足原本将在甲店铺消费的潜在客户的消费需求,消费者亦无须花费更多的成本购买同类的商品或服务以满足自身的消费需求。此时对于整个社会来讲,侵害行为导致甲店铺停业,并没有造成社会的净损失,甲因停业所丧失的利润实际转移到其他的经营者手中,市场中消费者的需求也并未受影响。

倘若甲的营业遭受妨害发生在节假日等销售的高峰期,案发当地甲店铺的其他同类经营者不存在闲置的产能,或者甲是在当地市场占有重要份额的供应商,其停业使当地的消费者难以以较低的成本寻找替代的供应商,无疑在一段时间内当地市场中的供给将减少,相同或类似商品的价格也会上涨。在此种情形下,经营者和消费者通过市场交易所产生

[①] 本书提到的建筑工人疏忽操作使起重机坠落导致妨害经营的案例的原型,源自 Richard A. Posner, *Common-Law Economic Torts: An Economic and Legal Analysis*, Arizona Law Review, Vol. 48:735, p.736 (2006)。

[②] See Richard A. Posner, *Common-Law Economic Torts: An Economic and Legal Analysis*, Arizona Law Review, Vol. 48:735, p.736 – 737 (2006).

的社会剩余明显比妨害经营侵权行为导致甲停业之前的社会剩余有所下降。表现为经营者丧失一部分营业利润以及需要花费额外的成本继续提供市场供给;而这些经营者的成本最终将转移到消费者身上,消费者将不得不花费更高的价格以满足需求。因此社会总福利水平较侵害行为发生前下降,这正是侵害行为带来的真实的社会成本。

2. 妨害经营侵权中纯经济性营业损失的实质判断

根据前文毕肖普和波斯纳对侵权中经济损失救济的社会成本视角的法律经济分析,妨害经营侵权行为所导致的纯经济性的营业损失既可能是财富的转移,也可能是社会成本;损失的经济实质影响是否应当对纯经济性营业损失进行救济。而如何判断妨害经营商事侵权行为给作为经营者的被侵权方所带来的营业利润损失是被侵权方的私人成本还是真实的社会成本,要结合区域市场的状况进行分析。妨害经营侵权行为总是发生在特定范围的区域市场,其直接或间接妨碍其中的某个或某些经营者的营业,造成被侵害者的营业无法正常开展甚至在一段时间内完全中断。妨害经营侵权行为给被侵害的经营者造成的损害结果,影响案发时区域市场某类商品或服务供给和需求的平衡——侵权行为发生时区域市场的状况也影响着损失的性质和严重程度。因此,我们对产能达致最大化和产能存在闲置这两种状态的区域市场进行分别讨论,分析在不同的市场状况下妨害经营侵权行为带来的纯经济性质的营业利润损失所具有的私人成本或社会成本属性。

(1) 区域市场产能最大化下的纯经济损失性质的营业损失

区域市场产能达致最大化时,发生的妨害他人经营的侵权行为给被侵权人带来的纯经济性营业损失,一般具有社会成本的属性。在侵权行为发生时的特定区域市场中(甚至可以具体到市、县或区),被侵害方的营业遭受妨碍而停产停业,无法向市场提供相应的商品或服务,致使区域市场中该类商品或服务的总供给减少;而在产能已经达致最大化的情形下,市场中的其他同类经营者并不存在闲置的产能吸纳被侵害方停业所导致的未能满足的部分消费需求。

从短期来看,由于区域市场中某类商品或服务的供给减少,必然导致价格上涨,经营者和消费者进行市场交易所产生的社会剩余也会相应地减少,侵权行为明显导致社会福利水平下降。若要满足因侵权行为导致空缺的消费需求,经营者需要通过购进更多的材料、增加劳动时间或雇佣更多的人手等方式增加供给,除会消耗一部分的社会资源外,短时间内经营者的生产成本也会相应增加。这些侵权行为所导致的社会福利水平的下降、为满足消费需求而付出的额外成本,皆是真实的社会成本。从长远来看,由于该类商品或服务价格的上涨,将会吸引社会上更多的投资进入该产业,建立新产能的过程中本身会占用社会资源,带来社会成本,而这部分的社会资源在没有导致区域市场供给减少的妨害经营侵权行为发生的场合,本可以被投入其他产业实现增值。

(2)区域市场产能闲置时的纯经济损失性质的营业损失

若妨害经营侵权行为发生时区域市场处于产能闲置的状态,营业遭受侵害的被侵权方所产生的纯经济性质的营业利润损失,仅仅是被侵权方的私人成本,并非社会成本。妨害经营侵权行为虽然导致当地的某个或某些经营者无法正常开展生产经营活动,使当地区域市场的总供给下降,但由于其他同类经营者存在闲置的产能,依然能够及时、充分地满足市场的消费需求。例如,区域市场中的其他同类经营者本身就拥有一定数量的商品库存,或者有部分员工和机器设备并没有处于运转中,其完全可以不用花费额外资本或劳动力成本调动这些闲置的产能,向市场输出供给,使社会总体的供给和需求关系不受太大的影响。因妨害经营侵权行为而停产停业的经营者虽然丧失了营业利润,但这部分利润其实转移到了市场中的其他同类经营者手中,对于侵权行为发生地的区域市场来说,社会福利并没有遭受损失,只是部分财富(营业利润)在不同的社会主体(侵权行为发生地区域市场的经营者)之间进行了转移。

3. 纯经济损失性质的营业利润损失之救济与社会成本

法律制度的安排和适用除了对相关主体的行为选择产生影响外，也会直接或间接地影响社会成本——规则的适用对市场资源的配置、对社会福利和社会经济的作用甚且更为直接和明显。在妨害经营商事侵权中，纯经济性质的营业利润损失是常见的损失类型，法律对该种性质的损失是否应当救济、如何进行救济的制度安排，不仅关乎妨害经营商事侵权类型化制度目标和功能的实现，也影响妨害经营商事侵权案件司法裁判的社会经济效果。从社会成本视角中的效率视角对妨害经营侵权案件中的纯经济性营业利润损失的救济规则进行研究，有助于探讨如何确定最佳的损失救济规则。

如前所述，营业权益遭受妨害而产生的纯经济性营业利润损失，从社会整体福利的角度来看，既可能是真实的社会成本，也可能仅是财富的转移，需结合侵害行为发生时当地的区域市场状况进行分析。对社会成本和私人成本这两种不同性质的损失进行救济，会产生不同的制度激励效果和社会经济影响，因此，妨害经营商事侵权制度的效率追求要求在法律适用的过程中区分社会成本和私人成本这两种不同性质的损失，仅对真正的损失即社会成本进行救济，才能更有效地实现事前视角行为选择激励。

侵权行为发生时区域市场若属于产能最大化的状态，妨害经营侵权造成市场中的经营者停产停业，被侵权方丧失的营业利润具有社会成本的性质，因为侵权行为的发生当地通过市场交易产生的社会合作剩余减少，社会整体福利水平下降。对经营者因侵权行为遭受的营业利润损失进行救济，能够激励潜在的侵权行为人提高注意水平，采取预防措施避免妨害他人经营的行为和损害结果的发生，减少侵权事故导致的社会成本，具有效率上的正当性。

相反，若侵权行为发生时当地的区域市场处于产能闲置的状态，妨害经营侵权造成市场中的经营者停产停业，给经营者带来的营业利润损失往往是财富的转移,此时提供法律救济缺乏效率上的正当性,因为如果允许对此种损失进行赔偿将会带来不良的制度激励,并有碍于实现减少社会成本的目标实现。不良的制度激励,一方面,体现在将产生过度预防的制度激励,因为无差别的救济规则,将导致潜在的侵权行为人对非社会成本的营业利润损失投入过多的预防成本,从整个社会的层面进行成本和收益分析,过多的预防投入即意味着社会资源的浪费。另一方面,对非社会成本的纯经济性营业利润损失与具有社会成本属性的经济损失进行无差别的救济,会产生市场供给侧的不良投资激励。在产能未达最大化的区域市场对遭受营利性的纯经济损失的被侵权人进行赔偿,正如毕肖普所言,其作用类似于一种特殊的经济补贴,会给潜在的投资者传递增加投资、扩大生产的信号,带来资源配置不当的风险。[1] 侵权行为发生后,区域市场中的其他经营者闲置的产能本可以吸纳因侵权行为空缺的消费需求,然而在营业利润损失可以无差别地补偿的情形下,潜在的被侵权方在意识到自己可能因侵害行为面临停产停业的境地时,很有可能为了获得更多的营业利润损失赔偿而扩大产能;市场的其他同类经营者也会在侵权行为发生后,不存在真实市场需求情形下追加投资以增加新的供给。这些不良激励,无疑最终会导致社会资源的浪费,增加妨害经营侵权实际发生后可能带来的社会成本。

4. 区域市场状况调查举证的程序性规则:中介组织与专家的引入

对纯经济性质的营业利润损失具体数额的确定比较复杂,其发生和损失的大小等情况不如人身或有形财产的损害那般容易识别和确定。实践中,妨害经营侵权行为导致经营者丧失的纯经济性质的营业利润属于社会成本抑或私人成本的判断,在司法裁判中也将是重点和难点。妨害经营商事侵权的法律适用应当考虑制度安排的激励效应和社会经济

---

[1] See W. Bishop, *Economic Loss in Tort*, Oxford Journal of Legal Studies, Vol.2:1, p.16 (1982).

效果,在相关纠纷案件的司法裁判中,应当将妨害经营侵权行为发生当地的区域市场的产能状况、区域市场处于淡季或旺季的周期特点、被侵权方在区域市场的占有率等因素纳入裁量范围;并结合相应的区域市场状况的调查举证,作为法院是否对纯经济性质的经营利润损失进行救济的重要参考依据。通过完善区域市场状况的调查举证方面的程序性规则,落实纯经济性营业利润损失救济的法律经济学理论,才能真正实现妨害经营侵权中纯经济性营业利润损失的损害赔偿救济的效率改进目标。

侵权行为发生时,区域市场的状况并非简单就可以观测的,需要相应的行业数据、市场信息作为判断的基础。营业遭受妨害的经营者所在行业的相关行业组织、交易平台等会掌握一定的行业数据、市场交易数据,可以为侵权行为发生时的行业状况、市场周期和案发时区域市场状况的判断提供背景信息。掌握专业的经济学、统计学知识的专家学者(以专家证人的身份),可以对区域市场产能的具体状况进行科学、准确的调查和分析。因此,可以通过立法或司法解释完善相关的行业和市场数据的信息发现机制,允许并支持当事人申请相关的个人、组织或单位参与妨害经营侵权案件的调查并出庭作证,明确其在程序合法的情形下提供的数据或发表的专业意见,法院可以基于司法程序合理采纳。这样不仅可以部分解决当事人在举证上存在的困难,也可以弥补法官在相关信息和专业知识上的不足,使法院在妨害经营侵权案件中在纯经济性质营业利润损失救济问题上作出正确、有效率的司法裁判——实现裁判效果与经济效果一致。

(1)通过行业组织、第三方平台掌握的行业和市场交易数据进行证明

特定行业一般会有专门的行业协会、商会或同业组织,这些民间组织对本行业的发展状况、经营者的状况、市场周期等基本状况具有比较全面、深入的了解,也掌握了相应的行业数据,并且其所掌握的行业信息

和数据相对比较客观和权威。这些组织一般肩负相关的管理和服务功能,对该行业的从业者提供与行业有关的咨询和服务。妨害经营侵权案件的当事人可以借助他们的帮助,获取其所在行业的当地行业协会、商会等组织关于行业的市场周期情况、行业经营状况、区域市场产能状况等信息;也可以申请行业协会、商会等组织的代表出庭作证,对案发时行业经营状况、区域市场状况,以及被侵权方在当地市场的市场占有率和影响力,侵权行为造成区域市场供给减少后消费者在周边市场获取替代性产品的交易成本等情况发表意见。法官可以在参考这些行业组织提供的数据或专业意见的基础上,对被侵权方遭受损失的程度和损失的性质进行更加全面的把握。

除行业组织外,交易平台也掌握大量的行业数据和市场交易数据。信息网络技术的发展催生了为买方和卖方的交易提供各项服务支持的交易平台,这些第三方平台具有中介的性质,汇聚了市场中大量的买家和卖家,聚集了许多行业的市场信息,包括经营者的经营信息、销售数据和消费者的消费数据。这些数据可以佐证妨害经营侵权行为发生时区域市场状况和被侵权方损失程度。当事人可以要求交易平台提供相关数据以证明案件的相关事实,如果交易平台不配合或者当事人由于客观原因不能或难以收集相关证据,可以申请法院依法调取相关数据资料,法院认为有必要的话,也可以依职权向交易平台调查取证——甚至可以由法院向律师颁发与取证相关的令状进行调取。例如,网约车平台(以及未来的人工智能自动驾驶信息交互平台)掌握着海量交通数据,倘若能证明在节假日出游的高峰期,发生了故意妨碍交通营运侵权,侵权行为即在该特定区域市场网约车服务产能最大化情形下作出的,即可认定造成真实的社会成本。

(2)由第三方机构对产生纯经济损失的区域市场状况进行调查

对妨害经营侵权行为发生时的区域市场状况和其他相关市场因素,也可以委托具有市场调查能力的第三方研究机构进行调查。国内外有很多具有市场调查和分析能力的专业研究公司,它们提供市场研究服务,接受委托对市场进行调查研究或对特定行业进行分析,可以提供比较权威且全面的市场、行业数据和研究报告。在妨害经营侵权诉讼的过程中,当事人可以委托第三方专业研究机构进行调查。在复杂或者具有重大影响的案件中,若当事人没有委托专业机构进行调查,法院认为有必要时,可以委托专业机构对发生妨害经营侵权行为和纯经济性营业利润损失的区域市场进行调查。通过第三方专业机构的介入调查,可以查明侵权行为发生时当地区域市场的市场周期、该行业中同类经营者的产能情况、被侵权方在当地区域市场的市场占有率、市场供需情况及变化等影响经济损失救济的相关重要市场信息,有助于法院作出公正、有效率的裁判。

(3)特定领域专家对相关市场因素和侵权行为造成的社会成本的举证与质证

除了由第三方研究机构对行业状况、区域市场状况进行调查外,具有专门知识的统计学或经济学专家也能对区域市场产能的具体状况、市场周期等影响裁判的相关市场因素,以及侵权行为是否造成了真实的社会成本、造成了多少的社会成本等进行定性分析和定量计算。无论是相关市场因素的分析判断,还是侵权中纯经济性营业利润损失的性质和损失程度的判断,都具有一定专业性和技术性的问题。妨害经营侵权的法律救济不仅要建立在符合商事侵权构成要件、损害赔偿等法学理论和现实法律规范的基础上,也需要考虑相应的经济因素和法律适用的社会经济效果。法官很可能对相关的市场经济因素和法律经济学知识不太了解,因此应当重视具有专门知识的专家学者,如经济学家、统计学家在相关市场因素的科学分析和损失认定问题上的作用和意义。

对于损失严重、影响较大的妨害经营侵权案件,当事人可邀请专家学者对相关市场因素和侵权行为造成的社会成本情况进行分析论证,并形成专业意见,在法庭上进行展示和对质。通过引入专家学者作为证人参与法庭调查和质证,有助于法官查明和认定相关事实情况,把握侵权行为发生时的区域市场状况、被侵权方遭受妨害行为影响的程度以及所遭受的营业损失的实质,进而确定是否应当对原告的经济损失进行赔偿,合理界定被告的侵权损害责任。借助专家学者的分析质证,不仅可以节省法官调查核实案件事实和进行司法裁判的成本,提高裁判效率,也可以有效提升妨害经营侵权案件中纯经济性营业利润损失救济的正当性和有效性,降低司法裁判扭曲市场投资激励、发挥消极社会经济影响的可能性。

关于区域市场状况的调查和举证责任的分配是防害经营侵权诉讼较为关键的问题。在妨害经营侵权的诉讼程序中,侵权行为发生时当地的区域市场状况,侵权行为发生时给原告造成的纯经济性营业利润损失是否属于真实的社会成本,应当由原告承担举证责任。一方面,根据《民事诉讼法》的规定,原告对自己提出的主张,有责任提供证据。[①] 由原告承担举证责任,符合谁主张谁举证的诉讼规则。另一方面,相较于被告,原告作为营业权益遭受侵害的经营者更加便于举证,由原告承担举证责任,可以节约司法成本。原告对自身所在的特定行业情况、市场周期、市场供需变化等信息一般有所掌握,而妨害经营侵权中的被告很有可能不是与原告同行业的经营者,相较而言对该行业和原告所在区域市场的相关信息不太了解。对于自身的经营状况和遭受营业利润损失的情况,原告亦更加了解,可以查询和提供自己的商业账簿、纳税记录、交易合同等材料进行证明,其举证成本低于被告。在原告对区域市场状况和其主张赔偿的损失负责举证的情形下,原告将承担相应的举证成本;潜在的妨害经营侵权诉讼原告将会综合考量自身的损失情况和掌握的证据程度,估算胜诉的概率,综合起诉和应诉的成本收益情况后再决定是否起诉

---

① 《民事诉讼法》第 67 条第 1 款规定:"当事人对自己提出的主张,有责任提供证据。"

(诉讼本质上也是基于经济理性的计算行为)。举证成本客观上可以限制原告滥用诉权,过滤掉一部分营业利润损失难以获得赔偿的妨害经营侵权案件,减少法院的案件数量和司法成本。

在原告承担举证责任的情形下,第三方机构或具有专门知识的专家学者对区域市场状况进行调查或出庭作证,一般应当由原告进行申请或委托,行业组织和第三方交易平台掌握的有助于证明相关案件事实的数据信息,在诉讼程序中也应当由原告自行收集和提供。当然,若被告对原告的主张或提供的证据持有不同意见,也可以自行委托第三方机构或具有专门知识的专家学者对区域市场状况等事实发表意见,或者提供相关行业数据、市场数据等进行抗辩。法院在诉讼程序中应当依法全面、客观地对相关专门意见、原告或被告提供的相关证据进行审查核实,对侵权行为发生时的区域市场状况和原告的损失性质作出认定,进而作出是否对原告的纯经济性营业利润损失进行救济的判定,避免裁判结果产生不良的投资激励和社会经济影响。

(三)侵权制度对合作剩余的守望

合同是合作剩余的基础,随意破坏他人合同的行为会直接导致合作剩余不复存在,也导致此前为签订、准备履行合同所付出的交易成本浪费,尤其是在不存在"效率违约"的情形下,对于个人和社会来说都是浪费资源、没有效率的行为。通过确立侵害合同侵权的制度规则和法律责任,保护他人以合同方式固定下来的经济利益,保护合同不受他人的不当干扰和阻碍,可以实现对合同当事人合作剩余的有效维护,提升交易安全和交易效率。

妨害经营侵权行为也会导致社会福利下降。妨害经营侵权行为会造成市场中的经营者停产停业,导致供给曲线的非正常移动,经营者和消费者通过市场交易达成的社会合作剩余减少,相应的社会整体福利水平较侵权行为发生前有所下降,这意味着侵权行为带来了真正的社会成本。通过妨害经营侵权制度安排,让侵权行为人承担相应的妨害经营侵权责任,一方面,可以对经营者的营业活动和经济利益进行保护,维护市场经济的交易环境和交易秩序;另一方面,可以产生潜在的侵权行为人提高注意水平不侵害他人经营的制度激励,减少妨害经营侵权事故的发生和由此带来的社会成本。

从事生产经营活动的各行业的经营者是市场的重要参与者,他们提供各类商品和服务以满足社会大众的消费需求。无论是妨碍他人的营业活动,还是破坏他人在商事活动中达成的合同,都会为第三方或公众所知悉。就侵害合同而言,合同交易本身具有一个相对稳固的价值,也属于市场经济的一部分。在产能不足的市场环境下破坏他人在商事交易中缔结的合同,不仅会造成他人的经济损失,还可能造成市场供给侧投资的浪费。就妨害经营而言,其会出现"财富转移"的情形,在产能不足的市场环境下同样可能产生市场投资过度的社会成本,因而从这个意义上讲,合理地设计侵害合同侵权制度规则与妨害经营侵权制度规则,能够维护正常的市场供给与需求的平衡。

结　语

一、商事侵权与侵权的类型化

在我国民商事立法的历史进程中,无论是在《民法典》时代到来之前施行的原《民法总则》或是原《侵权责任法》中,还是在现行《民法典》或是其他商事单行法中,都没有关于商事侵权行为或者商事侵权责任的概念或者构成要件的特别规定。但是,即使是在民商合一的背景下,商事侵权行为与传统的民事侵权行为仍然存在区别且有其特殊性,商事侵权行为侵害的客体是商事主体与营业有关的权益,侵害的结果也必然表现为经济性利益的丧失,而商事侵权制度侧重的也是对商事主体的营业的保护,商事主体遭受的与营业有关的各种经济利益的侵害可能并不涉及绝对权性质的侵害,这在商事侵权领域并不鲜见。同时,商事侵权制度对被侵权主体的经济利益的维护,也能在一定意义上促进经济效率的提升,体现了制度对效率价值的注重。商事侵权责任的实践性特点也使其与传统的民事侵权责任相区别,商事侵权责任的救济规则、裁判规则都具有鲜明的实践性,商法规范也更注重实践的应用。① 在商事主体泛化、商事侵权行为多发的时代,商事侵权制度有其独立存在的意义与价值。

在商事侵权领域,存在多种类型的侵权行为,这些侵权行为的共性是直接或间接地对被侵权人的营业性权益造成了侵害,根据商事侵权不同的行为模式可以将其分成几种值得研究的类型,即信息型、违反信义义务型、侵害营业型。这些商事侵权行为在构成要件以及行为所造成的具体损害后果上存在一定的差别,因而将这些具有不同特征的商事侵权行为进行类型化的区分,细化它们各自适用的法律规则,也能为被侵权主体提供更加系统化与差异化的保护。

在信息型商事侵权领域,典型的行为模式是商事欺诈与过失不实陈述。这两种侵权行为的不同之处主要在于构成要件中侵权人的主观状态存在差别,商事欺诈行为侵权人的主观表现为故意,过失不实陈述行为侵权人的主观则表现为过失。两者在经济学上的产生原因可以归结为当事人之间的信息不对称,侵权行为实施之后除了会给被侵权人带来经济损失之外,还会导致市场交易成本的增加,从长远视角来看,也会对整个市场主体的营业性利益带来损害。

在违反信义义务型商事侵权领域,侵权行为的典型模式主要是违反信义义务中的忠实义务与注意义务的行为。从侵权的主体来看,公司中的董事、监事、高级管理人员、股东,合伙企业中的合伙人,律师等都有实施违反信义义务型商事侵权行为的可能。且信义义务方所要承担的信义义务的具体内容不仅来自法律的规定,也可经由合同约定(甚至不局限于法律意义上的契约)信义义务方所要承担的义务范围。该义务的商事侵权制度的侧重点在于对信义关系双方当事人之间持续性关系的维

---

① 参见刘道远:《商事侵权责任对侵权责任法的挑战及其对策》,载《法商研究》2010年第1期。

护,减少该类侵权行为给委托人带来的经济利益的损失。

直接侵害营业型商事侵权的典型行为模式是侵害合同与妨害经营,这两种侵权行为在直接侵害的对象上存在不同,侵害合同的侵权行为侵害的对象是特定合同中的经济利益,而妨害经营的侵权行为侵害的对象则是被侵权主体持续经营的经济利益。这两者通常会给被侵权人造成纯粹经济损失的损害后果,对整个社会而言,则会造成社会资源的浪费以及经济效率的降低。

二、法律经济分析对商事侵权研究的启发与展望

相较于传统的民事法律制度与规则对市场主体的引导,商事法律规则更能直接地为规范市场主体的行为以及规范市场经济秩序而服务。商事法律的制度与规则本身就是市场经济的产物——优良的商法制度与规则也能反向地为市场经济的发展做出贡献,它能够创造出与市场经济发展相适应的经济方式和经营行为,也能够对生产要素进行符合效率原则的价值重构。① 保障市场经济主体的合法权益、维护公平竞争的市场经济秩序的商事侵权制度在此环境中尤为重要。

商事侵权制度有助于维护法治经济的市场秩序,通过约束市场主体在商事活动中的行为、分配市场主体的权利、义务以及责任,引导市场主体在合乎法律的范围内行动,减少市场主体侵权行为的发生,以此维护公平竞争的市场经济秩序;商事侵权制度也能够促进法治经济的市场效率,通过明确市场主体侵权行为的法律责任、内部化侵权行为的社会成本、降低各类侵权的风险,提升市场资源配置的效率。

法律经济分析方法能够为商事侵权研究提供新的视角。以法律经济分析方法分析商事侵权中几种典型的行为类型,可以运用经济理论找到侵权行为在经济学上的原因。例如,信息不对称理论揭示了市场主体

---

① 参见赵万一:《后民法典时代商法独立性的理论证成及其在中国的实现》,载《法律科学(西北政法大学学报)》2021年第2期。

之间存在的信息不对称所引发的信息型侵权行为,处于经济学上的"委托—代理"关系的双方当事人之间会因"委托—代理"关系中存在的"委托—代理"问题而诱使该关系中的代理人一方做出侵害委托人利益的行为,在商事侵权制度中也可以表现为违反信义义务型侵权行为。法律经济分析方法能在分析被侵权人的损失救济时提供经济学上的社会成本效益思路,从社会成本的角度考虑侵权救济的效率。

  法律经济分析方法还能够检验商事侵权制度设计的合理性——一种能结合三段论和司法直觉的正当性。法律经济分析追求社会整体的福利最大化,而商事主体普遍追求自身利益的最大化,一个好的法律体系若既能保持商业的营利能力,又能保证民众的福利,个体对利益的追求也会对整个社会有利。① 运用法律经济分析方法分析商事侵权的制度构建,能够检验商事侵权的制度设计是否实现了公平与效率的均衡,促使经此分析方法构建出的制度规则不仅具备法学理论依据,而且遵循商业市场规律——不仅致力于从事后视角为受害人的损失提供救济,而且从事前视角降低基于大数定律的侵害发生概率,同时又为一些符合整体社会成本理论侵权的"强制交易"提供基于责任规则救济而非财产规则救济的行动空间。

---

① 参见[美]罗伯特·考特、托马斯·尤伦:《法和经济学》(第6版),史晋川、董雪兵等译,格致出版社、上海三联书店、上海人民出版社2012年版,第4页。

主要参考文献

一、中文文献

(一)论文

1. 丁凤玲、范健:《中国商法语境下的"营业"概念考》,载《国家检察官学院学报》2018年第5期。

2. 顾功耘:《商事侵权责任法研究亟待重视》,载《上海商学院学报》2013年第1期。

3. 李承亮:《侵权行为违法性的判断标准》,载《法学评论》2011年第2期。

4. 李建华、麻锐:《论商事权利理论体系的构建》,载《吉林大学社会科学学报》2014年第5期。

5. 梁爽:《董事信义义务结构重组及对中国模式的反思 以美、日商业判断规则的运用为借镜》,载《中外法学》2016年第1期。

6. 刘承韪:《获益损害赔偿制度的中国问题与体系构建》,载《陕西师范大学学报(哲学社会科学版)》2016年第6期。

7. 刘道远:《商事侵权责任对侵权责任法的挑

战及其对策》,载《法商研究》2010年第1期。

8. 刘海安:《法律上因果关系的反思与重构》,载《华东政法大学学报》2010年第4期。

9. 刘守英、熊雪锋:《〈民法典〉与高水平社会主义市场经济》,载《北京大学学报(哲学社会科学版)》2020年第6期。

10. 刘伟:《市场经济秩序与法律制度和法治精神》,载《经济研究》2015年第1期。

11. 刘文杰:《论侵权法上过失认定中的"可预见性"》,载《环球法律评论》2013年第3期。

12. 刘勇:《"欺诈"的要件重构与立法课题——以民法典的编纂为背景》,载《东南大学学报(哲学社会科学版)》2016年第5期。

13. 吕彦:《美国侵权行为法判断因果关系的规则与实践》,载《现代法学》1998年第6期。

14. 牟宪魁:《说明义务违反与沉默的民事诈欺构成——以"信息上的弱者"之保护为中心》,载《法律科学(西北政法学院学报)》2007年第4期。

15. 荣振华:《分析与权衡:商事侵权制度的未来》,载《西部法学评论》2012年第3期。

16. 容缨:《论美国公司法上的商业判断规则》,载《比较法研究》2008年第2期。

17. 童列春:《营业的性质与商法构造》,载《武汉理工大学学报(社会科学版)》2009年第1期。

18. 王姝文:《协作义务视角下商业特许经营合同订立中的信息披露义务》,载《东北师大学报(哲学社会科学版)》2019年第6期。

19. 王艳芳:《商业道德在反不正当竞争法中的价值与标准二重构造》,载《知识产权》2020年第6期。

20. 王艳华:《以营业为视角解释商法体系》,载《河北法学》2010年第 5 期。

21. 王莹莹:《信义义务的传统逻辑与现代建构》,载《法学论坛》2019 年第 6 期。

22. 王泽霞、谢冰:《基于汉德公式诠释注册会计师法律责任》,载《中国注册会计师》2009 年第 12 期。

23. 夏沁:《民商合一视角下商事侵权责任的法经济学分析路径》,载《湖北社会科学》2018 年第 8 期。

24. 肖海军:《论营业权入宪——比较宪法视野下的营业权》,载《法律科学(西北政法学院学报)》2005 年第 2 期。

25. 肖宇、许可:《私募股权基金管理人信义义务研究》,载《现代法学》2015 年第 6 期。

26. 谢海定:《中国法治经济建设的逻辑》,载《法学研究》2017 年第 6 期。

27. 徐化耿:《信义义务的一般理论及其在中国法上的展开》,载《中外法学》2020 年第 6 期。

28. 徐喜荣:《营业:商法建构之脊梁——域外立法及学说对中国的启示》,载《政治与法律》2012 年第 11 期。

29. 徐志军、张传伟:《欺诈的界分》,载《政法论坛》2006 年第 4 期。

30. 杨立新、蔡颖雯:《论妨害经营侵权行为及其责任》,载《法学论坛》2004 年第 2 期。

31. 杨巍:《略论欺诈的侵权责任——以合同法、侵权法对欺诈的不同规制为角度》,载《暨南学报(哲学社会科学版)》2010 年第 3 期。

32. 姚建宗、吴涛:《"法治经济"解析》,载《社会科学研究》1995 年第 2 期。

33. 叶金强:《相当因果关系理论的展开》,载《中国法学》2008 年第 1 期。

34. 尹志强:《论与有过失的属性及适用范围》,载《政法论坛》2015

年第5期。

35. 于飞:《侵权法中权利与利益的区分方法》,载《法学研究》2011年第4期。

36. 张淳:《浅议对告知义务不履行与沉默欺诈》,载《南京大学法律评论》2001年第2期。

37. 张瀚:《纯粹经济损失的法经济学分析》,载《政法论坛》2020年第3期。

38. 张瀚:《侵权不确定性与贝叶斯法则——一种法经济学的视角》,载《法学评论》2012年第5期。

39. 张家勇:《权益保护与规范指引》,载《四川大学学报(哲学社会科学版)》2017年第1期。

40. 张平华:《商事侵权与民事侵权的"形似神异":以连带责任为中心》,载《法学》2016年第11期。

41. 张新宝、李倩:《纯粹经济损失赔偿规则:理论、实践及立法选择》,载《法学论坛》2009年第1期。

42. 张学军:《美国侵权法上比较过失制度的历史演变及其启示》,载《政治与法律》2010年第4期。

43. 赵万一:《后民法典时代商法独立性的理论证成及其在中国的实现》,载《法律科学(西北政法大学学报)》2021年第2期。

44. 周雷:《营业自由作为基本权利:规范变迁、宪法依据与保护范围》,载《中国法律评论》2020年第5期。

45. 朱慈蕴:《营业规制在商法中的地位》,载《清华法学》2008年第4期。

46. 朱广新:《论纯粹经济上损失的规范模式——我国侵权行为法对纯粹经济上损失的规范样式》,载《当代法学》2006年第5期。

(二)著作

1. 蔡岩兵主编:《新编信息经济学》,中国经济出版社2014年版。

2. 陈聪富:《因果关系与损害赔偿》,北京大学出版社2006年版。

3. 程啸:《侵权责任法》(第2版),法律出版社2015年版。

4. 董安生主编:《证券法原理》,北京大学出版社2018年版。

5. 杜景林、卢谌:《德国民法典——全条文注释》,中国政法大学出版社2015年版。

6. 范健、王建文:《商法学》(第4版),法律出版社2015年版。

7. 冯玉军:《法经济学范式》,清华大学出版社2009年版。

8. 韩世远:《合同法总论》(第3版),法律出版社2011年版。

9. 靖继鹏、张向先、李北光编著:《信息经济学》(第2版),科学出版社2007年版。

10. 马费成编著:《信息经济学》,武汉大学出版社2012年版。

11. 任先行:《商法原论》(下),知识产权出版社2015年版。

12. 王保树主编:《商法》(第2版),北京大学出版社2014年版。

13. 王洪亮:《债法总论》,北京大学出版社2016年版。

14. 王泽鉴:《民法学说与判例研究》(第二册),北京大学出版社2009年版。

15. 王泽鉴:《民法学说与判例研究》(第七册),北京大学出版社2009年版。

16. 王泽鉴:《侵权行为》(第3版),北京大学出版社2016年版。

17. 王泽鉴:《侵权行为法:基本理论·一般侵权行为》(第一册),中国政法大学出版社2001年版。

18. 王泽鉴:《损害赔偿》,北京大学出版社2017年版。

19. 魏建:《法经济学:分析基础与分析范式》,人民出版社2007年版。

20. 魏振瀛主编:《民法》(第5版),北京大学出版社、高等教育出版社2013年版。

21. 谢怀栻:《外国民商法精要》(增补版),法律出版社2006年版。

22. 徐爱国:《英美侵权行为法学》,北京大学出版社 2004 年版。

23. 杨立新:《侵权损害赔偿》(第 5 版),法律出版社 2010 年版。

24. 杨立新主编:《类型侵权行为法研究》,人民法院出版社 2006 年版。

25. 尹田:《法国现代合同法》,法律出版社 1995 年版。

26. 袁庆明:《新制度经济学》(第 2 版),复旦大学出版社 2019 年版。

27. 张瀚:《商事侵权构成要件研究》,法律出版社 2020 年版。

28. 张民安:《过错侵权责任制度研究》,中国政法大学出版社 2002 年版。

29. 张维迎:《博弈论与信息经济学》,上海人民出版社 2004 年版。

30. 张新宝:《侵权责任构成要件研究》,法律出版社 2007 年版。

(三)译作

1. [德]埃尔温·多伊奇、汉斯-于尔根·阿伦斯:《德国侵权法——侵权行为、损害赔偿及痛苦抚慰金》(第 5 版),叶名怡、温大军译,中国人民大学出版社 2016 年版。

2. [德]本德·吕特斯、阿斯特丽德·施塔德勒:《德国民法总论》(第 18 版),于馨淼、张姝译,法律出版社 2017 年版。

3. [德]C. W. 卡纳里斯:《德国商法》,杨继译,法律出版社 2006 年版。

4. [德]迪特尔·梅迪库斯:《德国民法总论》,邵建东译,法律出版社 2013 年版。

5. [德]迪特尔·梅迪库斯:《德国债法分论》,杜景林、卢谌译,法律出版社 2007 年版。

6. [德]格哈特·瓦格纳:《当代侵权法比较研究》,高圣平、熊丙万译,载《法学家》2010 年第 2 期。

7. [德]汉斯-贝恩德·舍费尔、克劳斯·奥特:《民法的经济分析》(第 4 版),江清云、杜涛译,法律出版社 2009 年版。

8. ［德］卡尔·拉伦茨:《法学方法论》,陈爱娥译,商务印书馆2003年版。

9. ［德］柯武刚、史漫飞:《制度经济学:社会秩序与公共政策》,韩朝华译,商务印书馆2000年版。

10. ［德］克雷斯蒂安·冯·巴尔:《欧洲比较侵权行为法》(下卷),焦美华译、张新宝审校,法律出版社2001年版。

11. ［德］马克西米利安·福克斯:《侵权行为法》,齐晓琨译,法律出版社2006年版。

12. ［德］斯蒂芬·沃依格特:《制度经济学》,史世伟等译,中国社会科学出版社2016年版。

13. ［美］安德鲁·S.戈尔德、［美］保罗·B.米勒编著:《信义法的法理基础》,林少伟、赵吟译,法律出版社2020年版。

14. ［美］保罗·萨缪尔森、威廉·诺德豪斯:《微观经济学》(第18版),萧琛主译,人民邮电出版社2008年版。

15. ［美］理查德·波斯纳:《法律的经济分析》(第7版),蒋兆康译,法律出版社2012年版。

16. ［美］丹尼尔·A.法贝尔:《经济效率和事前视角》,载［美］乔迪·S.克劳斯、史蒂文·D.沃特主编:《公司法和商法的法理基础》,金海军译,北京大学出版社2005年版。

17. ［美］盖多·卡拉布雷西:《事故的成本:法律与经济的分析》,毕竞悦、陈敏、宋小维译,北京大学出版社2008年版。

18. ［美］詹姆斯·格雷克:《信息简史》,高博译,人民邮电出版社2013年版。

19. ［美］吉多·卡拉布雷西、道格拉斯·梅拉米德:《财产规则、责任规则与不可让渡性:"大教堂"的一幅景观》,凌斌译,载［美］唐纳德·A.威特曼编:《法律经济学文献精选》,苏力等译,法律出版社2006年版。

20. [美]罗伯特·库特、[德]汉斯-伯恩特·谢弗:《所罗门之结:法律能为战胜贫困做什么?》,张巍、许可译,北京大学出版社2014年版。

21. [美]罗伯特·考特、托马斯·尤伦:《法和经济学》(第6版),史晋川、董雪兵等译,格致出版社、上海三联书店、上海人民出版社2012年版。

22. [美]罗纳德·H.科斯:《企业、市场与法律》,盛洪、陈郁译校,格致出版社、上海三联书店、上海人民出版社2014年版。

23. [美]曼昆:《经济学原理·微观经济学分册》(第7版),梁小民、梁砾译,北京大学出版社2015年版。

24. [美]约翰·罗尔斯:《正义论》,何怀宏、何包钢、廖申白译,中国社会科学出版社1988年版。

25.《法国商法典》(上册),罗结珍译,北京大学出版社2015年版。

二、外文文献

(一)论文

1. Caroline Forell & Anna Sortun, *The Tort of Betrayal of Trust*, University of Michigan Journal of Law Reform 42, 2009.

2. D. Gordon Smith, *The Critical Resource Theory of Fiduciary Duty*, Vanderbilt Law Review 55, 2002.

3. Daniel Clarry, *The Irreducible Core of the Trust*, Ph. D. diss., McGill University, 2011.

4. Deborah A. DeMott, *Breach of Fiduciary Duty: On Justifiable Expectations of Loyalty and Their Consequences*, Arizona Law Review 48, 2006.

5. Frank H. Easterbrook and Daniel R. Fischel, *Contract and Fiduciary Duty*, The Journal of Law and Economics 36, 1993.

6. George A. Akerlof, *The Market for "Lemons": Quality Uncertainty and the Market Mechanism*, The Quarterly Journal of Economics 84, 1970.

7. Guido Calabresi & A. Douglas Melamed, *Property Rules, Liability Rules, and Inalienability: One View of the Cathedral*, Harvard Law Review 85, 1972.

8. Hazel Carty, *The Modern Functions of The Economic Torts: Reviewing The English, Canadian, Australian, and New Zealand Positions*, The Cambridge Law Journal 74, 2015.

9. Margaret M. Blair & Lynn A. Stout, *Trust, Trustworthiness, and the Behavioral Foundations of Corporate Law*, The University of Pennsylvania Law Review 149, 2001.

10. Mauro Bussani, Vernon Valentine Palmer & Francesco Parisi, *Liability for Pure Financial Loss in Europe: An Economic Restatement*, American Journal of Comparative Law 51, 2003.

11. Paul B. Miller, *A Theory of Fiduciary Liability*, McGill Law Journal 56, 2011.

12. Peter Birks, *The Content of Fiduciary Obligation*, Israel Law Review 34, 2000.

13. Ronald H. Coase, *The Problem of Social Cost*, The Journal of Law and Economics, Vol. 3, 1960.

14. Richard A. Posner, *Common-Law Economic Torts-An Economic and Legal Analysis*, Arizona Law Review 48, 2006.

15. Robert Cooter & Bradley J. Freedman, *The Fiduciary Relationship: Its Economic Character and Legal Consequences*, New York University Law Review 66, 1991.

16. Steven N. S. Cheung, *The Contractual Nature of the Firm*, The Journal of Law and Economics, Vol. 26, 1983.

17. W. Bishop, *Economic Loss in Tort*, Oxford Journal of Legal Studies, Vol. 2, 1982.

(二)著作

1. American Bar Association, *Business Torts and Unfair Competition Handbook*, 2nd ed., American Bar Association Press, 2006.

2. N. Gregory Mankiw, *Principles of Economics*, 6ed., South-Western Cengage Learning Press, 2011.

3. Francesco Parisi, *The Language of Law and Economics: A Dictionary*, Cambridge University Press, 2013.

4. R. Kraakman etc., *The Anatomy of Corporate Law: A Comparative and Functional Approach*, Oxford University Press, 2017.

5. Steven L. Emanuel, *Torts*, 9ed., New York: Wolters Kluwer Law & Business Press, 2011.

后　记

　　本专著的研究基础源自 11 年前笔者在周林彬教授指导下,完成的中山大学博士论文《商事侵权法律制度研究——法律经济学视角》。后来在教学、科研和仲裁实务工作中对此问题之认识日益加深,又在法律出版社出版了专著《商事侵权构成要件研究》。本书是在前述研究基础上的拓展,凝聚了笔者过去 10 多年对此问题之思考。笔者于 2011～2012 年被国家公派赴加州大学伯克利分校法学院做联合培养博士生,又于 2016～2017 年在加州大学伯克利分校法学院做高级访问学者,为进一步深入研究这一课题提供了新的契机。作为法律经济学领域国际顶级成就"科斯奖"得主罗伯特·库特教授,与笔者亦师亦友,显著提升了笔者对法律经济学研究方法的理解。商事侵权领域的权威、美国法律重述起草人马克·格根(Mark Gergen)教授,商事侵权实务专家、大律师派崔克·汉隆(Patrick Hanlon)和侵权法大师史蒂夫·苏格曼(Stephen Sugarman)教授在笔者研学的道路上，也给予了许多无私的指导和专业的帮助。

笔者工作单位系华南理工大学法学院。本专著系笔者主持的国家社科基金项目(17CFX070)结项成果。部分研究得到了笔者团队研究生专业而精心的协助，其中叶萍花律师协助第一章至第三章和第五章，吴莹莹律师协助第五章，苗淑敏法官协助第二章、第四章和结语部分，感谢他们在资料整理、文字完善等工作中展现出的专业精神。另外，他们在笔者主持的中国法学会部级项目、广东省哲学社科项目、广东省教育科学项目和广州市哲学社科项目中，也协助笔者开展研究工作，展现了扎实的法学功底和严谨的工作态度。他们现在都已经走上了法律专业的工作岗位，笔者祝福他们在法律职业道路上前景广阔，成为德才兼备的国家栋梁和专业人士。研究生廖杏婷对格式和排版也有贡献，在此一并致谢。

特别感谢笔者的妻子广东省高级人民法院民二庭黄梦娜法官，她不仅是本书的第一位读者，而且协助笔者校阅了全部书稿，还从司法审判和法律适用的视角给出许多专业建议。特别感谢笔者的父亲张文彪先生和母亲何学文女士，没有他们就不可能有笔者的今天和这部作品。

张　瀚
2025 年春于广州